上海国别区域全球知识文库
区域国别比较政治研究丛书

政治发展比较研究
亚洲调研

Comparative Studies of Political Development
Asian Research

房宁 郭静 主编

中国社会科学出版社

图书在版编目（CIP）数据

政治发展比较研究：亚洲调研／房宁，郭静主编． —北京：中国社会科学出版社，2023.10

（上海国别区域全球知识文库）

ISBN 978-7-5227-0895-9

Ⅰ.①政… Ⅱ.①房…②郭… Ⅲ.①政治—对比研究—亚洲—文集 Ⅳ.①D73-53

中国国家版本馆 CIP 数据核字（2023）第 049098 号

出 版 人	赵剑英
责任编辑	王　琪
责任校对	贾丽娜
责任印制	王　超

出　　版	中国社会科学出版社
社　　址	北京鼓楼西大街甲 158 号
邮　　编	100720
网　　址	http://www.csspw.cn
发 行 部	010-84083685
门 市 部	010-84029450
经　　销	新华书店及其他书店
印刷装订	三河市华骏印务包装有限公司
版　　次	2023 年 10 月第 1 版
印　　次	2023 年 10 月第 1 次印刷
开　　本	710×1000　1/16
印　　张	21.5
插　　页	2
字　　数	342 千字
定　　价	109.00 元

凡购买中国社会科学出版社图书，如有质量问题请与本社营销中心联系调换
电话：010-84083683
版权所有　侵权必究

"上海国别区域全球知识文库"编委会名单

总　　编：姜　锋　李岩松
执行总编：杨　成　郭树勇　丁　俊
编　　委：陈东晓　陈　恒　陈志敏　程　彤　冯建明
　　　　　冯绍雷　高　健　郭长刚　季卫东　门洪华
　　　　　潘兴明　吴心伯　王　健　汪伟民　王献华
　　　　　王有勇　魏景赋　许　宏　颜静兰　杨伟人
　　　　　张民选　郑春荣　郑少华

"上海国别区域全球知识文库"出版说明

2022年9月正式成为国务院学位办新版学科目录中交叉学科门类下一级学科的区域国别学，本质上是应用型基础研究，是有关外部世界的全领域知识探究，是实现中华民族伟大复兴和构建人类命运共同体的核心知识保障。

自古以来，中国知识界就高度重视探索、认识、理解和记录外部世界，也在以"丝绸之路"为代表的中西交通史中经由文明对话和文明互鉴留下了大量经典文本。晚清以降的中国变革史，尤其是改革开放后的中国发展史充分表明，关于外部世界的知识汲取是推进中国式现代化的重要智识来源之一。作为认识外部他者的重要工具和方法，区域国别学在不同时期一直以多样形态发挥着关键作用。

当前，中国日益走近世界舞台中央，全球正经历"百年未有之大变局"。世界之变、时代之变、历史之变开始以前所未有的方式和速度展开。我国的国际角色也在发生深刻变化，自身发展既拥有难得的历史机遇，也面临严峻的风险考验。在此背景下，国家需要大批会外语、通国别、精领域，服务国家战略发展和战略传播的区域国别人才和与之对应及匹配的国别区域全球知识体系。

中共中央总书记、国家主席、中央军委主席习近平多次在不同场合强调区域国别、全球治理、国际组织人才的重要性，并提出了一系列素养和能力指标体系，这为新时代区域国别学的进一步发展指明了方向。正如习近平所强调的，一个没有发达的自然科学的国家不可能走在世界前列，一个没有繁荣的哲学社会科学的国家也不可能走进世界前列。推而广之,一个没有扎实的国别区域全球知识体系做支撑的国家也不可能跻身于世界舞台中央。基于中国的主体性,遵循文明交流交往交融路径,扎实推进区域国别研究,将为中国最终稳稳走进世界舞台中央提供学术支撑和战略人才储备,理应成为我们在新的时代条件下的政治自觉、学理自觉与文化自觉。

我国的区域国别研究有一定的历史基础,自中华人民共和国成立以来先后经历了五波发展浪潮,迄今已经建立起主要大国、重点地区、关键小国"全覆盖"的基本格局,产生了大量有关研究对象国和区域的高质量成果,部分代表性作品具有世界影响力。但不可否认的是,整体而言,殖民时期的大英帝国等资本主义列强以及"冷战"时期的超级大国美国、苏联在国别区域全球知识生产领域拥有"先发优势"。不断增长的现实迫切需求与我国的国别区域全球知识供给之间的矛盾与鸿沟,已经成为中国成长为主导性全球大国的制约因素之一。如何实现加速和赶超,并与美西方在这一领域展开"思想市场"的战略竞争,是时代赋予我们的历史使命和重要任务。

实现中华民族的伟大复兴,建设性参与和引领全球治理的转型,离不开对外部世界的科学认知。随着"一带一路"及全球发展倡议、全球安全倡议、全球文明倡议等中国主导议程的稳步推进,中国的区域国别学迎来了升级转型的关键节点。在相当程度上,区域国别学自主知识体系的构建,还有可能为我们突破"中西二分"的思维定式,通过发现更多的"第三方"而成为推动中华文明传承、发展、进步和升华的精神契机,并在"美美与共"的逻辑上最终为人类命运共同体的落地生根创造条件。除了这些宏大目标外,区域国别学的发展还可以为中国人提供客观、理性认识其他国家和地区的方法,成为促进人的全面成长的持久支撑,为培养新一代身处中国、胸怀天下、格高志远、思想健全的优秀国民输送知识养分。

在此背景下,上海外国语大学认真学习贯彻习近平总书记有关重要讲话精神,积极响应党和国家的政策要求,由作为教育部、上海市和上海外国语大学共建,承担上海区域国别研究航母编队旗舰功能,集"资政、咨商、启民、育人"重要任务于一体的高端智库与协同研究平台的上海全球治理与区域国别研究院，诚邀上海市从事区域国别研究的主要高校及智库担任研究院理事会常务理事的多学科领军专家组成编委会，在整合多方资源的基础上，创办"上海国别区域全球知识文库"。

本文库旨在从由内而外及由外而内两个维度提供全景式、系统性、高水平国别区域全球知识，通过搭建与国外已有优秀成果的对话框架，引领相关知识生产的中国主体意识和区域国别学学科发展，促进中国的区域国别研究实现适应时代特征的全面转型，并催生一批学术精品，打破西方国家对该领域国际学术话语权的垄断或主导，最终促成建构超越西方中心主义的新区域国别研究范式，生成更高质量、更有针对性、更具前瞻性，能更好地服务党和国家工作大局的中国特色区域国别学自主知识体系。基于这一理念，本文库将通过对主题的设定与内容的把握，为国内外区域国别研究学者提供"学术公器"，推动建立面向全球的高质量"升级版"区域国别研究成果传播平台，以期实现国内—国际区域国别学成果的"双循环"。

无论在何种语境下，区域国别学毋庸置疑都是一项战略性的系统工程，需要学界同仁持久的投入、努力与坚守。我们深知区域国别学的学术价值和战略品格，衷心期望本文库各系列专著和译丛的出版，能以各界之不懈努力，成就新的时代条件下中国人认知外部世界的知识桥梁和增强"四个自信"的文化脊梁。这是中国区域国别学共同体的历史职责所在，也是"上海国别区域全球知识文库"编委会的理想所在。

上海外国语大学上海全球治理与区域国别研究院
"上海国别区域全球知识文库"编委会
2023年7月

序　比较政治研究助力中国现代化

房　宁

第二次世界大战之后，美国崛起并逐渐成为超级大国。美国国际地位的提升对美国的国际战略与政策提出了新的更高的要求。国家崛起和走向超级大国的历史进程与战略需求推动美国的国际政治学与比较政治学取得了长足进步，出现了一大批国际政治、国际战略、国际关系研究成果以及比较政治学的理论与实践研究成果。其中，塞缪尔·亨廷顿的有关发展中国家工业化、现代化进程研究及其代表作《变化社会中的政治秩序》是为人们所熟知的。

当年美国的政府机构，直接支持推动了美国政治学、比较政治学、政治学心理学等相关学科的发展。在国家重大现实需要的推动下，美国的社会科学尤其是政治学、国际政治与国际关系以及比较政治学在相关研究领域渐成翘楚。除了亨廷顿在比较政治、国际政治方面的学术成果外，还有曼瑟尔·奥尔森揭示人类集体行动规律的《集体行动的逻辑》，以及发源于刑侦学侧写（profile）技术的政治心理测绘学等。政治心理测绘学在美国2016年大选中大显神通，如今已经成为美国选举政治中的重要心理武器。美国的经验表明，现实政治需要社会科学尤其是政治学等的强大推动力。

中国自改革开放以来进入了工业化、现代化的快速发展时期。改革开放使中国发生了跨越式的大发展，在短短几十年的时间里，中国从一个落后农业国一跃成为工业化大国，成为世界第二大经济体。中国崛起也带来了建立新的国际观、战略观的历史性需求，这与"二战"后美国国际观、战略观的大改变有相似之处。中国发展的现实需要对中国学术界提出了新的需求，而这对于学术界，特别是政治学则意味着历史性机遇。

2008年中，孙冶方经济科学基金会提出开展国际政治发展比较研究的设想。他们希望中国学者也能像当年亨廷顿那样去看世界，深入研究世界政治发展与中国崛起的关系。我十分荣幸应孙冶方经济科学基金会的邀请负责发起和组织这项政治发展国际比较研究，并担任课题组负责人。考虑到这项宏大研究的艰巨性，我们建议将第一阶段的研究范围设定在与中国历史环境、经历相仿，也更有比较借鉴意义的东亚地区。2008年底，我们正式设立"亚洲工业化时代政治发展比较研究"课题，后来这一课题研究范围逐步扩展到亚洲地区，涵盖了亚洲具有典型性、代表性的国家。本书汇集的就是十余年来我们所做的亚洲政治比较研究的一些以论文、文章形式发表的成果。现在回想起来有意思的是，当年美国学者所做的国际政治的比较研究主要是由美国的政府机构推动和支持的，而中国的类似研究开始的时候却是由中国的企业家们支持的。

"亚洲工业化时代政治发展比较研究"，当然不是我国国际政治比较研究的肇始。此前，尤其是改革开放以来，我国的老一辈学者，如北京大学罗荣渠先生所做的工作是更早的关于国际观、战略观的比较政治研究，《现代化新论——世界与中国的现代化进程》是其代表性成果。我们的研究应当说是开启了中国比较政治学研究的新范式，即把比较政治学研究推进到了实证性研究的新阶段。中国学者走出去，在对象国家和地区开展较大规模的国际调研、田野调查，以现场观察、访谈为主要手段开展专门化、系统化的比较研究。简言之，这项研究把中国的比较政治学研究从案头带到了现场。

我们课题组汇集了十多位优秀的中青年学术精英，持续进行了近十年的研究。课题组成员的足迹遍及亚洲十多个国家以及欧美一些发达国家，对一些重点国家和地区进行了多次专题调研，系统考察了这些国家和地区的历史、文化、经济社会状况，开展了多国工业化时代政治进程的比较研究。我们访问了大量的政府机构、政党、企业、智库、高校、社区、社会组织，先后访谈了近千位政治家、官员、企业家、社会活动家、媒体人、宗教界人士、学者等，他们中许多人是重大历史事件的当事人。当然我们也接触了大量的对象国和地区的普通民众。

比较研究是社会科学的重要研究方法，对于政治学、国际政治学来说更是如此。政治学、国际政治学在很大程度上是在研究国家，研究国家的结构、功能与行为。但是，如果研究者仅仅研究一个国家，那么可以说他实际上并没有研究国家。因为，没有对整体、群体的研究，单一个体几乎是无法真正认识的。仅仅研究一个国家，在方法论上叫作"只见树木，不见森林"。

根据我们的亲身体验，在刚刚开始做东亚政治发展比较研究的时候，说老实话，我们对于比较研究的认知只是概念上的，并无具体体会。实际情况是，我们是在国别调研超过五个国家以后才有了感觉，才开始了真正意义上的比较研究。我们的亚洲政治发展比较先后调研了亚洲的九国一区，我们的研究成果汇集到两本著作中：《自由 威权 多元——东亚政治发展研究报告》（社会科学文献出版社2011年版）和《民主与发展——亚洲工业化时代的民主政治研究》（社会科学文献出版社2015年版）。如果你翻开这两本书，你一定会感受到，第一本基本是国别研究，而到了第二本才真正称得上比较研究。我们从第六个国家开始，从感官到头脑像是被改造过了，观察、感受和思考的都是在比较意义上的，满脑子里的问题都是：它为什么是这样？它为什么不是那样？为什么？对所有观察到的事物与政治现象，都会与以前走过的国家做比较，看它们之间的相似性是什么、差异性是什么。回头看，原来这就是比较研究。

经过大量国际调研，经过比较研究的亲身实践，我们逐渐理解和把握了比较政治学研究的核心要义，那就是：从不同观察与研究对象之间的差异性和重复性中获得认识成果，获得比较政治学的新知识。通过比较研究，研究者可以发现不同研究对象及政治事物之间的差异性，同时又可以发现不同研究对象之间的相似性、政治事物的重复性。这样研究者就可以通过辨析不同对象间的差异性发现研究的实质性问题，通过归纳重复性的政治现象寻找规律性。我们把"在差异性中发现问题，在重复性中寻找规律"视为比较政治学的两个基本原理。了解了这两个基本原理，就掌握了比较政治学研究的核心要义。

经过十多年比较政治学研究的实践历练，我们研究团队以及我们每个人都或多或少获得了一些心得体会。我们将其归纳出来，与学界同仁分享。

第一，勤于实践，善于总结，熟能生巧，巧中出妙。

书山有路勤为径，学海无涯苦作舟。学术研究没有捷径可走，只能下笨功夫，一步一个脚印地探索前行。就像马拉松运动员说的，成绩是跑量积累出来的，要想取得好成绩，训练中少跑一步都不行。做比较研究尤其如此，要利用一切机会做调查研究，出国出境做田野调查，十年如一日，锲而不舍，才能有所收获。正所谓"将军十年不解甲"。勤能补拙，熟能生巧，巧中出妙。只有持之以恒、日积月累的平凡工作，才能化为不平凡的学术成就。

第二，人脉是王道，关键要找对人。

做比较研究特别是国别政治与国际政治研究需要有专门的技能，如语言能力、对象国的专门知识以及人脉。根据我们的经验体会，从事比较政治学研究的学者最重要的能力是在对象国具有广泛人脉。

比较政治研究需要在对象国进行大量实地调查，研究者需要广泛采访当事人，以还原事情发展过程及全貌。在还原过程中，一些"关键性"人物会对事实获取和认识起到决定性作用。长期调研让我们明白了一个道理：世界上没有秘密，只有你不知道的事情。无论何事总有人知情，真相总有旁观者。民谚云："变戏法不瞒打锣的。"因此，现场观察也好，田野调查也罢，与其说是发现事实，不如说是寻找真正了解事实的人。我们把这样的关键人物，称为"对的人"。西方政治学中，亦有"gate man"之说，可译为：把门人。要找对人，就需要研究者拥有广泛人脉。去一国调研要有能力见到你需要见到的人，这是做好比较研究的首要条件，是研究者所要具备的首要素质。

第三，注重"两支队伍"的结合。

从目前中国社会科学的情况看，做比较政治研究、国际政治研究以及做区域与国别研究的科研队伍主体，主要是由普通政治学学者和国际问题、国别研究专家这两方面的科研人员组成的。中国的比较政治研究尚处于起步的阶段，现在国内政治学界还鲜有兼具理论与国别两方面能力的比较政治研究者。

培养比较政治学的研究团队，提高比较政治学研究水平，就要从比较政治学团队中的两支队伍——普通政治学学者以及国际问题、国别研究专家的优势互补组合和融合做起。普通政治学学者与国际问题、国别研究专家各具优势，也各有弱点。因此，大家要在比较政治学调查研究的实践中相互学习、取长补短，形成新的组合优势。对于普通政治学学者来说，要向国际问题和国别研究专家学习，努力了解和掌握国别知识、区域知识，深入研究对象国家与区域的历史、文化以及现实政治问题，尽快从外行变为内行。对于国际问题和国别研究专家来说，要努力学习、掌握更多的理论与方法，提高理论水平和归纳概括能力。国际问题和国别研究专家还要特别注意开拓研究视野、拓展研究领域，不能长期把自己的研究范围限制在某一狭小领域。否则的话，这样的国际问题与国别研究专家观察研究起问题来，恐怕永远只是"看山是山，看水是水"。

20世纪美国学界的比较政治研究是具有全球视野的。21世纪中国的比较政治研究也应具有世界眼光。比较政治研究、国际政治研究视野越宽阔，比较研究对象越多，就越能够满足国家的战略需要，同时也有利于提高学术研究水平，有利于学科建设与发展。近年来，国内越来越多的高校及科研机构开始重视比较政治学和区域国别研究。上海外国语大学成立了全球治理与区域国别研究院，目前已经成为国内这一领域中教学与科研的生力军。从2020年开始，应上海外国语大学以及全球治理与区域国别研究院邀请，我们亚洲政治发展比较研究团队与上海外国语大学及全球治理与区域国别研究院开展了全面合作。这一合作不仅壮大了国内比较政治学、区域国别研究队伍，更重要的是可以把中国学界关于比较政治学研究的视野和研究范围进一步扩大，上海外国语大学以及全球治理与区域国别研究院有着深厚的教育和学术基础，有着掌握众多大小语种的优秀外语人才和区域国别研究专才。区域国别研究队伍和比较政治学研究队伍这两支队伍的结合，必将有力地促进我国相关领域学术研究的发展，有利于相关领域人才队伍的成长，可以更好地满足国家与社会的需要，服务于中国社会主义现代化事业。

中国比较政治学研究方兴未艾，大有可为。比较政治学发展的最大机遇是中国的工业化、现代化发展，是现实的需要。让我们脚踏实地，始终不渝地努力调查研究、努力钻研，为发展中国的比较政治学、国际政治学、区域与国别研究做出无愧于时代、无愧于人民的贡献，助力国家的现代化。

目　录

一　国别与地区调研

日本的政治进程：从明治维新到
　　"55年体制" ·················· 房　宁　张伯玉　周石丹　郭　静（3）
发展压力与韩国政治的演进
　　逻辑 ············· 房　宁　周少来　冯　钺　王　利　陈海莹（15）
中国台湾政治转型的条件与
　　路径 ······················· 房　宁　周少来　韩　旭　郭　静（22）
泰国政治：从"剧院"到"街头" ······ 房　宁　周方冶　范艳春（27）
精英分裂之下印度尼西亚的
　　多党政治 ··············· 房　宁　许利平　周少来　韩　旭（34）
新加坡政治中的逆向参与机制 ·························· 欧树军（40）
越南式政治变革 ·· 房　宁（51）
教义与民意：伊朗政体的双重结构 ············· 房　宁　吴冰冰（57）
菲律宾：一座政治博物馆 ··············· 房　宁　许利平　郭　静（73）

二　国别政治现象分析

韩国民主运动的"主题性"与"主体性" ·················· 房　宁（91）
韩国的治理难题：新经济自由主义下的社会妥协 ·········· 王晓玲（95）
朴正熙时期韩国的国家认同塑造 ·························· 王晓玲（104）

了不起的"岩仓考察团" ············· 房 宁（115）
"无责任政治"拖累日本 ············· 房 宁（118）
泰国的"政治家政治"与"企业家政治" ······ 房 宁 周方冶（122）
"泰式民主"的转型困境 ············· 周方冶（126）
马来西亚政治转型困境的动因及其前景 ······ 许利平（138）
越南政治权力的结构特征及影响因素探析 ···· 潘金娥（148）
莫迪执政以来印度人民党的组织资源与动员策略 ··· 冯立冰（163）
东亚新兴工业化中的混合型统合主义
　　——考察新加坡工会运动与劳资政三方代表协商
　　机制 ······························· 郑振清（187）
亚洲民主化中的"拉莫斯现象" ············ 房 宁（210）

三 理论探讨

亚洲政治发展比较研究的理论性发现 ········ 房 宁（215）
东亚政治发展研究形成的基本概念 ·········· 房 宁（238）
东亚民主转型的理论解释 ··············· 课题组（248）
权利与权力的对冲：发现东亚模式 ·········· 房 宁（260）
新社会集团：政治发展的社会基础 ······ 郭 静 周方冶（266）
新兴社会集团是政治发展的主要动力 ········ 房 宁（277）
东亚国家政治民主化挫折的经验分析 ········ 郭 静（283）
多党制下的政治性腐败 ················ 房 宁（298）
东南亚政治领袖"个人权威"现象研究
　　——政治权力结构调整的视角 ············ 周方冶（302）

本书作者简介 ····························· （328）

一

国别与地区调研

日本的政治进程：
从明治维新到"55年体制"

房 宁 张伯玉 周石丹 郭 静

2010年7月11—21日，东亚课题组日本调研小组在日本进行了为期10天的考察访问。调研小组在东京、横滨、千叶、京都等地走访了包括日本前首相、众议员、地方议员、民间政治团体领导人在内的一批政治家，访问了一些企业家和政治记者，访问了东京大学、庆应义塾大学，与一些著名专家学者（包括一些历史学家）座谈。调研期间，结合研究需要还参观了日本宪政纪念馆、新闻博物馆等一些重要文史博物馆，出席了民间政治团体举办的参议院选举研讨会。

此次调研是在对日本近现代政治发展进行较为充分的前期案头研究基础上实施的。日本调研主题相对集中：一是明治维新及其对于日本工业化、现代化的重要意义；二是日本在第二次世界大战后实行的"55年体制"，其中重点是日本自由民主党长期执政的经验教训。现将此次调研的主要发现和形成的重要认识报告如下。

明治维新及其对于日本崛起的重要意义

亚洲的工业化、现代化是从日本开始的。19世纪60年代的明治维新开启了日本走向工业化、现代化的大门，日本由此崛起，从而也深刻地改变了包括中国在内的亚洲众多国家和民族的历史命运。

(一) 佩里来航和新商人阶层兴起：明治维新的历史背景

19世纪初，西方殖民主义的影响波及亚洲，并最终形成了对于当时中国、日本等封闭落后的亚洲国家的巨大威胁和挑战。而这种外来冲击与压力，实际上又构成了中国、日本等亚洲国家近代历史的起点，即中国、日本等国是在西方殖民主义冲击和压力下走上了民族振兴和探索实现工业化、现代化的道路。西方资本主义兴起及其对于东方的压力，是整个东亚工业化、现代化进程及政治发展的基本背景。

1840年以后，当时统治日本的德川幕府通过荷兰人了解到中国的情况和世界形势的变化。1853年6月，由美国海军准将佩里率领的四艘军舰突然驶入日本浦贺港。在美国军舰的武力威胁下，日本幕府被迫结束了锁国政策，西方列强通往日本的大门被打开了。外来的威胁刺激了日本的民族意识，同时也激化了日本内部的矛盾，进一步动摇了幕府的权威，地方各藩大名、武士开始了倒幕运动。

日本内部矛盾激化的另一原因是，佩里来航后开放国际贸易，对日本国内经济秩序造成巨大冲击，国内贵金属流通量减少，经济萧条。面对经济衰退，幕府不得不加重税负，又进一步加剧了商人、农民和下级武士的负担与困苦，引发了社会进一步的不满和反抗。这为即将到来的社会变革准备了社会推动力量。

在各种社会力量中，下层武士阶层变革的愿望最为强烈，也有一定的实力，因此，成为日后维新变革的主力军。出身下层武士阶层的大久保利通、福泽谕吉、伊藤博文等人，在后来成为明治维新中的风云人物。在一定意义上，明治维新也可以说是下层武士的革命。

(二) 志士奋起："尊王攘夷"与"公武合体"

面对外来威胁和内部危机，日本内部早已兴起的由爱国志士倡导的民族振兴意识不断高涨起来，并逐步形成了两种相互砥砺的救国论述，即两条不同的民族振兴理论。一是主要反映下级武士愿望和利益的"尊王攘夷"论。由于日本等级世袭制度以及经济的困境，数量很多的下级武士阶层迫切希望改变现状，要求在尊王的旗帜下团结全社会，共襄攘夷大业。二是"公武合体"论。公武合体论主张天皇（公）与幕府（武）的团结与结合，建立一种上下一心、举国一致的体制。幕府以及各个藩主和上级武士主张公武合体。新兴商人阶层以及富农一般倾向于尊王攘夷论，他们为尊王志士提供了资金。

（三）明治维新：纲领与措施

在内外因素的综合作用和影响下，日本进行政治改革的条件逐步成熟了。1868年3月，明治天皇模仿大化改新时的做法，在大樟树下召集群臣对天地盟誓："广兴会议，万机决于公论；上下一心，盛行经纶；官武一途以至庶民，各遂其志，使人心不倦；破旧有之陋习，基于天地之公道；求知识于世界，大振皇基。"这"五条誓文"成为明治维新的基本纲领，其基本思想是：保障人民的权利，以调动人民的积极性，即"官武一途以至庶民，各遂其志，使人心不倦"，这一条可谓纲领中的纲领。

此前一年，1867年6月，著名维新志士坂本龙马与土佐藩参政后藤象二郎一同乘坐藩船"夕颜号"从长崎出发前往兵库，在船上坂本龙马向后藤象二郎提出了明治维新时期另一重要纲领——《船中八策》。《船中八策》包括："大政奉还""议会开设""官制改革""条约改正""宪法制定""扩建海军""设置近卫亲兵""通货政策"八项改革原则与措施。

从1868年明治天皇宣布"五条誓文"，到1898年"明治宪法"颁布实施，日本经历了整整30年的改革和探索，明治维新及其推动的经济社会发展，使日本在19世纪末发展成为一个初步工业化的国家，为日本后来跻身西方列强奠定了基础。

明治维新的主要改革措施包括两方面内容：一是保障社会权利、促进经济发展方面的措施，主要包括"四民平等"和"殖产兴业"；二是集中政治权力、统筹社会发展方面的措施，主要包括废藩置县和地税改革。

（1）"四民平等"。明治政府成立不久就着手废除封建等级制度，取而代之的是皇族、华族、士族和平民四种身份，并宣布四民平等，取消武士特权。"四民平等"改革产生的直接社会效应：一是平民可以自由择业和迁徙，为工业发展提供了大量自由劳动力；二是明治政府用公债的形式逐步收回了华族和士族的俸禄和禄米。华族和士族的上层利用巨额公债投资于新兴工业。而"四民平等"产生的更为深层的社会效应是：通过社会平等以及公民权利的保障改变了传统社会中世袭罔替所包含的社会基本价值，而代之以靠个人努力和奋斗取得社会地位和新生活的价值。正如美国学者赖肖尔所说：明治维新把日本从一个以世袭决定地位为主的社会变成了一个以受教育程度和个人成就决定地位为主的社会。应当说，这是明治维新给日本社会带来的最深刻、最实质的变化，须知社会基本价值的变化是社会最深刻的变化，它是社会行为的"指挥棒"，它从根本上决定着一个社会的未来。

（2）"殖产兴业"。明治维新后，明治政府进行了一系列改革，采取了一系列措施促进日本产业经济的发展，其主要内容包括：引进西方技术、设备发展基础工业以及军事工业；学习美国体制，引进农业技术、机械、品种，探索农业经营的新方式；建设和改善交通、邮政等基础设施，建立近代邮政、通信系统；进行货币改革，建立近代银行系统，大力推动银行业发展。"殖产兴业"是在日本政府引导和民间推动两方面的努力下开展的，这一过程中形成了一种独特的"政商"体制，成为实现日本工业化的经济基础。

明治维新通过"四民平等""殖产兴业"等措施，在经济社会领域实行广泛社会动员、迅速推进工业化的同时，并没有开放政治权力。相反，在政治领域，明治维新沿着另一个逻辑在发展，即尊王，强化天皇体制，集中国家权力于政府，使日本工业化和富国强兵的进程更富有计划性，实现了一种战略性的发展。

明治维新后政治权力集中于国家主要通过两项重大改革措施实现：一是废藩置县；二是地税改革。

（1）废藩置县。明治政府于1871年实行废藩置县改革，把全国划分为3府72县，命令原藩知事定居东京，由中央政府派出官吏担任府知事和县令。废藩置县彻底废除了日本上千年封建体制，完成了全国统一，形成了中央集权的新政体。

（2）地税改革。从1873年至1879年（即明治六年至明治十二年），明治政府用了六年时间基本完成地税改革，在实行一定土地制度改革的基础上，将课税基准改为按地价征收，并将实物纳税改为货币纳税。地税改革稳定和增加了中央政府的财政税收，为建立稳固的中央政府奠定了经济基础，特别是使明治政府有财力建立和维持一支隶属于中央政府的国家常备军。

废藩置县与地税改革，使日本政治体制发生彻底改变，政治权力集中于中央，真正建立起了一种举国一致体制，为日本的工业化和经济发展的战略性发展提供了制度保证。

（四）民权论 VS 国权论：明治体制的最终确立

明治维新开启了日本工业化、现代化之门，明治时代是日本社会思想空前活跃的时代，是日本民族以及它的精英们放眼世界，为日本民族选择未来的时代。在通往未来的十字路口，日本的政治精英、文化精英充分地想象，努力地探索，他们相互之间争论、砥砺、斗争，最终使明治体制确定下来。在明治时代，探索未来政治发展道路和政治体制的最重要主张有二：民权论与国权论。

1. 民权论

明治维新后随着日本的开放，欧美近代思想大量被介绍进来，加之因"征韩论"失败下野的政治势力的策动，日本民间要求政治权利的思潮和行动日益高涨，逐步形成了呼吁民权、要求进一步政治改革、主张"民权论"的自由民权运动。民权论的核心主张是实行普选和建立民选议会。从1874年开始，自由民权运动逐渐兴起，主张自由民权的政党、政治团体不断出现，并逐步向日本全国蔓延。一时间，日本政治生活中出现了一个相当自由、活跃的时期，出现了自由党和立宪改进党两大自由派政党，短期内全国出现了数十个政党。大隈重信是民权论及自由民权运动的主要代表，后人称其为统帅。

随着民权论及自由民权运动的发展，民权论者与明治政府中的主流派的意见分歧和矛盾越来越大。1881年因北海道开拓使出售官产事件引发了波及全国的人民抗议浪潮。明治政府认为，大隈重信在幕后操纵了抗议运动，将其从政府中驱逐，与此同时，制定了10年后公布宪法和开设国会的时间表。这一事件在日本历史上被称为"明治十四年政变"。放逐大隈重信和公布宪政时间表,意味着对西方式的自由民主体制的拒斥和国权论者对于民权论者的一定妥协。由此,日本迈向了明治维新最终确立起的君主立宪制度。

2. 国权论

国权论,是明治时代的主流,其主要代表人物前有大久保利通,后有伊藤博文。国权论者主张集中国家权力,主张循序渐进地发展议会制度,尤其不赞成效法英国体制。由于岩仓具视等当权派持国权论,明治政府一直打压、瓦解自由民权运动。一方面,他们运用各种手段压制民权论者,甚至严厉镇压民众的抗议活动;另一方面,他们对于民权论代表人物施以怀柔政策,包括将大隈重信等民权派领袖封为伯爵。自由民权运动在明治政府软硬兼施的攻略之下,经过短暂的三五年活跃期后便渐渐势微了。

1882年,伊藤博文授命率团访问欧洲考察宪政,为期一年多。1886年,伊藤博文正式授命起草明治宪法;1888年,设枢密院秘密审议宪法;1889年(即明治二十二年)正式颁布施行《大日本帝国宪法》。至此,为期30年的明治维新以初步实现日本的工业化和建立君主立宪制而告成功。

(五) 明治维新的意义

明治维新的重要意义在于:它首先是一场政治改革,在很大程度上为日本的资本主义工业化开辟了道路,与政治改革同时进行的是经济体制改革,主要涉及财税体制和社会体制改革,经济、社会改革将政治改革落实于经济、社会领域,从而展开了对日本社会的全面改造。

与中国同期的"洋务运动"进行比较,可以更加清晰地看出明治维新的深刻意义。1860年第二次鸦片战争失败后,清廷重臣奕䜣等上奏朝廷《请设总理衙门等酌拟章程六条折》,由此开始了中国为救亡图存而进行的第一次社会变革,同时也是中国历史上第一次工业化努力——洋务运动。但洋务运动局限于贵族官僚阶层,从改革的层面看基本上只涉及行政体制改革,与日本具有广泛社会动员意义的改革形成了对照。1894年的甲午战争是中日两场变革的总检验,结果日本胜出,最后一张可以搭上19世纪工业化末班轮的船票为日本所得，由此亚洲的历史、中国的历史被彻底改写。

如果再把眼光放开一些，可以看到19世纪下半期，在亚洲大地上发生了三场改革，除去中国的洋务运动、日本的明治维新，还有泰国曼谷王朝五世王朱拉隆功的改革。明治维新和朱拉隆功改革取得了成功，洋务运动失败了。改革的成功与失败对这三个国家的历史产生了深远的影响，一个显而易见的证据就是日本和泰国都保留了君主制，而中国则走上了另一条全新的道路。

"55年体制"的兴衰

第二次世界大战从一定意义上来说中断了日本的历史。第二次世界大战中，日本对于中国和诸多亚洲国家的侵略，给包括日本人民在内的亚洲人民带来了深重的灾难。与此同时，战争的失败几乎葬送了日本自明治维新以来实行工业化、现代化带来的经济社会发展的物质成果，战后的日本到处是废墟。然而，在多种内外因素的影响下，日本竟然从战后的废墟上爬了起来，再一次创造了工业化、现代化发展的奇迹，重新成为世界经济大国。"55年体制"，对日本战后的重新崛起起到了至关重要的作用。"55年体制"的内容和作用，在一定意义和一定程度上，与明治体制有着相似性，因而也成为我们研究日本问题关注的重点。

（一）"55年体制"产生和长期存在的原因

所谓"55年体制"，指的是日本政坛自1955年出现的一种体制，即政党格局长期维持执政党自由民主党（即自民党）与在野党日本社会党的两党格局。"55年体制"一词最早见于日本学者升味准之辅于1964年发表的论文《1955年的政治体制》。"55年体制"也可以有广义的理解，即大体形成于1955年的包含政治、经济、社会在内的战后日本体制的总体。"55年体制"的特色与核心是日本自民党一党长期执政，在自民党长期执政期间，日本再次实现了工业化、现代化的快速发展，再次跻身于世界经济大国之列。因此，研究"55年体制"也就成了探究日本当代政治发展的一个核心问题。

1. "55年体制"的历史背景

战后的日本处于美国军队的占领之下,战后初期日本的经济重建和政治变革是在美国主导下实现的。战后,东西方之间出现"冷战",50年代初朝鲜战争爆发,这种国际局势以及周边形势对日本战后的政治发展构成了重要的影响。

战后的前10年,日本在美国占领当局主导下完成了消除日本军国主义产生的政治社会基础的改革,战前形成的财阀集团被解散,天皇体制被改造。与此同时,日本的左翼工人运动和社会主义运动蓬勃兴起,国内出现了一波追求民主自由的社会气氛,社会形势也由此变得活跃而不稳定。然而,日本惨痛的战败以及美国的占领和控制,再加之朝鲜战争造成的紧张局势,十分不利于日本左翼。左派的社会主义倾向和反美倾向,使广大民众顾虑重重。逐渐地,左派脱离了一般民众希望安全、和平的愿望,从而也脱离了日本当时的社会实际。这也是日本左翼长期处于弱势地位并且每况愈下的重要原因。在我们访问日本前首相、日本社会党前委员长村山富士先生时,他也指出,当年日本左翼脱离了日本的现实。反观日本右翼,即日本的保守势力却紧跟美国,俨然是日本的安全、稳定、和平的保障,由此得到了日本社会主流的认同。这是日本保守势力的代表自民党长期维持其执政地位,即建立和维持"55年体制"的大的历史背景。

2. 执政"三神器":"55年体制"长期存在的原因分析

"55年体制"长期存在及自民党长期执政的原因是多方面的,其中包括国际局势以及缺少有力竞争对手的因素。就日本战后政治体制与社会制度以及自民党自身的原因而言,我们认为以下几点最为重要。

第一,政官财体制及其"土建政治"的作用。日本自民党紧密依靠日本各级行政机关中的官僚阶层,与工商界财团建立交易与依存关系,即政治家、职业技术官僚和财团紧密结合,这实际上成为日本重要的非正式制度和体制,即人们常说的:政、官、财"铁三角"。日本自民党通过这个"铁三角",获取资源、制定政策、治国理政。从广义上讲,所谓"55年体制",也可以说是政、官、财"铁三角"体制。

如果从自民党长期执政的角度观察和解析政、官、财体制，这一体制运行的核心内容是：自民党通过执政地位获取大量经济资源并通过议会控制资源分配权，加之与官僚阶层紧密结合牢固掌握行政资源，自民党将经济资源、行政资源转化为政治资源，即换取地方势力、利益集团和一般民众的政治支持，简而言之就是换取选票。具体来说，就是自民党的议员不断地向地方、选区以及相关利益集团派发好处，帮助进行建设，争取各种投资，提供社会服务，增进社会福利等。作为回报，地方势力、选民及利益集团向自民党以及党内政治派别及其议员提供支持，保证其长期当选、长期执政。总之，掌握资源、将经济与行政资源转化为政治资源是自民党长期执政的基础。前首相田中角荣，是建筑承包商出身，也是自民党内最具影响、最大派系的领袖，他把上述机制概括为"土建政治"，应当说道出了当代日本政治的一个重要奥秘。

第二，自民党路线、方针、政策的适应性、灵活性。自民党在长期执政实践中不断探索，表现出了良好的适应性和灵活性，这是自民党在长期竞争性选举中立于不败之地的又一重要法宝。自民党路线、方针、政策的适应性、灵活性主要表现为：比较善于抓住一个时期的社会主要问题和矛盾，有针对性地制定路线、方针、政策；比较善于根据社会形势的变化调整路线、方针、政策；比较善于吸收其他政党，甚至政治对手主张中的合理成分，为我所用，大胆调整。这方面，在"55 年体制"全过程中最精彩的一笔，莫过于 1960 年时任首相池田勇人提出的"收入倍增"计划。1960 年的日本可谓动荡不宁，工人罢工和反对《日美安保条约》的抗议运动如火如荼，形成了日本战后社会运动的一个高潮。不断高涨的社会抗议浪潮，迫使自民党岸信介内阁下台。新上台的池田勇人内阁面对动荡形势，提出了"收入倍增"计划，力求通过促进经济高速增长和改善人民收入、提高生活水平，来缓解社会矛盾和压力。池田勇人的计划收到了出乎意料的奇效，它开启了日本战后经济发展的"黄金期"，1960 年当年日本经济便取得了 21.4% 创纪录的增长，而且继续创造了此后连续 19 年国民经济超过两位数增长的奇迹。更为重要的，这一计划逐步使发展经济、改善生活成为日本社会的主旋律，从根本上缓解了日本社会原有的紧张形势，使日本保持了相当长时间的经济发展、社会安定的局面。

第三，党内协调机制。由于联合日本保守力量的需要和"土建政治"机制的作用，以及当时实行的"中选区"制度的影响，日本自民党内形成了诸多派系。一党多派是自民党的一大特色。各个派系的聚合，壮大了自民党的队伍，增强了整体实力。由于多派系，也在一定程度上有利于增强自民党的社会代表性，客观上有利于其政策的灵活性，并且有利于发现和培养更多的优秀政治家。但多派系格局，也在党内造成了矛盾，甚至经常出现相互倾轧的现象，影响了党的统一性和行动效率，严重的情况下甚至威胁到自民党的执政地位。因此，自民党要维持其生存发展，保持其执政地位，最重要的工作就是协调党内派系关系，缓和派系矛盾，维护党的大致团结和统一。为此，自民党形成了特有的维系党内派系关系的各种协调机制、方式、方法，其核心就是照顾各派系利益，平衡各派系利益。在相当长的时期内，特别是日本经济高速增长时期，由于资源充裕，自民党内部在很大程度上做到了党内的协调，兼顾了各派系利益。

政、官、财"铁三角"的"土建政治"、政策的灵活性和党内协调机制，堪称自民党长期执政的三大"神器"，维护了自民党在竞争性选举的宪政体制之下，一党独大、长期执政的局面。

（二）"55 年体制"的衰败

1955 年日本保守派的自由党和民主党合并组建自民党后，自民党一党执政长达 38 年。1993 年，自民党发生分裂而失去了众议院多数席位，从而丧失了长达 38 年的单独执政地位。一般认为，这标志着"55 年体制"的结束。但此后 16 年，自民党联合其他政党，依然保持了联合执政党中的主导地位。直到 2009 年民主党在大选中胜出，自民党沦为在野党，应当说，到这时"55 年体制"彻底成为历史。

"55 年体制"衰败的原因是什么？为什么在经历了 38 年的单独执政，保持了超过半个世纪的执政地位之后，自民党会完全沦为在野党？这是当代日本政治发展研究中最值得探讨的问题。

如此长久稳固的体制的瓦解，自然有其多方面的原因，但究其大要，我们认为主要有三方面的因素，即"冷战"结束，国际形势的变化；泡沫经济崩溃，"55年体制"经济基础削弱；自民党内部的积弊。

1. 国际形势变化，影响国民心理

20世纪90年代初，苏联解体，"冷战"结束。国际形势的这一巨大变化，使当年"55年体制"形成的重要国际背景不复存在，国际上对日本安全的压力基本解除，这使得"冷战"时期自诩为日本安全保障的自民党失去了一个重要的合法性依托，过去紧随美国的政治形象如今成了累赘。另外，长期以来，日本右翼当中泛起了一股拒美爱国的新潮流，号称新右翼。这股思潮与日本国民中希望日本成为"正常国家"的情绪相呼应，也对自民党执政地位构成了一种社会心理和情绪上的不利因素。

2. 泡沫经济崩溃，削弱了"55年体制"经济基础

1985年，日、美、德等五国财长和央行行长制定《广场协议》，迫使日元大幅升值，日元资产迅速膨胀，日本经济进入泡沫化状态。1992年，日本泡沫经济崩溃，引发经济严重衰退，当年日本GDP增长率仅为2.8%，为1955年以来最低。1993年GDP增长率又进一步下降为0.9%，日本经济一片萧条。泡沫经济崩溃首先祸及日本经济界，企业和财团遭受重创。泡沫经济崩溃在政治上引起了一系列严重的连锁反应。

其一，陷入困境的经济界对于自民党的支持大幅度减少，同时，由于自民党根本拿不出办法解决严重的经济问题，财团对于自民党颇有怨怼，传统"铁三角"关系出现了松动和削弱。

其二，由于经济陷入困境，日本财源大大减少，而财源减少使得原来靠雄厚财力普惠党内派系的自民党领导层捉襟见肘，平衡党内利益关系的能力大为下降，进而导致了内部矛盾的尖锐化。

其三，原来行之有效的"土建政治"也遇到麻烦。长期实行"土建政治"，使日本的基础建设叠床架屋，浪费严重。以机场建设为例，在"土建政治"的推动下，不大的日本竟建有100多个民用机场，单东京都就有6个民用机场，而冲绳县居然有12个机场。多年的"土建政治"造成了巨大的过剩和浪费，到此时已是难以为继。在经济濒临衰退的形势下，自民党政客传统的拿手好戏无法上演，他们也只好坐困穷城了。

3. 自民党内部积弊充分暴露

泡沫经济崩溃使得自民党内部长期积累的问题与弊病充分暴露了出来，其中最为严重的就是自民党内的派系问题。自民党的力量在一定程度上来自派系，但那是在财源充足的情况下，各派系利益均沾，还可以相安无事。但在泡沫经济崩溃、财源大幅减少、需要采取紧缩政策的情况下，自民党内的派系矛盾便充分暴露出来。自民党内派系分为地方和行业或某部门两大脉络，行业或部门在国会中的利益代表，称为"族议员"。面对经济困局，必须进行改革，而改革的实质就是削减某行业或某部门的利益，或减少对地方派发的资源。无论哪种方法、哪种情况，都会有利益受损的一方。这直接导致了1993年自民党派系的分裂，并且是以后的10多年里不断演义着的分裂，这几乎成了1993年到2009年，自民党从单独执政转变为联合执政，最后彻底丧失执政地位期间的主旋律。

（本文刊发于《文化纵横》2010年第5期）

发展压力与韩国政治的演进逻辑

房　宁　周少来　冯钺　王利　陈海莹

2009年7月15—24日，应韩国国会的邀请，以房宁为团长，周少来、冯钺、王利等组成的中国社会科学院政治学研究所代表团对韩国进行了学术访问和调研。正在韩国访学的陈海莹也参加了调研工作。这次访问受到了韩方的隆重接待，韩国国会有韩国"民主堡垒"之称，在国会方面的精心安排下，调研活动进行得十分顺利，颇有收获。

调研第一阶段，在首尔，与韩国国会两大派代表性人物做了深入交流。韩国政坛分为左、右两派，即一般媒体及公众舆论中的所谓"保守派"和"进步派"。保守派是执政的大国家党，保守派议员中的核心人物洪准灼会见了我们。进步派（民主派）在2007年底的选举中遭遇重大挫折，甚至其在国会的领袖人物金槿泰议员也落选了。金槿泰曾做过国会议长，现在虽失去了议员身份，但他作为韩国学生运动和青年运动的创始人、指导者，依然被年青一代的民主派人士尊为导师。那天会见时，金槿泰亲率当年韩国学生运动的四大领袖一同出席，并特意把会见地点安排在最终推翻军政体制的1987年"6·10"运动的指挥中心——首尔一座圣公会教堂的会馆。抚今追昔，宾主共话当年，难免生出许多感慨。

在前面调研的经验基础上，我们在韩国做了一些调整和改进。

第一，更加均衡。以前的调研由于过于关注民主化问题，主要走访的都是民主派的一些重要人物。这次我们注意了这个问题，尽量做到左右均衡。

第二，更加全面。主要表现为不仅关注政界，还进一步接触了企业界，实际上是对政治问题的一种更加全面和深入的观察。

第三，更加深入。主要是注意接触了基层。在韩方大力协助下，我们做了纵贯韩国的地面旅行，从首尔一直到南海边的统营市，即当年李舜臣抗击倭寇的地方。来去的路上，我们参观了乡村、农场和企业，对韩国的工业化、新村建设、国土整理、人民生活等有了直观认识。通过和一些地方议员、政府官员、企业家、普通民众的接触，了解到一些具体的情况，找到了一些感觉。

值得一提的是，韩国国土整治十分成功，令人敬佩。韩国在战争中遭受严重破坏，"二战"后森林覆盖率不到10%。即使走在今天的韩国，漫山遍野，满目苍翠，但却极少能够看到大树，现在的树木树龄一般不超过50年。经过50多年坚持不懈的努力，韩国全境森林覆盖率已达40%以上，能种树的地方都种上树了。这从一个侧面反映了韩国工业化以及经济社会发展，给国家面貌带来的深刻变化。

自由、威权、多元：韩国政治发展的三阶段

改变国家贫困落后面貌，实现国家工业化是现代韩国社会发展的主题。韩国的政治发展及民主化进程始终围绕着这一主题，这既是实现工业化的需要，也是韩国工业化和经济社会发展的重要条件。从一定意义上讲，工业化与民主互为因果。

伴随着工业化进程，韩国的民主化走了一条艰难曲折的道路。韩国在建国以来的历史中，在工业化和社会发展的过程中，逐步形成了两种政治倾向、两大政治势力，同时在其背后也具有相应的两大利益板块，即主张发展优先的保守派和强调社会平等公正的民主派。韩国的政治体制，也是在这样的基础上形成了"威权"和"多元"两种基本体制类型。在韩国工业化发展过程中，两大思想体系、两大政治力量的斗争、冲突从未间断，有时十分惨烈。

建国以来，韩国政治进程可大致分为三个阶段，或者说，是画了三个"圆圈"，即从多元体制到威权体制，从威权体制到多元体制，再从多

元体制中退却。现代韩国政治，在威权和多元两种体制之间经历了肯定、否定、否定之否定的一系列变故。

第一阶段，自由民主体制时期。韩国建立于"冷战"的国际大背景之下，成为东西方两大集团斗争的前沿。韩国建国后仿照西方建立了西方式的宪政体制，实行西方式的自由民主，但国家却停滞不前。从李承晚到张勉，韩国未能走出一条实现国家工业化的道路，反而在政治上出现了混乱。

第二阶段，朴正熙军政体制时期。在经济社会发展裹足不前、社会矛盾重重的背景下，朴正熙军人集团发动政变夺取政权，建立军人威权体制，推动韩国实现工业化，创造了"汉江奇迹"。朴正熙威权体制，一方面，开放经济和社会资源，通过保障人民的经济社会权利，调动了韩国人民的生产积极性、主动性和创造性，有力地促进了经济发展和人民生活改善；另一方面，集中国家权力，实行中央决策体制，制定国家战略发展规划，推动韩国经济迅速崛起。

朴正熙的威权体制在对韩国社会发展产生积极作用的同时，也带来了许多严重问题，最重要的就是对人民政治参与的压制和对国家权力的垄断。朴正熙军人政权日益脱离社会，不断制造着与人民群众，特别是工业化进程中出现和成长起来的城市新工人阶级的矛盾。由于政治权力的垄断和僵化的政治体制，朴正熙政权与韩国广大知识分子和中产阶级也处于日益尖锐的矛盾之中。由于对权力的高度垄断，特别是对经济决策权的严密控制，原来一直与军政精英集团保持高度一致的、在"汉江奇迹"中成长起来的财阀集团，也逐渐与军政集团产生了隔阂甚至矛盾，这在一定程度松动了军政精英的政权基础。在这一系列变化因素的影响下，特别是在工人阶级和知识分子的联合反抗之下，朴正熙威权体制最终被日益发展壮大的民主运动所推翻。韩国的民主化运动，是具有阶级斗争色彩的一场社会革命运动。

第三阶段，多元民主体制时期。1987年，在群众性民主运动的不断冲击下，朴正熙建立的韩国军人政权瓦解，韩国重新实行自由民主宪政，实行大选。20世纪90年代初，长期处于反对派地位的民主派终于赢得大选，上台执政。韩国再次恢复了自由民主宪政体制，实现了国家权力开放和结构的多元化。

多元民主体制,给韩国带来的更多的自由和民主,特别是国家权力的开放,使各个阶级和重要利益集团都有机会参与国家权力的竞逐,人民的政治权利有了很大的扩张。但另一方面,韩国社会的治理水平下降,行政成本提升,同样在外部经济环境因素的影响下,韩国经济发展势头大大削弱,经济社会发展失去了以往的景况,韩国面临着巨大的发展压力。在这种内外压力和环境变化的情况下,韩国民主派的政治威信和执政能力急剧下降,出现了政治危机,韩国再一次实现了政治轮替,承袭了朴正熙思想体系和治国理念的保守政治力量及其政党——大国家党上台执政。

大国家党执政,并不是一次简单的西方式民主政体下司空见惯的那种"政党轮替",而是标志着韩国发展的方向性调整,可以说是一种"政治轮替"。这种所谓政治轮替的意义在于:韩国当代历史出现了发展主义、保守主义战胜了社会主义、民主主义的历史性现象。在新的政治轮替出现的情况下,韩国政治发展的未来走向出现了新的不确定性。

韩国调研中的一些具体问题和发现

第一,发展压力。韩国调研中最重要的发现即对"发展压力"的认识。发展的压力是影响韩国乃至东亚社会工业化、现代化发展以及政治民主化进程的根本因素,是拨弄东亚近现代历史的一只"看不见的手"。发展的压力,是近代世界历史上影响一切落后国家的基本因素。对发展的压力的回应,决定着一个民族的生死存亡。落后就要挨打,落后就可能亡国灭种。因此能否解决发展问题,对于各个国家的政治制度、社会集团、社会精英以及思想文化形成一种类似生物界"自然选择"的效应:顺应发展、实现发展则存、则兴;不能顺应发展、不能实现发展则败、则亡。发展的法则在选择着政治制度和政治精英。因此,理解和把握发展压力问题,也成为我们认识和把握东亚工业化、现代化以及政治发展、民主进程的关键。

关于发展的压力以及其对韩国现代历史产生深刻影响的事实,我们可以从现代韩国最重要的历史人物朴正熙的经历以及韩国人民对他的态度变化当中有所体会。朴正熙在韩国人民心目中的形象几起几落，甚至可以说充满了戏剧性。他曾经是"汉江奇迹"的象征，又成为专制压迫的"魔头"，而今天，在韩国媒体和学术界进行的不同类型、不同对象的各种有关历史人物的民意调查中，朴正熙几乎是囊括各种指标的全能"冠军"（"推动民主"除外），他堪比世宗大王、李舜臣，在韩国人民心目中享有无上威望。朴正熙的出现，他个人的历史以及韩国人民对他评价的变化，都不是孤立的和偶然的，也不是非理性的，那当中透视出韩国历史深处和韩国人民内心深处的一些东西。

朴正熙在他所著的工业化纲领《我们国家的道路》开篇写道："深夜，倦意袭来，我闭上眼睛，脑海里追忆着祖国历史的艰难历程。"一颗壮怀激烈的爱国之心跃然纸上。韩国的苦难、民族的危机，时刻激励着一个英武的年轻军官。他的激情、他的奋斗，感动、带动了韩国人民，他们最终创造了奇迹。朴正熙是韩国的朴正熙。

第二，对民族振兴意识认识的深化。民族振兴意识是我们在东亚研究中的一个重要发现。在东亚各个国家/地区的工业化、现代化发展初始时期，都出现了具有重要影响的民族振兴意识，其成为一种社会思想的动员，是实现工业化、现代化不可缺少的思想文化条件，甚至可以说是迈向工业化、现代化的起点。在韩国调研以前，我们认为：民族振兴意识主要是各个国家/地区的政治、文化精英的一种社会意识，是由少数政治、文化精英代言的。通过韩国调研，我们发现，民族振兴不仅是少数政治、文化精英的意识，同时它也在很大程度上转化、普及成了一种大众意识，韩国人民当中存在着改变贫困落后面貌、实现国家富强的强烈的愿望，和对代表着国家发展未来的政治家集团的拥护和信任，这实际上也是民族振兴意识的一种，是存在于民众中的民族振兴意识。

第三，保守意识的再确认。保守意识的形成是威权政体转化为多元政体的必要条件。韩国的调研，我们确认并进一步细化了这一认识。韩国的民主化运动跌宕起伏，扣人心弦，是世界民主政治历史上可歌可泣的动人篇章。韩国民主运动有两个特点：主题性与主体性。主题性为：始终围绕着"维新体制"的合法性，甚至朴正熙政权以及朴正熙总统本人的合法性展开；主体性为：学生，特别是大学生始终是民主运动的主力军。韩国学生运动长盛不衰，学生的政治热情、政治责任感一直十分高涨。但在实现多元体制之后，特别是保守势力卷土重来，大国家党重新上台执政后，却全然不见了学生的政治热情，街头运动完全今非昔比。我们进一步意识到保守意识本质上是社会大众，特别是主流社会群体对现状的认可，对主流价值的认同。所以丧失了反抗的热情和坚决性。

第四，韩国威权体制向多元体制转型的关键性问题的认识。我们认识到韩国创造了"汉江奇迹"的威权体制，在民主运动的不断冲击下终归失败，其中关键性的因素是：权力精英和执政集团不能正确、妥善地处理与在工业化进程中兴起的新兴社会阶级、集团的关系。具体来说，主要是没有正确和妥善地处理好与城市新工人阶级以及中产阶级、知识分子的关系。不能正确和妥善应对这些新兴阶级、集团的社会诉求和政治参与愿望，更没有将如此重要的阶级与社会集团纳入体制之内，加以体制化。

如果换一个角度，从朴正熙政权与体制失败的经验教训的角度看，主要可以总结四点教训：一是朴正熙政权的意识形态薄弱而停滞；二是思想舆论处于弱势地位；三是社会组织、社会工作极其薄弱；四是滥用镇压手段。

第五，行政性腐败和政治性腐败问题。腐败是韩国政治进程，特别是民主运动中的一个重要议题。但反思不同体制下的腐败问题，韩国学者提出了极有启发性的两个概念：行政性腐败和政治性腐败。他们认为，行政性腐败主要是掌握公权力者个体性的谋取私利的行为，而政治性腐败主要是政党政治，尤其是竞争性选举带来的腐败。依韩国的经验看，行政性腐败，多发于威权体制下，并在多元体制下有所缓解；而政治性腐败，主要发生于多元体制下，并难以治理。

关于行政性腐败与政治性腐败问题，当年"6·10"运动领袖，时任首尔大学学生会主席、韩国全国学生民主阵线主席李南周的看法和观点很有代表性，也因他的身份而更值得重视。他谈到，当年学生运动反对军政体制和军人政权，把腐败问题作为一个重要口实。但是，20多年过去，回头再看腐败问题，一个社会腐败问题的发生恐怕更多的是和经济收入水平与文化因素联系在一起的。当年的腐败多是与行政权力有关的腐败，不给钱不办事。实现民主化以后，随着媒体监督的加强、行政管理体制的进步，这种类型的腐败大大减少了。由于这类腐败与老百姓的关系更加直接一些，所以现在韩国社会对腐败现象的观感要好得多。现在的问题是另一类腐败，即政治性腐败，就是与选举有关的腐败。政治家要选举，选举需要钱，合法渠道筹集不够，就要与大企业搞权钱交易。韩国大财团与政客关系十分密切，存在着金钱与权力的交换关系。民主政体下的腐败主要是政治性腐败。因为这类腐败主要涉及议员和政客，与一般老百姓有一定距离，所以更加隐蔽，社会感受会好一些。总之，民主化后，下面基层的腐败好一点了，而上面高层的腐败更严重一些。在调研中，企业家的意见也能佐证李南周的看法，他们也用几乎一样的语言描述政治家与企业家的关系、权力与金钱的关系。

（本文刊发于《文化纵横》2010 年第 5 期）

中国台湾政治转型的条件与路径

房　宁　周少来　韩　旭　郭　静

2009年5月3—12日,"东亚政治发展研究"课题组一行四人,应台湾"大陆研究会"邀请,就台湾社会转型及民主化发展等问题赴台进行学术访问和调研。这是课题组对东亚地区实地调研的第一站。调研访问期间,课题组在台北、台中、高雄等地访问了"中央研究院"、台湾大学等一批重要学术机构,以及台湾的"立法机构",并与台湾一些重要的政治家和学者进行座谈交流。调研访问达到了预期目标,对于台湾社会转型中的政治发展线索有了比较深入的认识与把握。

社会分化、精英对立:台湾社会转型的背景与动因

台湾工业化进程中出现的社会结构分化,以及在此基础上形成的国民党"军、公、教"集团与以中小企业为主体的本省新兴精英集团的对立和冲突,是台湾民主化运动兴起并最终形成政党轮替的基本原因。

台湾自20世纪六七十年代开始工业化进程,在工业化进程中,以国民党政权为核心的"军、公、教"集团控制主要经济活动,与在工业化进程中广泛兴起的、以本省人士为主的中小企业及相关群体形成了利益冲突和对立。在以部分自由派知识分子和主张"台湾独立"人士为主体的政治反对派的鼓动和组织下,形成了反对国民党政权和体制的社会舆论和社会运动,最终在各方面因素的综合作用下,实现了台湾从"威权

体制"向"多元体制"的过渡。政治反对派与台湾本土力量的结合，是台湾民主化运动兴起和壮大的关键因素，它为台湾民主化运动提供了广泛和强大的社会基础。1979年的"美丽岛事件"，就是台湾民主化运动中知识分子反对派提供的"思想力量"与本土势力提供的"物质力量"相结合的标志性事件。

20世纪70年代，中美建立外交关系、中国恢复联合国席位等一系列事件，以及其他国际环境的变化，造成并加剧了搬迁台湾的国民党政权的合法性危机。为应对危机，国民党政权采取了一系列政策调整，如"本土化"政策，旨在进行社会整合，特别是整合本省精英，借以巩固和扩大执政基础，但这种努力没有成功。反对派利用国民党政权政策调整，乘机扩大影响和加强社会运动，迫使国民党进一步退让，进而加剧了国民党内部矛盾，造成执政精英分裂，最终引发了政治转型和政党轮替。

基层选举与自由民主论述：台湾政治转型的条件

地方自治体制和自由民主论述，是台湾民主化运动存在并逐步发展的重要制度条件和思想文化条件。

尽管台湾在20世纪下半叶实行了长达38年的"戒严"体制（1949年5月至1987年7月），但台湾地方自治体制始终存在。这种地方自治在一定程度上保留了宪政体制因素，为以地方、基层为基地的"党外"民主运动和反对派活动提供了有限的法律依据和合法保障。这一条件为反对派充分利用，以仅停留于形式上的、有限的法律权利为依托展开合法斗争，获得了生存和发展的空间，把那"一张纸"演化出生命，形成了司法制度所无法约束的广泛的社会运动，最终促进了法律制度的改变，迫使国民党当局解除"戒严"。

此外，尽管国民党深受苏俄影响，在政治理论上有以"军政、训政、宪政"为核心内容的创新和调整，但其基本理念和论述形式，仍然不能完全脱离西方自由、民主、人权、法治等观念。加之，国民党政权出于反共意识形态宣传的需要，在意识形态方面不能公开背弃西方自由主义的基本教义与论述。在自由主义的意识形态与国民党的以"戒严"为体系的统治实践之间存在着强烈冲突,从而削弱了国民党统治的意识形态教化功能,同时加强了反对派的道义力量。

社会运动、法律诉讼、地方选举:台湾民主化路径

社会运动、法律诉讼、地方选举,是推进台湾民主转型的三大路径,其中地方选举是最重要和最关键的路径。从总体上看,台湾民主转型是以选举为中心展开的。选举推动是台湾民主转型的基本特征。

台湾的民间反抗一直存在,但最终促成民主转型的政治反对派凝聚于20世纪60年代。台湾的政治反对派主要由反对国民党的自由派知识分子和代表本土族群利益的异见人士两支力量组成。早期以自由派知识分子为主,后期以本土族群力量为主。

政治反对派早期以所谓"党外"运动为主,走过了舆论宣传、街头抗争、公开组党等社会抗议运动的三部曲。社会运动的主要功能是制造舆论、扩大社会影响、改变社会意识,同时也可以部分起到凝聚群众、培养反对派骨干力量的作用。社会运动是推进民主化的基础性工作。

台湾民主转型过程中的另一个突出特点,是通过有意识、有组织、有策略的法律诉讼,为社会运动和政治反对派提供保护,争取合法空间,为推进台湾民主化起到重要的辅助作用。

台湾民主转型的最基本、最重要、最关键的手段是,政治反对派利用台湾一直存在的基层与地方选举,凝聚和扩大了反对派的力量和阵营。与社会运动和法律诉讼相比,选举具有更为重要和持久的作用。社会运动时起时伏,难以持久;法律诉讼的作用范围有限。对于反对派力量的存在和发展而言,最关键的举措是形成稳定的内部激励机制。只有具备这样的内部激励机制,才能聚集起比较稳定的政治派别,不断获得社会资源以推进和扩大运动,也才能形成稳定成熟的反对派精英阶层。而这些正是反对派乃至任何一种政治力量形成和发展的必备机制。在台湾,这种机制就是基层和地方选举。

一定程度上开放、竞争的基层与地方选举,为反对派提供了合法而

有效的活动平台，它一方面可以直接面对基层群众，与利益和情感比较接近的普通民众形成互动，传播理念，扩大影响，组织队伍；另一方面，选举本身是获取经济、政治和社会资源的合法形式，通过选举聚集钱财、聚集人才，形成利益激励机制，以此为基础形成稳定、巩固的反对派精英阶层。反对派每一次选举的胜利，都意味着经济、政治、行政资源的扩大，对吸引、扩大反对派力量形成利益导向。不断推进选举的过程，也就成为反对派不断壮大、民主化不断推进的过程。

台湾民主转型后的社会状况

对于台湾实现民主转型后的社会状况以及未来发展的趋向，课题组形成的初步认识是：

第一，台湾政治"乱而有序"，现有"两党制"政治格局将长期存在。台湾社会转型和民主化进程有着深刻的历史背景和稳定的社会基础。由于其历史原因，台湾在工业化过程中形成了比较稳定的"外省"与"本土"族群利益分化与利益格局。这种平行对立的二元利益结构，是现有两党制政治格局的基础。尽管自20世纪90年代以来，由于台湾经济发展本身的原因，"外省"与"本土"的经济利益格局和分化有淡化的趋势，但由于在上层建筑以及政治制度上已经形成了既定的政治格局，经济与政治之间的相互塑造机能，会长期固化"外省"与"本土"平行利益结构。从政治上看，建立在二元平行利益结构上的两大政党，分别与基础族群、利益集团形成了"代表—制约"的互动关系，这意味着政治制度、体制及其运行将在可预见的将来较为稳定地存在，这是台湾社会"乱而有序"的制度支持机制。

第二，台湾发展将进入"稳定而迟缓"的阶段。台湾现行民主政治制度将对经济社会发展产生重要影响。由于工业化发展自身规律以及全球化条件下资本流动规律的作用，台湾经济社会发展如其他东亚国家和地区一样，将进入一个相对平稳甚至迟缓的时期。从台湾社会内部政治与经济社会关系看，现有政治制度也将进一步促成和巩固这一局面。当前，台湾社会多元政体对于社会稳定的影响机制已经显现，各个族群与利益集团可以比较充分地表达利益诉求和愿望，也可以在政治体制内进行比较充分有效的利益博弈。这种体制因素有利于促成台湾社会的稳定。

但另一方面，由于多元民主体制成本高企，台湾经济社会以及人民福利发展会进入一个相对迟缓时期。多元政体成本提高主要表现在两个方面。

一是过程成本提高。在多元政体之下，以政治体制的固定化、显著化为背景，以政治过程公开化、程序化为机制，加大了利益博弈的机会和达成妥协的困难。因威权体制下稳定的权力中心消失，多元体制中的一事一议，以及为竞选各政党施行的"极化"策略，使得政治运行中的交易数量增加，交易成本上升。

二是构成成本提高。在威权体制下，政权和领导阶层相对固定，政权交替与继承机会少。多元政体政权轮替经常化，加以选举政治需要大量资源支持，这些都大大增加了政治运行的社会成本。

（本文刊发于《文化纵横》2010年第5期）

泰国政治：从"剧院"到"街头"

房　宁　周方冶　范艳春

2010年1月12—19日，"东亚政治发展研究"课题组一行三人，应邀访问泰国。访问泰国期间，正值泰国政局呈"山雨欲来风满楼"之势，街头抗争不断，红、黄两军正在酝酿新一轮角力。与中国台湾地区相似，泰国也进入了高度政治化的时期，政界、商界、文化教育界人士高度关注政治形势，意见分歧，争拗甚多。这也正好为我们观察和分析泰国政治及发展趋势提供了难得的机会。

因已进入调研中期，在前三次调研的基础上，在关注和求证一些政治发展普遍性、规律性问题的同时，此次调研进一步聚焦于泰国自身特色问题，重点有二：其一，泰国在君主立宪制的宪政体制下的权力结构状态；其二，工业化进程中，特别是在经济全球化不断冲击东南亚地区及泰国经济的条件下，泰国社会结构的变化，以及社会利益结构对于政治权力结构的影响。

泰国的政治与经济分离现象

根据政治学的一般知识，国家的权力来自社会中占统治地位的阶级以及拥有大量资源的社会集团；政治活动以及产生的以法律政策等形式表现的社会结果，归根结底，反映的是统治阶级和重要社会集团的意志与诉求。列宁所说的，政治是经济的集中表现，反映的即这样一种政治原理。但在泰国的政治实践中,这种意义上的政治与经济的相关性并无明显的表现。事实是,泰国的政治与经济在一定程度上是分离的。应当说,这是泰国政治的一个特色。

泰国政治与经济分离的外在表现是:政党政治不发展。尽管泰国20世纪30年代后就开始实行君主立宪的宪政体制,建立了议会制、普选制和多党制等西方式的政治制度。但长期以来,泰国的政党政治并未真正发展,政党及政党体制很不稳定,政党在国家政治生活中的作用极其有限。但国家政权实际上掌握在国王、军队和一部分依附于国王和军队的政客手里,这种权力结构长期稳定地存在和运行,有人将泰国政治权力的形成和运作称为"政治家政治"。

泰国"政治家政治"现象的实质是,泰国在经济上占主体地位的资本集团、企业家阶层疏离于政治权力,政治地位低下,政治作用薄弱。因此,在泰国没有出现当代政治中普遍存在的那种经济与政治的关系。泰国政治体系中,国家权力结构与社会利益结构没有形成清晰可辨的对应关系,国家的政治行为背后的经济利益动机和影响不明显,政治权力的运行似乎很超脱;泰国的经济精英没有明确有力的参政行为,权力精英与经济精英关系疏淡。经济精英主要是通过依附于军人、政客集团,表达和实现自身的利益诉求。形象地讲,泰国政治是一种剧院模式,即观众花钱买票看戏。泰国的"观众"们——泰国的资本集团、企业家群体以及其他社会阶级、阶层,"花钱买票"——出资、纳税,但他们对"剧情"——国家的政治活动基本上没有发言权,只有观看和喝彩的权利,他们是相当被动的角色。

政治与经济分离在泰国是一种传统。泰国曼谷王朝六世王时期,由于工业化和资本主义经济的发展,统治集团为了限制在经济上越来越成功的华人参与政治活动,就提出了政治与经济分离的原则,由此,开辟了泰国政治与经济分离的传统。

今天观察和探究泰国政治与经济分离现象的原因,我们认为主要原因有两个。

一方面的原因与历史有关。泰国没有经历过殖民主义,也没有发生过重大的社会革命。由此,泰国传统的政治权力结构以及权力精英阶层得以保留。这种传统对泰国政治发展产生着深远影响，权力精英对政权的控制没有因为宪政体制的建立而改变，也没有因为社会结构包括社会利益结构的变化而消失，权力精英一直保持着对国家政权的控制，同时在一定程度上适应了宪政体制和新的社会利益结构。

另一方面的原因与泰国社会结构——主要是泰国经济精英阶层的成分有关。华人是泰国的少数民族，约占泰国人口的10%，但泰国社会资本的90%掌握在华族、华裔资本家、企业家手中。华族、华裔资本家、企业家是泰国社会经济精英的主体。正是由于这个重要的结构比例，占人口很少数的华人由于本民族的"客卿"身份，在泰国社会当中，特别是泰国政治生活中，需要保持谨慎与低调。一般来说，华族、华裔资本家都是奉行赚钱发财不问政治的处世哲学在泰国谋求生存和发展的。

"企业家政治"冲击"政治家政治"

政治与经济分离是泰国社会及泰国政治中的一种特殊现象，随着泰国经济、社会以及政治的发展，特别是在经济全球化日益促使泰国经济、社会更加开放的条件下，传统的政治与经济分离现象面临着严峻的问题与挑战。

2001年，泰国电信业巨子他信领导"泰爱泰党"在大选中获胜，他信出任总理。他信上台后实行了一系列经济、政治改革，对外推动泰国经济与国际接轨，进一步开放泰国市场；对内打破传统产业和资本集团的市场垄断，改革公务员制度，推进行政体制"扁平化"。他信的改革直接触犯了传统产业集团的利益，同时也引起了与传统产业集团关系密切的政治精英——政治家集团的不满。随着矛盾与冲突的不断升级，最终导致了军队的干预。2006年，军队发动政变推翻了他信政府。

他信的执政及其改革，反映了泰国新兴资本集团不再满足于政治与经济分离条件下的"剧院模式"，希望通过政治参与，甚至直接掌握国家政权，实行改革，为其发展开辟道路。他信的执政在泰国政治发展史上具有划时代的意义，有人将其概括为："政治家政治"向"企业家政治"转变的开始。的确，他信的执政和他发动的改革在很大程度上改变了泰国资产阶级政治低调的传统,他信是掌握泰国经济命脉的资本集团的代表人物,直接掌握国家行政权力的第一人。"企业家政治"冲击"政治家政治",是对泰国政治与经济分离传统的巨大冲击,深刻影响了泰国传统的经济格局和政治秩序,因而产生了巨大而深刻的社会影响,甚至导致了社会两大阵营的分化与对立,最终发展为大规模的政治动乱。

虽然,他信暂时被赶下台了。但泰国的经济精英,特别是其中的新兴资本集团要求政治参与,要求掌控国家政治权力的行动趋势并没有改变和消失。他信的上台与下台只是这一趋势的开始。有趣的是,他信本人正是一位华裔富商。今后的泰国究竟是"企业家政治"最终取代"政治家政治",还是继续保持"政治家政治"的传统,是需要继续观察的一个重要问题。

腐败、反腐败的政治化现象

腐败问题本不是东亚政治发展研究关注的重点问题。但从中国台湾地区和韩国的调研开始,这一问题越来越多地出现在访谈和座谈当中,也日益引起课题组的关注,特别是在韩国形成"行政性腐败"与"政治性腐败"的概念后,课题组开始系统地关注这一问题。印度尼西亚、泰国等东南亚国家是腐败的高发区,则更加有利于对相关问题的深入观察和研究。特别是随着对东亚地区政治发展研究的进行,课题组进行比较研究的能力日益提高,包括腐败问题在内的许多问题可以从比较研究的方法中受益,通过比较发现问题,深化认识。应当说,在泰国的调研中,课题组在以往积累的基础上,获得了对于工业化、现代化进程中的社会腐败现象的比较系统的认识。

泰国就其腐败的程度而言,恐怕不及印度尼西亚,但由于权力结构多元化的程度不如印度尼西亚,权力精英集团内部关系相对紧密复杂,加之特殊的政治与经济分离现象,泰国的政治性腐败现象显得更加突出,可称为泰式腐败。泰国的腐败政治化问题成为泰国政治中引人注目的现象。

所谓的"腐败政治化"问题有三方面的含义:一是政治斗争,把反腐败作为政治斗争的工具，打击政治对手；二是政治交易，利用腐败案件讨价还价，进行政治交易；三是政治保护，政治势力操弄政治议题，干预司法，偏袒本方。

第一，政治斗争，以反腐败作为政治斗争工具。伴随着工业化与经济发展，腐败在泰国日渐盛行起来。在泰国政策分歧和政治争议往往不以通常的政争方式进行，而大多以腐败为借口打击政治对手。泰国政坛充斥着相互揭短，相互控告。事实上，从20世纪60年代他侬在沙立过世后追查其腐败问题以清洗沙立派系政治势力，到1991年军方以差猜·春哈旺政府贪污舞弊为由发动政变以重掌政权，再到2006年军方以政策性腐败为由发动政变推翻他信政府，都充分体现了反腐败这一旗号的有效性，能够最大限度地降低政治斗争的风险与成本，无论斗争成败，都不会给自己留下过于恶劣的社会影响。

第二，政治交易，利用查处腐败进行政治交易。在泰国，政治性腐败十分普遍，但腐败案件很难得到认真查处，重要原因就是都以反腐败作为政治手段的各个政治派别，同样要利用查处腐败要挟对手，以获得对手的让步，分得好处。一个腐败案件的查处过程，实际上是政治派别互有攻守，最终达成妥协的过程。因此，泰国许多重大腐败案件的查处表面上看总是不了了之，而实际上是攻守双方达成了妥协，做了政治交易与利益再分配，以此了结。

第三，政治保护，干预司法。反腐败政治化是把反腐败作为打击政治对手的工具，同样，也可以利用政治议题阻止腐败案件的查处。泰国政治性腐败盛行，政治性腐败均有政治势力或政党的背景。因此，只要腐败案件涉及某些政治人物，其所属政治势力或政党必然操弄政治议题，以政治迫害为名阻止司法，甚至不惜挑起社会对立和街头冲突。比如，奈温集团的领袖人物奈温·倡促，曾因在他信执政期间参与舞弊而受到反他信阵营的司法追诉。2008年人民力量党倒台后，奈温加入泰国自豪党，离开他信，转而参与民主党的执政联盟。2009年法院开庭期间，奈温一方面以退出执政联盟为要挟，向民主党及司法官僚施加压力；另一方面组织蓝衫军，聚集在法院门外，随时准备以街头暴力形式维护自己的利益。最终，奈温在所有涉及舞弊的起诉中，都安然过关，而与其同时受到起诉的他信盟友，则都被判有罪，结果引起社会特别是红衫军的强烈不满。

在东南亚，腐败政治化是多元宪政体系中的一种相当普遍的现象，在泰国则表现得十分典型、十分突出。

前泰共人员的分化问题

泰国共产党是20世纪中后期在泰国有影响的一支重要政治力量。20世纪80年代初，泰共瓦解，原来在农村和山区从事武装割据的泰共人员回归社会。20多年来，前泰共人员，特别是原泰共的骨干在泰国社会以及泰国政治生活中依然活跃，其影响依然不能忽视。与当年相比，前泰共人员当中对于泰国社会的认识发生了很大变化，产生了很大分歧，由此也导致了前泰共人员在政治立场上的严重分化。现在，前泰共人员大致分为截然对立的两派，一派支持国王和军队，反对他信，在"黄衫军"中就有不少前泰共人员。另一派支持他信。据一位前泰共中央政治局委员讲，他信政府中有1/4的部长是前泰共人员。他信的一位重要政治助手，前副总理、泰爱泰党的代主席就是前泰共的骨干。前泰共总书记也曾公开发表声明支持他信。

前泰共人员分化的背景是当前泰国社会发展中出现的新情况、新问题，这一分化反映和透视出泰国当前深刻的社会矛盾。前泰共的分化可以在一定意义上帮助我们从一个侧面加深对于泰国问题的了解。

当年泰共有"老泰共"与"新泰共"之说。1976年，因军队对学生运动的镇压，一大批城市知识分子和大中学生参加了泰共，拿起武器反抗泰国军队和政府。这些人一般被称为"新泰共"。在今天的分化中似乎可以看到当年新、老泰共的影子。据说，前泰共人员分成的两派，支持军队的"军队派"（国家派）中"老泰共"居多，而支持他信的人员中"新泰共"居多。

"军队派"实际上是转变到了民族主义的立场上。他们认为，当前国王和军队是泰国社会发展中的平衡、裁决的力量，从这个意义上讲，甚至可以说，国王和军队代表了泰国的整体利益。一位当年的老游击队员竟然说，他可以接受"军队即人民"的说法。在理论上，他们认为，泰国社会面临的主要问题是泰国与西方以及国际资本的矛盾。以他信为代表的国际化的新兴资本集团是剥削泰国、扼杀泰国的主要威胁。他信与泰国人民有矛盾，同时也与国王、军队以及泰国传统的民族资本有矛盾，因此，要支持军队和国王。他们对国王的看法也有很大改变。很多前泰共人员认为，国王是带有浓重的社会主义思想的领袖，他的思想中至少具有农业社会主义、社会和谐的思想，是泰国团结统一进步的象征。总之，他们认为，要从今天泰国的实际出发，不能再把国王视为封建势力的象征，而应当支持国王和军队，支持泰国现体制，以维护泰国的民族利益。

支持他信的一派并不否认他信是泰国新兴产业和资本集团的代表、是泰国新资本主义的化身，甚至也认为他信本人是相当腐败的。但他们认为，他信的产业代表着泰国先进的生产力，代表着泰国的未来和前进的方向。在理论上，他们认为，泰国面临的根本问题是发展生产力，因此必须顺应经济全球化，避免为历史潮流所淘汰。国王和军队以及与他们关系密切的传统产业资本集团是泰国发展的阻力，因此要与他信结成统一战线，破除泰国发展进步的障碍。

（本文刊发于《文化纵横》2010年第5期）

精英分裂之下印度尼西亚的多党政治

房　宁　许利平　周少来　韩　旭

2010年1月6—16日，"东亚政治发展研究"课题组一行四人，应邀访问印度尼西亚，就印度尼西亚的社会发展、民主转型等问题进行调研。这次访问得到了印尼外交部以及印尼驻中国使馆的大力支持和协助。印尼驻华使馆专门派二秘安瓦尔先生全程陪同访问。调研小组在印尼期间先后在巴厘岛、雅加达、万隆等城市，走访了包括印尼和平与民主学院、印尼国家科学院、印尼国际战略研究所、印尼国防研究院、印尼外交部公共外交司、外交部研究与政策规划司、印尼民意调查机构、印尼大学中国研究中心以及万隆会议博物馆等多个重要的、有代表性的官方和民间机构，与印尼政界、工商界、学术界、教育界、宗教界各方人士以及华人、华侨，进行了广泛接触和深入的交流。

印度尼西亚是东南亚地区最重要的国家之一，号称世界上最大的伊斯兰国家、地域广大、岛屿繁多、人口众多。印度尼西亚有300多个部族、250多种语言、六大宗教，是一个彻头彻尾的"多元国家"：地理多元、种族多元、信仰多元、文化多元，与此相应地也形成了经济多元、政治多元的局面。在政治方面，印尼拥有当今世界上规模最大、最为频繁的选举，有当今世界上少见的多党议会政治。自20世纪中叶独立以来，印尼经过艰难曲折的探索初步实现了国家的工业化；20世纪末以来，又实现了民主转型，初步建立起了多元政治体制。在这样一个国度里，这一切是怎样实现的？成功的经验和存在的问题是什么？带着这些有吸引力的问题,我们访问了印尼。印尼的情况是复杂的,我们将比较突出的问题和主要发现报告如下。

细碎利益结构与多党制的关系

相同或类似的宪政体制下,不同国家的政党体制有很大的区别。有的国家是两党制,有的是多党制,也有的是一党制。在东亚研究过程中,我们逐渐认识到,不同国家的政党体制的差异不是偶然的,也不能将其原因简单地归结为选举制度的差别。所有的政治制度,归根到底是社会政治实践的结果,从根本上讲,是实践决定着制度的演变,而不是制度规定着实践的走向。具体来说,决定政党体制的根本因素是社会的利益结构,即重要的社会利益群体,从广义上说,包括阶级、阶层、利益集团。从东亚国家具体情况看,主要是有重要影响力的资本集团、城市中产阶级、劳工集团、地方势力、宗教势力等。一般来说,政党是这些利益群体的利益代表者与代言人。进一步讲,政党体制应与社会的利益结构相适应、相匹配,即政党结构大致反映了社会主要利益群体的划分。如中国台湾地区的利益结构,具有两极化倾向,具有外来背景的"军工教"利益群体与本土利益群体构成台湾地区两大对立的利益板块,在两极化的利益结构基础上相应地形成了政治上的蓝、绿两大阵营,分别以国民党和民进党为政治代表。中国台湾地区由此形成了比较稳定的两党制政党体制。台湾地区的利益结构与权力结构具有相称的对应关系。

印尼是一个典型的多党制的政治体系,自1998年进入多元化民主改革时期以来,印尼出现了400多个政党,进入议会的也有10多个政党。形成这种局面与印尼社会细碎的利益结构有直接关系。印尼是一个多地区、多种族、多宗教、多文化的多重多元化的国家,相应地也形成了印尼社会复杂多样的利益结构。由于多重多元的社会结构,印尼的利益群体众多,利益形态多变,利益关系不稳定;利益结构复杂,交叉重叠、界限不清。社会利益分化不充分,利益结构不清晰,导致印尼政党在意识形态、政治纲领、组织形态、社会基础等诸多方面都相应地呈现出不清晰、不稳定的状态。印尼混沌的政党体制,是细碎化的社会利益结构直接导致的结果。从印尼的经验中，我们可以得出细碎化的社会利益结构是多党制基础的认识。

精英分裂是政治转型的主要动因

了解印尼细碎的社会利益结构以及在此基础上形成的多元政治权力结构是理解印尼政治及政治发展的基础和关键。印尼从威权体制转向多元体制的动因也是在这一基础上发生的。

社会分化、阶级集团斗争、合法性危机、精英分裂等是东亚威权体制向多元体制转型的多方面的动因，一般情况而言是同时存在的。而印尼从威权体制到多元体制转型的动因与韩国等有所区别。与韩国等主要是由体制外反对派力量推翻了体制内的权力精英阶层不同，印尼的威权体制被多元体制所取代的转型主要是体制内的其他精英集团推翻了执政的精英集团。印尼因精英分裂而导致政治转型，这在东亚五国一区的政治发展中是最为典型的。

因细碎的社会利益结构，印尼始终没有形成稳定的、界限清晰的社会学界所说的那种"整体型社会聚合体"，即具有较为清晰明确的利益基础和共同意识的规模巨大的阶级、阶层等社会利益集团。利益集团在任何社会都会存在，但在印尼，其利益的多重性、多元化，使利益集团难于形成共同意识，难于形成组合、聚合利益集团使之具有行动能力的激励和维护机制。这也是苏哈托军政集团长期掌握政权的一个重要条件，苏哈托将他建立的体制称为"建国五基"民主。"建国五基"（马来语：潘查希拉）指的是：至高无上的主、正义和文明的人道主义思想、印尼团结、人民协商会议和代议制领导下的民主和社会公平。"建国五基"意味着从宗教、人道主义、民族主义、民主主义和社会主义五个方面制定了印尼社会的基本准则。"建国五基"，实际上反映了印尼主要的社会力量和价值倾向：民族主义、地区主义、宗教（伊斯兰教为主）、自由主义、社会主义等。在这样的格局下，在亚洲金融危机背景下的苏哈托军政体制虽然面临来自社会多方面的挑战和冲击，但并未形成韩国等那样的营垒分明、战线清晰的社会对抗。在这种形势下，印尼权力精英集团内部发生了分歧，反苏哈托的一派采取主动，迫使苏哈托下台，从而避免社会冲突，使政权有序开放，完成了向多元体制的平稳过渡。从一定意义上讲，当年的"建国五基"统统得以保存，印尼宪政体制发生巨大改变，而权力结构的变化要远远小于宪政体制的变化，而基本保留原有的精英集团，只是又吸纳了新兴力量的加入，还包括原有精英集团中的不同力量，如温和伊斯兰力量的地位上升。

在印尼，这样的政治转型的效果是，一方面，有利于保持印尼多重多元社会的统一，避免了国家分裂；另一方面，因为在一定程度上保持了原有权力结构，传统权力精英能够继续在很大程度上操控政权，这又使得原有体制的弊端不易得以革除。从现在的情况看，将来印尼的政治发展走向依然存在一定变数，即向竞争型多元体制抑或协商型多元体制演变的可能性同时存在。

地方自治与行政效率、行政成本的关系问题

地方自治是印尼多元化民主改革中的一项重要内容，也是印尼多元体制的重要标志。多元体制下的行政效率与成本等社会治理相关的问题，是我们研究多元体制变革当中关注的一个重点。印尼地方自治，是我们观察这些问题的一个重要窗口。

许多国家从威权体制到多元体制转型过程中，国家的统一都经受了严峻考验。尤其对于印尼这样一个多重多元的国家来说，多元民主改革对于国家统一的挑战与威胁更是不言而喻的。虽然，印尼在改革中经历了地方分离主义的动乱与冲突，但在总体上迈过了国家统一关，印尼国家统一和社会团结基本上得到保持。在这当中，实行地方自治和"非中央化"是关键举措。地方自治缓和了地区矛盾，承认和保护了地方利益，使地方主义得到释放和疏解。但是，印尼的经验表明，实行地方自治也带来了行政效率下降和成本上升等一系列问题，在一定程度上降低了社会治理的水平和能力。其中的机制是：

第一，原有中央层级集中统一的社会发展决策、规划机制遭到了瓦解，苏哈托时代行之有效、取得巨大成功的发展规划不复存在，代之以

各自为政的现象。

第二，原有的管理精英阶层和官僚队伍主要集中于中央层级，地方缺乏有效的官僚体制和人才。实行自治后，地方治理出现了体制和人才的双短缺，大大降低了地方的行政能力和水平。

第三，地方利益上升，造成了地方利益之间、地方利益与中央利益之间出现大量矛盾摩擦，大量的利益博弈造成了效率下降和成本上升。

多元体制下的腐败问题

多元体制下的腐败问题，在中国台湾、韩国调研中已经进入我们的视野，在韩国调研中还形成了"行政性腐败"和"政治性腐败"等重要概念。腐败一直是东南亚社会发展中的一个痼疾，尤其是在多元体制转型过程中腐败丛生并且成为全社会关注的焦点问题。所以，研究印尼、泰国等东南亚国家的腐败问题是具有"窗口意义"的。

印尼在苏哈托时代，伴随着苏哈托日渐走向"家族政治"，腐败问题也日趋严重。近十年来的多元民主改革时期，贪污腐败本应是作为威权体制下的一个严重弊端而加以铲除，但实际情况却是贪污腐败在印尼有增无减，大有愈演愈烈之势。按印尼一位知名学者的话，"苏哈托时代的贪污是在桌子底下进行的，现在的贪污是连桌子一起贪了"。依印尼的经验看，造成这种情况的主要原因是：

第一，与选举有关的政治性腐败大量发生。选举是有可计量成本的政治行为。因此，成功获得政治权力后的成本支付，就成为政治性腐败发生的体制性原因。由于印尼的多党体制以及地方自治制度，印尼的选举非常频密，每年约有40万人参加各级各类选举，造成了海量的政治献金和政治回报，扩大了腐败现象发生的范围。

第二，"机会性腐败"造成腐败层级上升、规模扩大。"机会性腐败"是印尼智库人员经常提到的一个词（在泰国也是如此）。所谓"机会性腐败"是指政治家或其他掌握权力的官员利用制定特惠政策、法律等为某些利益集团谋取利益，比如，授予特许经营和垄断经营权利等。一般来说，机会性腐败获取的利益巨大，与以个人行为为主的"行政性腐败"

相比规模要大得多。

第三，政党轮替使腐败行为短期化、严重化。

第四，政治保护。政党、政治势力保护本党、本集团的政治家，将腐败问题政治化，阻止腐败案件的查处。

精英与大众关于社会形势与前景的分歧

在印尼的调研中，可以明显地感觉到不同社会阶层对于印尼社会形势认识判断的分歧。而且这些分歧呈现出明显的规律性。主要表现在两方面。

第一，华族群体对于印尼多元民主改革，对于现体制多持负面意见，对于未来前途也多持悲观态度；而伊斯兰主流族群对印尼政治发展持比较积极和肯定的评价，对于未来也比较乐观。

第二，中产阶级、知识分子一般对于印尼的民主进程比较满意，对于未来发展、政府廉洁、有效率大多持乐观看法；而相对于中产阶级和知识分子，社会上层人士、精英阶层则对于民主化进程持有一定保留态度，一般认为腐败问题更加严重，治理问题突出，行政成本增加，对于未来前途不太乐观。

（本文刊发于《文化纵横》2010 年第 5 期）

新加坡政治中的逆向参与机制

欧树军

政治参与有两个相反的方向："走进去"与"走出来"。前者是人民走进政策制定"黑箱"，直接或间接影响决策者；而后者，即所谓"逆向参与"则是决策者走出来，深入人民大众，与人民打成一片，了解民情，听取民意，吸取民智，实行民决。新加坡通过搭建遍及社会每个角落的组织网络，物色具有奉献精神的基层领导，构筑全面照顾人民基本需求的制度机制，并与选举政治有机结合，建立了行之有效的逆向参与机制。

细密的基层组织网络

华人在新加坡社会中占多数，是人民行动党的主要政治支持力量。1954—1960年，党内左翼是行动党与农村基层民众之间的桥梁。但在1961年，左翼宣布退出行动党，另组"社会主义阵线"，人民行动党的社会基础大为削弱，在访问选区争取选票时常常受到民众冷遇，党内领导层因此决定学习左翼的做法，搭建基层组织网络，争取大多数华人的政治支持。

人民协会、劳资政三方委员会和民情联络组是新加坡基层组织网络的三个节点，分别对应基层居民、基层工人和政府公共服务的消费者，直接接触各阶层民众，掌握民情，收集民意，听取民智。

（一）人民协会

人民协会是整个基层组织网络的核心节点，初建于1960年7月1日，经过 10 年耐心经营，中坚组织和底层组织不断扩展，1970 年初步形成了一张覆盖全国的人民协会基层组织网络（以下简称"人协网"）。形式上，人协网继承了英国的基层治理经验，接管了殖民者留下的 28 个社区中心。实质上，人协网将共产党的逆向参与机制注入社区中心，重建了基层政治。

1960 年 8 月 20 日，李光耀在自治邦总理就职典礼上宣布扩建社区中心计划。今天，新加坡共设有 107 个社区中心，覆盖和融合不同种族、语言、宗教、年龄和收入群体的全体国民，减弱城市化所导致的人与人之间的陌生感，重建左邻右舍、情谊互助的熟人社会关系，为基层民众的生活注入了活力。

人民协会整合了原来的宗乡会馆、商会、休闲俱乐部以及艺术与社交活动团体，针对不同群体、阶层的民众，建立了 1800 多个基层组织，让它们在社区民众俱乐部领导下活动，组织和动员人们参与社区活动，并解释政策、传达民意。这张全面、严谨、周延的基层组织网络，呈现为金字塔结构（见图 1）。这些基层组织将不同年龄、种族、收入的群体整合在一起，为之提供衣、食、住、行、用方面的种种便利，每个家庭、每个居民的生活得到全面周到、细致入微的照顾。有这样的执政机制，自然大大削减了反对派产生的土壤。

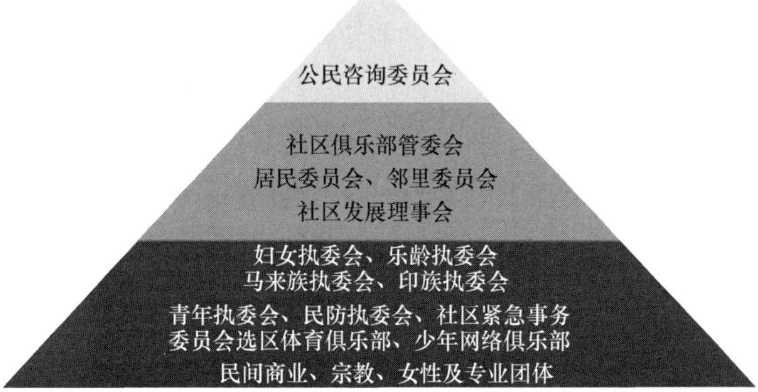

图 1 新加坡人民协会基层组织的金字塔结构

每个社区中心均由管理委员会负责日常运作,服务 1.5 万户,约有 5 万人。管理委员会由基层社区的村长、宗族、商业与宗教团体代表组成。后来,社区中心管委会成为所有社区俱乐部的管理者和各类基层事务的处理者。社区中心向基层民众提供各种休闲(健身、台球、茶室等)和学习机会(如缝纫、烹饪、电器维修等),也负责收集有关全国性事务和政策的民众反馈意见,还充当社区居民的紧急避难所。

人民协会庞大而细密的组织网络,是新加坡国家机器中枢神经系统的一部分。如果把新加坡看作一个人体,社区民众俱乐部就是它的骨架,住在里面的人是它的肉体,公民咨询委员会是它的神经中枢,社区俱乐部管委会、居民与邻里委员会和社区发展理事会就是它的脊髓,社区民众俱乐部将基层人民的喜怒哀乐接手、分析、处理、综合,并传递给中枢神经,也就是总理公署,促使最高决策者对社会问题做出合理的判断,制定适当的政策。

(二) 劳资政三方委员会

新加坡政府认为"只有和谐的工业关系,才能造就良好的投资环境",因此大力推动在全国职工总会、雇主联合会与人力资源部之间建立劳资政三方协商机制,借此协调劳资关系,维护工业安宁。在这种合作主义机制中,政府居间主导,推行集体谈判制度,既限制劳方的罢工权利,又防止资方任意解雇劳动者,保障劳动者的就业权。劳、资、政三方建立合作关系,使政府可以有效制定和推行各种有弹性的工资政策;既可以在经济形势好的时候,促使资方让利,让工人分享经济成果,也可以在经济不好的时候,说服工人减薪,大家共渡难关;既有助于吸引外资和经济转型,也有助于稳定就业人口与经济秩序。20 世纪 70 年代至今的 40 年时间里,新加坡几乎没有发生过罢工事件,这个结果并不是靠武力压服而来的,而正是靠这套劳资政协商的合作主义机制实现的。

(三) 民情联络组

20 世纪 80 年代初期,新加坡已经完成了工业化,对现状不满、希望换人做做看的年轻选民人数增加,他们对执政党的忠诚度下降,导致人民行动党在 1984 年大选中得票率下降了 12.6%，执政者认为这是因为政府在制定政策时没能更好地了解民情、听取民意，因此于 1985 年 4 月 15 日成立了民意处理组，2006 年更名为民情联络组。

民情联络组居中联结政府各部门，直接面向政府服务的消费者，它将自下而上的渠道铺设到政府内部，促使政府官员在政策制定过程中耐心聆听人民的声音，听取人民或组织对社会问题或国家政策的意见或投诉，在官僚体制内收集、汇总、分析、整理，然后将最终报告呈交内阁部长和政府部门，推动相应职能部门尽快回应民众诉求。民情联络组还推动政府官员主动解释政策，由基层组织配合，举办各种研讨会、对话会、茶会等，主动向公众说明政府政策，增加人民对政策和施政的理解和思考。民情联络组促成了多项政策改进，比如为中心企业减免税优惠、提供托儿津贴、调低女佣税以及公务员实行五天工作制等。

物色与培训基层领袖

从执政党和民间社会两方面物色基层领导，发掘受过教育、能言善辩、有管理才能的社会中坚分子，充任基层组织网络的骨干，这是新加坡逆向参与机制的重要内容。

执政党是基层网络的组织中枢。新加坡执政党的组织体系自下而上由党支部、党国会议员和中央执行委员构成。中央执行委员会是决策者，掌握党内最高权力，大部分中执委员同时也是内阁阁员。党国会议员通常是社会各界贤达人士，中央执行委员会将他们委任为选区议员候选人，大选期间代表党参选，平时则在党支部和社区俱乐部协助下，满足居民的各种民生诉求。

党支部是政策的直接执行者，是中执委（决策者）与党议员之间的中介。党支部执行委员会委员担任社区俱乐部核心组织的领导，诸如公民咨询委员会主席和秘书、社区俱乐部管委会主席、社区发展与福利基金委员会主席等，人民行动党就通过他们联系和沟通地方，推动基层活动。基层党支部承担绝大部分基层工作，如协助议员接见选民和挨家挨户访问，召开基层组织会议，筹备节日庆祝、家庭日、嘉年华会等社会活动，为党争取民众支持。

总理公署部长是人民协会基层网络的神经中枢，负责将基层声音传递给最高层的内阁，这给各政府部长施加了无形的压力。其他基层组织的领导则由具有奉献精神的各界社会精英担任。1964年，动荡时期的新加坡设立了波纳维斯达（Buona Vista）年轻领导培训中心（现扩大并更名为全国社区领导研究所），训练人民协会新募人员的政治与社会意识，使他们具备处理跨种族事务和地方社区事务的关键能力。

这些担任基层领导的活跃分子包括退休的前政治精英、行政精英、知识精英和经济精英，仍在工作但业余时间积极参与基层公共生活的各类精英也属此列。他们具有丰富的政治或社会经验，为普通居民的日常生活提供细密服务，将居民区从陌生人社会变成熟人社会，增强社区凝聚力，将各种矛盾和冲突化解在基层。在他们的感召下，年青一代传承前者的政治和社会经验，也踊跃参与社区活动，在各种公共活动中接受政治训练，这是非常有效的政治化过程。新加坡的第二代政治领导层，很多都有类似的基层政治经验。

构筑以民为本的制度机制

人民行动党国会议员定期接见选民、挨家挨户访问和全面照顾居民需求，是新加坡逆向参与的制度机制。20世纪60年代至90年代初，新加坡的基层组织网络以居住区为中心，覆盖全体新加坡居民，这是制度机制的作用范围（如图2）。新加坡83%的人口生活在公共组屋区，17%的人口生活在私人住宅区，前者的组织中心是居民委员会，后者的组织中心则是邻里委员会。

新加坡全国划分为84个选区，每个选区约有1万户，设立一个公民咨询委员会，下辖六七个居民委员会或邻里委员会。居民委员会共540个，每个居民委员会平均覆盖1600户，约7685人；邻里委员会共101个，每个邻里委员会平均覆盖1700户，约8416人。

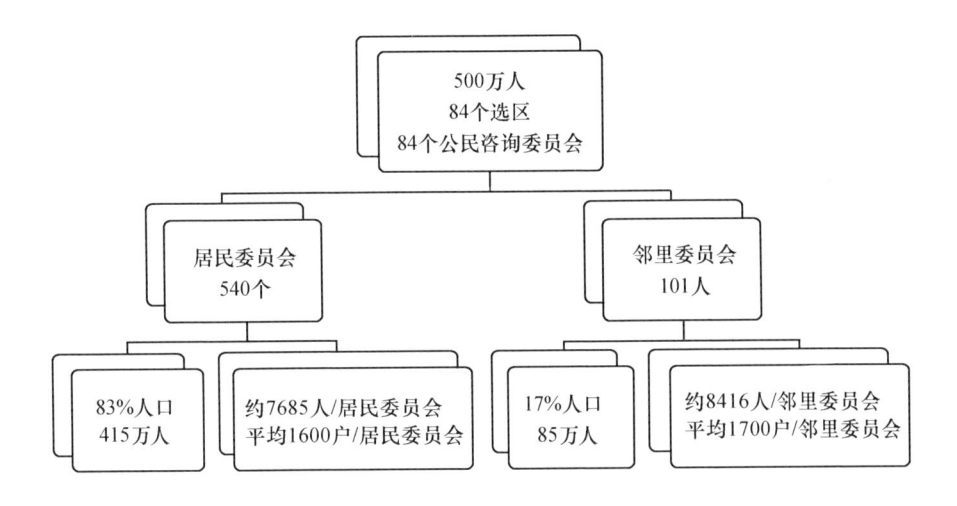

```
            ┌─────────────────────┐
            │      500万人        │
            │     84个选区        │
            │  84个公民咨询委员会 │
            └──────────┬──────────┘
                       │
          ┌────────────┴────────────┐
          │                         │
    ┌──────────┐              ┌──────────┐
    │ 居民委员会│              │ 邻里委员会│
    │   540个  │              │   101人  │
    └─────┬────┘              └─────┬────┘
          │                         │
   ┌──────┴──────┐           ┌──────┴──────┐
┌────────┐ ┌──────────────┐ ┌────────┐ ┌──────────────┐
│83%人口 │ │约7685人/居民 │ │17%人口 │ │约8416人/邻里 │
│415万人 │ │委员会 平均   │ │85万人  │ │委员会 平均   │
│        │ │1600户/居民委 │ │        │ │1700户/邻里委 │
│        │ │员会          │ │        │ │员会          │
└────────┘ └──────────────┘ └────────┘ └──────────────┘
```

图2　新加坡基层组织网络的覆盖范围

构筑以民为本的制度机制

新加坡执政者将逆向参与与选举政治结合在一起,为了防止为人民服务在长期执政形势下变成一句空话,人民行动党把定期接见选民作为自己治理国家的一项基本政策,部长、国会议员、政治秘书以及干部党员,概莫能外。逆向参与的具体形式,包括早期比较松散、非制度化的下乡访问,以及制度化的逐户遍访居民、定期接见选民以及全面照顾居民需求。

(一) 下乡访问

1962年,新加坡尚处在自治时期,作为执政党,人民行动党已引入下乡访问制度,直接沟通基层居民。下乡访问的形式丰富多样,包括主持各种社会活动的开幕仪式、举办与各阶层民众的对话会,在支部办事处解决居民日常困难。独立后不久,人民行动党领导层认为,当前主要任务是国家建设,国会议员已经可以直接照顾人民,一度停止访问选区活动。

(二) 逐户遍访居民

1981年，人民行动党在安顺区补选中失败，党领导层认为，居民委员会网络由于居民搬迁没有建立起来，公民咨询委员会和联络所管委会失去与基层的联系，不再准确反映民情，必须重建这个选区的整个基层组织网络。1982年，为了让人们有更多机会了解党的新面孔，开始再度推行下乡访问，让部长在挨家挨户访问时多留意居民投诉和牢骚，及时疏导，避免因为细微的地方事务问题导致选票流失。

从那时起，遍访居民就成了国会议员的当然义务。在大选提名后、正式投票前，议员候选人逐户遍访选民。新当选议员每年进行一次逐户访问，民众意见可以通过国会议员直接到达国会内阁。现任国会议员必须在两年内遍访自己选区的选民，访问次数由议员决定。走访时，如果选民不在家，就留下一张印有中英文等四种文字的小贴士，告知居民，议员已来过，如需帮助，请在每星期议员接见选民时间前来会谈。

(三) 定期接见选民

每个选区选出的国会议员通常就是基层党支部主席，由所在选区的公民咨询委员会提供协助，每个星期的某个晚上，在坐落于辖区内的党支部坐堂听诉，接受居民来访。

协助党国会议员接见选民，是党支部的最重要任务。党支部通常位于从居民区租借来的简朴场所。来访居民先由志愿者登记在册，陈述诉求。如果只需议员向政府部门发函催办，则直接由志愿者按照既定格式起草敦促信函，居民回家等候政府部门回复；如果需要与议员面谈，则领取号码，依序等待议员接见。大部分居民前来只是寻求议员的心理安慰，但也有很多诉求可以现场得到满足。

(四) 全面照顾居民需求

接见选民、走访选民，直接接触各行各业的基层普通民众，这些逆向参与形式已经融合了从前下乡访问的很多内容，非常制度化。除此以外，党国会议员在选区的主要工作是全面照顾居民需求，与基层组织保持紧密联系，担当基层社区的灵魂人物，主持各种社区活动，增强社区凝聚力；实施社区关怀援助计划，向居民推荐就业指导和培训课程，帮助居民找工作，以及提供福利援助等。许多党支部设立了福利社，开办幼儿园及缝纫、烹饪等辅导班，为民众日常生活提供服务和便利。

逆向参与与双轨政治

费孝通先生认为，任何形式的政治都不可能在自上而下的单一轨道上运行，都必须考虑人民的意见，建立自下而上的另一轨道，上下通达、来往自如的双轨形式，才是成熟的政治、能持久的政治。而新加坡逆向参与机制的最大政治效果，就在于建立了畅通的双轨政治轨道（见图3），将政治压力下移到最基层政府，将政、党两方面的压力前移，让议员、官员直接接受来自民众的政治与社会压力，直接了解民情、参与民生、听取民意、关怀民需、争取民心。

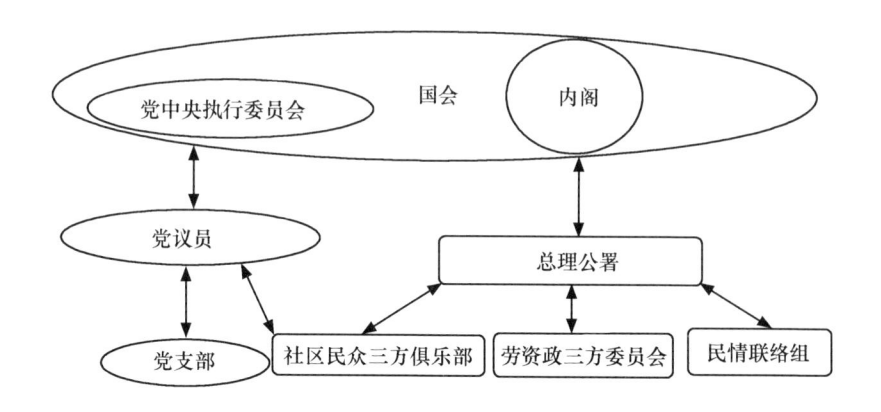

图3 新加坡的逆向参与与双轨政治模式

新加坡通过逆向参与与选举政治的结合，建立了自己的双轨政治体制。政、党两分，各自上下畅通，又彼此互联互通。政府方面，社区民众俱乐部为主体，劳资政三方委员会和民情联络组相配合，分别联系基层居民、工人和政府服务的一般消费者,共同结成基层组织之网,全面渗透与周密照顾居民生活。总理公署居于基层组织网络与内阁之间,上下联通。政党方面,党支部为基层活力的策源地,也是基层活动的实质组织者;党的国会议员在党支部协助下下乡访问、逐户遍访居民和定期接见选民,现场解决居民诉求。政与党又在议行合一体制下互通有无,构筑上情下达、下情上传和压力前移的双轨政治制度机制。

(一) 上情下达

上情下达的轨道,依附于政府的科层制结构,较为容易建立,对于新加坡这样只有一级政府的地方而言尤其容易。早晨朝堂之上国会、内阁的只言片语,下午就可以传到基层民众耳中。从最高层直达最基层,除了科层制、专业化的政府以外,了无中间阻隔。而新加坡政府的公务员从一开始就摆脱了所谓政治中立的桎梏,积极配合、忠实执行民选政治领袖的决策、政策。

政治领导核心、内阁、国会的决策,可以通过在社会中铺设各种自上而下的管道,也就是各类基层组织,直达社区、家庭和个人。这些基层组织发挥着向民众解释政策、说服民众接受的功能,并在必要时通过基层领袖充分组织和动员一般大众。一旦遇到比较重大的政策调整,或者比较有争议的政策问题,国会议员、内阁部长、总理都直接走到基层,现身说法,亲自向民众解释说明。上情下达轨道是否畅通,不能只是强调官员政治信念与服务精神,而忽略基层组织网络,忽略与之配套的沟通节点、政治活动场所,后者才是理念付诸行动的关键。

(二) 下情上传

为了避免自上而下的单轨导致政治变形,还必须建立自下而上的另一轨,听取人民的声音。大部分危机,反映的都是自下而上这一轨道已经无法畅通,政策无法执行,行政问题演化为政治问题。新加坡通过人民协会、劳资政三方委员会、民情联络组这些上下沟通的节点,收集、吸纳基层民众的意见,并将这些意见及时传达给内阁部长、国会议员和总理,建立自下而上的政治轨道。

有了畅通的自上而下和自下而上的双轨政治模式，政府与政党也有了自己牢固的群众基础，有了向民众解释政策动机和目标的可靠组织；民众也通过各类基层组织，通过各种基层和公共活动，将自己对政策的看法和意见传递上去，政府针对民众意见，及时做出回应，调整政策的执行方式，甚至改变政策。双轨政治形式，可以让政府听得见人民的声音，让人民看到政策的变化，看到政府行为的调整，感受到生活的改善，感受到政府对自己诉求的认真回应。

（三）压力下移

在只有一级政府的城市国家，赋予政策执行者政治压力和社会压力是非常必要的。无论来自政治领导层还是社会大众，新加坡政策执行的压力总是下移的，也就是直接回应基层民众的需求，这种压力机制的最基本用意就是用民众意见消解科层制的僵化，防止垄断行政权力的专业官僚脱离社会生活。

从自治时期开始，作为政府政策的具体执行者，新加坡的公务员群体就被施加了两种压力：政治压力和社会压力。政治压力是自上而下的，来自政治领袖，他们要求高级公务员和普通公务员不能被动等待人民找上门来，而要组织各种基层调查委员会，主动了解普通民众的需要，尤其是回应最底层穷人的吁求。社会压力则是自下而上的，来自人民大众。民众的生活遇到问题直接或者通过选区议员找政府解决，而政府也设有专门机构来接受投诉、反映和建议，并且总要予以及时回应，这就会将民众意见变成公务员工作的最直接压力。而民意联络组会协调部门之间的民意收集、汇总、摘要，监控部门的处理过程，并将研究结果直接上报给内阁部长和国会议员，也向公务员施加无形的压力。

议题讨论成熟在国会获得通过，正式成为政府政策之后，国会议员就会从国会中走出来，直接走到选民接待所，举办对话会、讨论会等，让民众了解政策内容，让民众有理由要求政府提供更为详尽的解释。这种议员与选民直接沟通的方式，既是争取民意支持的一种方式，更重要的是将压力传递给政策的直接执行者，告诉他们，人民已经了解了政策的内容，他们必须按部就班地执行政策，使执行者不可能欺上瞒下。

新加坡的政府部长既是决策者，又是解释者。他决定政策，在国会解释政策意图，还要通过座谈会、基层对话会等多种形式与基层领袖和民众直接交流，了解民众对政策问题的真实看法。部长们直接与民众沟通，给政策的具体执行者设定了无形的政治压力，使之必须考虑基层民众感受，考虑如何调动基层领袖协助和配合，考虑如何灵活调整政策，争取民众支持。

一个简短的结论是，50年来，新加坡将逆向参与机制与选举政治结合在一起，从时间、空间、内容和功能上，构筑压力前移、上通下达的双轨政治，拉近政府与人民之间的距离，全面照顾民众需求，可以说是新加坡人民行动党连续赢得12次大选，维持51年长期执政的一个主要原因。逆向参与的新加坡经验，很值得今天的中国反躬自省。

（本文刊发于《文化纵横》2010年第5期）

越南式政治变革

房 宁

"弱王"现象与政治发展的动力学

近年来,越南的政治变革屡屡创出新意,引人注目。20世纪80年代,同为社会主义国家的越南追随中国,也开始积极寻求变革,社会经济发生巨大转型,堪称原社会主义阵营渐进改革的又一成功样本。但两国道路的差异也可谓巨大。尤其在政治发展方面,越南看上去大大超前。

如何理解这一超越式政治发展的动力机制,传统上有两种思路:一种是自下而上的思路,从社会结构的变迁入手,观察新兴社会集团,比如中产阶级、工商企业主阶层如何寻求政治参与,导致权力结构相应变化,也即"从利益结构向权力结构运动"。而另一种则是自上而下的思路,从上层权力结构本身出发,来观察政治变化。

我们认为,越南社会结构的新变化不足以构成政治变革的压力。自1986年仿效中国革新开放以来,越南摆脱计划经济束缚,融入全球经济,常年保持着6%以上的增长率。甚至一度被列入新兴工业国家的第二梯队。但是迄今为止,越南的城市化率只有30%,工业化水平仍属初级阶段。新兴城市中产人群的数量有限,其组织化水平和舆论动员程度,也都尚未充分发育。在这种条件下,很难相信社会结构的变动是导致这一政治变革展开的主要动力。

而沿着上层权力结构这一路径,我们能够找出理解越南政治变革的关键因素。简而言之，与中国共产党相比，越南共产党的社会控制力明显偏弱，其上层权力结构缺乏核心，集中度不够，最高权威呈现扁平化，基本上是一个平等者之间的竞争。其自然的演变，就是导致权力水平分散或者纵向分散。而这两种维度的权力分散，在今天的越南同步出现了。主要展开形式，就是党内高层民主以及大众民主的逐次扩大。邓小平曾经讲过，中央领导集体一定要有一个核心。越南现在的情况为此做了反面的注脚。所谓"核心"，即地位略高于其他权力者的最高决策者。"政治核心"的存在有利于权力体制的稳定，这恐怕就是"民主集中制"的真谛吧。但是，越南党目前没有这样的核心。因此，我们认为，越南政治体制改革的主要动因是党内高层权力扩张与分散化的趋向，党内民主反映了高层权力者扩张权力、抑制他人的需求，是民主集中制瓦解的表现。

近年来越南国内知识分子的活跃，就与权力结构中的这种形态有关。由于权力趋于分散，党内各派政治力量竞争激烈，客观上为政治辩论和发展道路的选择打开了空间。在这一公开、半公开的思想、学说竞争中，知识分子扮演着重要角色。有人说，越南的政策咨询时代已经到来。今天，越共的主要政治领导人都拥有各自的智囊团。

不难设想，外部的影响也会通过这个管道渗透进来。柏拉图就注意到民主引发的"外援"现象。柏拉图在《理想国》里指出了民主政体内部因政治竞争会引发引入外部资源的问题，并认为这是实行民主政治的主要风险之一。

"弱王"现象的三个由来

我们初步的研究认为，有三个原因导致了越南未能实现较为集中的上层权力结构。

其一，历史原因。越南共产党自创建时期起，就只是国内诸种政治力量之一，是越南进步事业同盟的领导者，但绝非垄断者。这一进步事业，在不同历史时期，有其不同的内涵，但始终未步入社会革命的阶段（用中国革命的术语，相当于民族矛盾一直压倒阶级矛盾）。如在反殖民主义时期，先是反法，再是反日，接着又是反法。进入南北对峙阶段，则是漫长的抗美和南方游击战争，以及最后阶段的南方解放战争。在这一长时间的革命战争阶段，统一战线、团结一切可以团结的力量，始终是越南共产党战略的基本原则。祖国阵线，就是这一统一战线策略的体现（成立于1955年，南北统一后又并入了南方民族解放阵线和北方的越南民族、民主及和平力量联盟/越盟）。统一之后，越南也进行了社会主义改造，但不彻底。反映在社会层面，它没有根本触动南方的天主教势力、庄园主经济基础以及相当数量的华人商业经济。越南共产党允许这些非社会主义因素的存在，并非其政治雅量和气度的表现，而更多是受限于实际的社会支配和渗透力。相比之下，中国共产党早期在根据地时期，即实行武装割据，建立地方政权，具有政治上、组织上和军事上的独立性、完整性，拥有完备的政权形态，并且从小到大，最后覆盖了全国。而越共的独立性、完整性远逊于中共，也缺乏中共那样的强大的领导集体和领袖人物，党的内部团结统一性较弱，易受外部影响和内部不同区域、不同派系的影响。这是越南政治体系以及越共内部集中程度较弱的历史原因。

其二，地理原因。越南的历史、越南的政治与其地理环境有重要关联。"一条扁担挑着两个箩筐"，是对越南地理的形象比喻。两个"箩筐"，一个是红河平原，一个是湄公河即九龙江平原，是越南主要的经济区，全国绝大多数人口和经济活动集中于这两地。此外，狭长的中部"扁担"也有一定地位。这一地理环境决定了它的经济活动半径，包括物流半径和管理半径的范围。南北两大平原、两个经济中心形成的物流和管理半径将这个国家一分为二，若加上中部则是一分为三。这样的地理环境、这样的经济结构，使越南在社会资源、社会组织和政治势力上，长期分为南、北、中三大块。近期又出现了南北分块的趋势。我们的直觉是，越南共产党里面一定有个"南北党"，两个背景、两个系统。这是地理因素带来的必然影响。

此外，越共党内也很难形成"山头"与"五湖四海"的平衡。尤其是在没有强大领导集体和杰出领袖的情况下，越共的"五湖四海"很难搞成。长期以来，越共权力阶层基本上是搞三地均衡，北方历来出党的总书记,南方出总理,中部出国家主席或国会主席。近年来,随着南方经济地位上升,南方干部的数量、地位也呈现出上升趋势,总理、国家主席都是南方人。现在的总书记也不是核心,不是最高权力者,而是一个"可接受"的人。总理也不是第一把手。实际上,越共以及越南恐怕根本就没有"一把手"。

其三,时代原因。不同时代的政治家所面临的社会环境全然不同。在新的社会环境中,领导人权力地位产生的"合法性"的新变化也成为导致权力分散化的重要原因。关于党内领导人的权力和地位的"合法性"问题,越南学者的概括是"不比功劳比智慧"。照这个说法,过去的领导之所以是领导,那是因为有"功劳"。所谓功劳就是开创革命和建设的成功道路。就是说,这些领导人是一条道路的探索者、一种体制的创立者,是在革命斗争和国家建设中反复筛选、脱颖而出的人物。他们的领袖地位是自然选择的结果。而后来者就不同了。创立者与执行者,一个是"在路口",一个是"在路上";一个是从无到有,一个是继承发展。

毫无疑问,现在的越南已经进入"在路上"的阶段。新一代领导人的成长环境、经历都差不多。"功劳"比不出,就要比"智慧"。这样一来,就与以前领导核心的产生办法有了本质区别。"功劳"是历史的、客观的,是既成的事实,按"功劳"排定"座次",权力结构就稳定下来了。而比"智慧",那就是一事一议,权力地位是随机的、不固定的。大家意见不统一,就没法做出决定,决定了也不服气。权力结构自然不会稳定。而比智慧的背后,其实就是辩论,包括"反辩"。谁辩论赢了就是谁,谁说服了别人,谁就是真理。

祖国阵线:团结一切可以团结的力量

最能说明越南政治生活特色的,莫过于祖国阵线。

这一机构在越南的政治体系中,占有特殊的重要地位。其政治功能,类似中国的政协,但其地位和角色则自有其特色(在此前的表述中,越南官方明确将人民民主专政的提法改为"政治体系"。这堪称一个标志性的举措,说明在意识形态上,越南党已经不再坚持原有的专政学说,接近于承认国家只是社会不同团体利益竞争的中立平台。这是一个涉及国家学说的根本变革,也给未来的各派政治力量的多元竞争留下了空间)。

祖国阵线的组成,包括正式的政党,也包括社会团体、NGO,以及一些外围的党群组织。其功能,除了政协意义上的"界别"代表性,还包括国会代表选举提名、组织选举以及组织公共政策辩论、监督政府等。

越南共产党是祖国阵线的领导力量,也是其成员之一。在越南学者的一般理解中,这一领导是不出面的、"站在背后的那个人"。通常,越南共产党由祖国阵线来出面,由它协调各种政治力量,目的是最终统一到越南共产党的口径上来。

祖国阵线构成了一个重要的政治参与路径。尽管一些重要的商会并未进入祖国阵线,但就其广泛性而言,是超越了体制内,而延伸到"体制外"。它具有准政权的性质,拥有一些实权。它并不完全是越南共产党的社会触角,以"国家统合主义"并不能完全解释这一组织。在其运行中,大量存在着谈判、协商和讨价还价的余地。这是一个具有相当政治弹性的机构。

"无为而治"的现代化

与中国相比,越南是一个无为而治的国家。这表现在基础设施、公共服务,以及公共管理等诸多方面。这一无为而治的好处是:社会有活力,政府和人民群众目前矛盾比较少——不管,自然矛盾少。

政府汲取能力最能反映这一低限度的政府管理。越南财政收入占比非常低,完全没有达到初步工业化国家的同等水平。汲取能力差的附带结果之一,就是公共服务、基础设施不足。对此,我们有一个形象的概括:"二桥时代、50 公里时速。"此次越南调研特意安排了贯穿越南的地面旅行。我们从河内出发,沿越南最主要的南北通道 1 号公路一直走到胡志明市,行程近 2000 千米。一路走下来,对越南的基础设施及社会发展水平有了一个直观的、综合的印象。在河网地带的城市及公路都要修建桥梁,桥梁的数量可以在一定程度上反映出发展水平、发达程度。比如,我国上海黄浦江上 30 年来已建了 10 余座大桥,韩国首尔汉江之上的桥梁多达20余座。而越南的城市、道路上目前大多只建好了第二座桥（即所谓"二桥时代"），当然首都河内和南方胡志明市要好一些。越南的国道基本上相当于我国的二级公路，路况一般还好，但综合下来平均车速只能达到每小时50千米，再快就比较困难了。从这个数字，我们可以直观地感受到越南的整体现代化水平。

从"二战"后东亚国家的发展经验来看，后发国家都要有个"战略性发展"，就是要政府组织。这一"战略性发展"有四个方面：基础设施、发展规划、初始资本和社会管理。尤其对于一个现代化起飞阶段的国家而言，没有适度的集中，没有农业剩余的提取，工业化的初始资金很难聚集，后续的发展势头就很难保持。没有理由相信越南能自外于这一规律。源于近代历史和独特的南北地理构造，社会主义并未给越南带来一个高度集中的权力结构。就现阶段的经济发展而言，其权力整合程度似乎是不足的。实践和时间将检验一切，我们仍将继续观察越南的政治和经济发展。

（本文刊发于《文化纵横》2012年第6期）

教义与民意：伊朗政体的双重结构

房　宁　吴冰冰

尽管自20世纪六七十年代以来，伊朗就时常引起世界的关注，"白色革命""伊斯兰革命""两伊战争"以及伊朗与以美国为首的西方世界的对抗和由此导致的西方对伊朗的制裁与封锁，每每把伊朗推上世界政治的风口浪尖，但在中国人的心目中伊朗仍然是一个多少有些神秘的国度。

2008年以来，为了给中国的现代化建设提供可资参考借鉴的国际经验，我们从亚洲开始展开了国外政治发展比较研究，选择不同类型的国家，系统考察研究它们的工业化、现代化及其政治发展进程，总结经验、寻找规律。五年来，我们的研究主要集中于亚洲，特别是东亚。随着研究工作的进展，包括伊朗在内的西亚地区也进入了我们的视野，排上了研究的日程。几年来，课题组成员多次赴伊朗考察调研，2011年在伊朗方面的热情邀请和安排下，课题组组织了一次对伊朗政治体制的专题调研。几年来，我们的研究在原有基础上取得了一定的进展，对伊朗以及伊朗独特的伊斯兰共和国政体的认识更加全面和深入了。

一　从白色革命到伊斯兰革命

人类历史是持续的社会进程，社会的昨天、今天和明天是联系在一起的，有人说：阳光之下无新事。社会发展、国家成长要受过去历史的制约与影响。在这个意义上，人们的主观选择与建构十分有限。但漫漫历史长河中，也有一些特殊情形。18世纪后期，诞生于独立战争的美国，在很大程度上割断了宗主国与旧大陆的羁绊，在一片新大陆上建立起了一个新的国家。在构建新国家过程中，一个新生民族获得了很大的自由，少的是历史传统与既定结构的束缚，多的是按照理想与理性建构制度的可能。从民族解放和人民革命的战火烽烟中走来的中华人民共和国，也曾有过与美国建国时相似的建构制度的自由空间。当然，自由地建构新制度要以打烂旧制度、老传统为代价，这种代价昂贵而痛苦。伊朗伊斯兰共和国的建立有着与美国、中国建国相似的历史背景，它也诞生于一场革命——伊朗伊斯兰革命。

伊朗伊斯兰革命是以伊斯兰信仰与准则为意识形态，以什叶派穆斯林的宗教组织为社会基础，以富有牺牲精神和组织能力的伊斯兰教士为先锋骨干的广泛的社会革命。这场发生于1979年的革命，推翻了巴列维王朝的统治，终止了巴列维王朝后期效仿西方工业化、现代化的发展道路，建立起了一个全新的现代伊斯兰政体，改变了伊朗发展的方向和道路。

伊朗伊斯兰革命是对巴列维王朝为实现伊朗工业化、现代化而发动的"白色革命"的否定和反动。从"白色革命"到伊斯兰革命，反映了伊朗社会发展两条道路之间的斗争和选择。

实现工业化、现代化是19世纪以来非西方世界面临的一个根本性问题，是19世纪以来非西方世界一切重大历史进程的基本动因，它像一只"看不见的手"，拨弄着19世纪以来非西方世界的历史时钟。伊朗也是如此。

第二次世界大战结束后，在英、美等西方势力的扶助下巴列维王朝重归伊朗王座。20世纪60年代初，年轻的沙阿穆罕默德·礼萨·巴列维发动了一场雄心勃勃的工业化、现代化运动——以王室颜色命名的"白色革命"。"白色革命"是一项目标宏大、内容庞杂、行动草率的社会改革运动，它像是一场飞来的革命，充斥着对西方社会的向往和对本国历史、国情的忽视甚至蔑视，以强制性的、一揽子的手段推行一切被认为是"好东西"的改革。

1962年国王拟定了19项重大改革措施,准备在15年内实施。1963年1月26日举行过公民投票后,"白色革命"拉开了序幕。"白色革命"的主要措施有以下内容。

（1）土地改革、废除封建土地制度：政府从封建地主手中收购土地并以低于市场价30%的折扣售给佃农,用于购买土地的贷款可以以较低利率在25年内付清。这项改革一度使150万个佃农家庭拥有了自己的土地,涉及人数占伊朗人口的40%。

（2）森林与牧场的国有化：颁布众多法令,保护国有森林与牧场资源。在干旱的伊朗推行植树计划,创建了环抱城市和主要高速路的7万英亩的"绿带"（今天在伊朗首都德黑兰的街道上,人们可以走在当年播下的树荫里）。

（3）国有企业的私有化：将企业按股份出售给地主,进而创造一个新的工厂主阶层。

（4）分红制：给予私有企业员工本企业净利润20%的股份,并保障奖金发放。

（5）妇女选举权：给予妇女选举权（这项措施在当时引起了极大争议,受到伊斯兰教职人员严厉批评。但这项改革措施却作为"白色革命"为数不多的遗产被保留了下来）。

（6）开展扫盲运动：成立识字军团,规定有高中文凭并需要服义务兵役的人员,可以选择在山村从事扫盲工作以代替服兵役。

（7）推进国民卫生健康运动：成立健康军团,在3年中,成立约4500个医疗小组,支援山区和农村地区的卫生工作。

（8）推广现代农牧技术：成立复兴与建设军团,教授现代耕作方式和畜牧技术。从1964年到1970年伊朗农业产值提高了67%。

（9）发展水利,保护水资源："白色革命"时期伊朗广兴水利,建筑大批水坝等水利设施（伊朗农田灌溉面积从1968年的200万英亩增长到1977年的560万英亩）。

（10）发展基层民主自治制度：成立民间公平议事厅,由人民选举产生的仲裁组织调解民间矛盾（到1977年,在伊朗全境分布着10000多个公平议事厅,为超过1000万民众服务）。

（11）实行免费义务教育：免费义务教育覆盖从幼儿园至 14 岁的所有儿童青少年（1978 年，有 25% 的伊朗人在公共学校登记就读）。

（12）建立社会保障和国家保险制度：为所有伊朗人提供社会保障，实行退休制度全民覆盖。

依今天中国的观点看来，巴列维国王的"白色革命"真可谓充分吸收了人类文明的优秀成果。它将东西方现代制度中的各种有益的制度与政策都吸收和应用于伊朗的工业化和现代化进程中。为期不到 20 年的"白色革命"，在推动伊朗工业化、城市化方面起到了显著的作用。我们在伊朗调研的途中，从首都德黑兰到中部重要城市伊斯法罕，依然可以感受到"白色革命"期间伊朗建设和发展的成就。

但是，这样一场自上而下的工业化、城市化运动却搞得天怨人怒，激发了广泛的社会抗议，最终引发了另外一场革命——伊斯兰革命。

"白色革命"在经济上取得了一定成功，但在社会意义上则完全失败了。"白色革命"最终引发伊斯兰革命的原因以及相关因素很多，但从今天看，最主要的有四个方面的背景因素。

第一，社会改革未能建立起支持其生存的新的社会结构。

任何一个社会的权力结构以及政治法律体制都需要有相应社会结构作为支撑，抑或说，一个国家的法律制度和政治权力需要有特定社会群体的认可和支持。"白色革命"源于社会最上层的统治集团，而在改革和发展进程中却没有建立和培育起支持改革的新社会阶层，同时又深深地伤害了原来居于主导地位的社会阶层和既得利益集团。

"白色革命"最为重要的改革措施之一是土地改革。土地改革以及其带来的对传统社会结构的打碎与重建是普遍存在于亚洲工业化、现代化进程中的关键措施，是日本、中国工业化、城市化快速发展成功的基础性因素。但这一关键举措在伊朗却完全没有收到相应的效果。"白色革命"匆忙的、武断的土地改革，把土地转到佃农手中，但并未立竿见影地带来农业生产进步，相反干旱地区传统农业的命脉——坎儿井，因地主集团的退出而遭到了损坏，导致了部分农业地区和农业的衰落，进而土地又很快从佃农那里流失到高利贷者和生产出口经济作物的跨国公司手中。"白色革命"的土地改革计划被批评使"地主和农工都失去了工作"。过分仿效他国的改革计划，没有充分考虑到伊朗自身独特的地理、气候条件，也忽视了伊朗农业中传统的佃农与地主之间家族式的工作契约关系。传统的生产关系被斩断，新的生产关系并未发育起来。土改的失败使"白色革命"以及巴列维政权始终没有得到一个因改革而发育起来的新的社会基础的支持。

第二，经济与民生的脱节导致社会对立。

在中国改革开放之初，实际上还没有民生的概念。那时候，经济发展就是民生，社会的共识是发展经济优先，经济发展了生活自然改善，人们为经济发展甚至不大在乎其他方面的牺牲，那个时候几乎所有社会阶层都满怀希望。改革和发展30年后，民生问题凸显了，人们更加关注民生问题，这其中至少包含着两个意味：一是经济发展的成果是否转化为社会实际生活水平的提高；二是经济发展的成果是否能够为社会各阶层所分享。当年伊朗在"白色革命"进程中也遇到了这个问题。

"白色革命"给伊朗经济发展带来的变化不可谓不大，应当说"白色革命"开启了伊朗工业化、城市化快速发展的进程。从1968—1978年伊朗经济以年均16%—17%的速度增长，人均国民生产总值从1960—1961年度的160美元跃增为1977—1978年度的2250美元。1973年伊朗从西方石油财团手中收回主权，恰逢国际石油价格暴涨，国家每年石油收入从40亿美元猛增至200多亿美元，从债务国突变为债权国。经过十多年的快速发展，伊朗初步建立起了比较完整的轻、重工业体系，并进一步开始发展原子能、电子工业。快速工业化带来大规模城市化和社会结构的变化。"白色革命"前的1960年伊朗城市化率为30%，到伊斯兰革命前的1978年伊朗城市化率已达52%。从这个重要指标看，伊朗已经是一个初步实现了工业化的国家。

但是，快速的经济发展带来的却是急剧的社会分化。工业化带来的财富积累，特别是石油出口带来的巨额收入，在伊朗迅速制造了一个暴富阶层。当年人们曾经用"从荷兰买鲜花，法国买矿泉水，东地中海买野味，非洲买水果"来形容伊朗上流社会的奢侈生活。而与此形成鲜明对照的是普通工人、农民的贫困生活。特别是1975年之后，由于过度投资导致城市土地价格飞涨，国际方面经济波动致使石油价格下降，导致了伊朗国内出现严重通货膨胀,城市居民生活受到很大冲击。伊朗是一个伊斯兰社会,传统的伊斯兰平等精神渗透于社会生活的方方面面。严重的社会分化严重地冲击了伊朗社会内部的各阶层关系,损害了维系社会团结的道德纽带。

第三,"白色革命"导致了尖锐的文化冲突。

伊斯兰是伊朗的文明底蕴。伊斯兰与伊朗人的精神世界融于一体,伊斯兰准则规范和调节着伊朗民间的社会关系,什叶派伊斯兰具有自己独特的社会组织形式。伊斯兰使伊朗具有自身独特的社会性质和精神气质。然而,当年伊朗的领袖,发动"白色革命"的巴列维国王,居然完全漠视伊朗的伊斯兰文化甚至视为落后,试图用仿效西方的世俗化来推进伊朗的改革和发展。霍梅尼就曾批评:在巴列维治下的伊朗"正如对东西方文化所显示的狂热崇拜,对伊朗旅游者来讲,去英国、法国、美国和莫斯科是一件值得骄傲的事;而到圣地去朝拜则显得落后。对宗教及与之有关的主题和精神漠不关心,这被认为是理智的行为;而献身于这些事业则象征着落后和保守主义"。

在伊朗访问和考察的日子里,我们所见的伊朗妇女永远是佩戴头巾,常常身披一袭轻柔飘逸的黑色长袍,尽显波斯女性的矜持隽永气质。然而,在"白色革命"时期,一心崇拜、向往西方的国王,竟然视伊朗妇女的头巾为陋习,要求禁止。为此,闹得民怨沸腾。一国之君如此不了解自己的人民,管制人民到如此地步,令人感叹不已。

"白色革命"带来的文化冲突激起了伊朗社会内部激烈的意识形态对立,激起了历来在伊朗社会中占居思想文化精英地位的伊斯兰教士阶层的强烈不满和坚决反抗。如果说,某些改革措施的失败带给人民的还是一些物质利益上的损失,造成人民生活中的失望,而世俗化、西方化则给人民带来了精神痛苦,激起了人民对于"白色革命"所蕴含价值观的强烈质疑和反感。

第四,西方经济渗透激起了波斯民族的抵抗意识。

伊朗是古老的波斯民族的故乡。灿烂的古代文明和辉煌的历史文化遗产给了现代伊朗人引以为傲的文化记忆,给予伊朗人深厚的民族自豪感。以开放和效仿西方为前提的"白色革命"计划和未经深思熟虑的鲁莽拙劣行动，使伊朗经济，特别是农业经济受到了巨大的外来冲击。虽然石油国有化带来了美元，但大量西方工农业产品冲入了刚刚处于工业化起步阶段的伊朗，造成了伊朗经济一定程度上的依附性发展。

如果说，"白色革命"带来的文化冲突激起了伊朗社会内部意识形态对立，得罪的主要还是教士阶层，来自西方的经济影响和冲击则在更大范围内引发了波斯民族情绪的抵抗。被"白色革命"视为偶像和模板的西方，在许多普通伊朗人眼里却成为丑恶、贪婪的象征。霍梅尼曾激烈地抨击："这个被如此美妙地称为'白色革命'的东西，不外乎是一项美国的计划，其用心良苦，旨在毁灭我们的农业，把我们整个国家变成倾销美国生活用品和消费品的市场，并把我们的农民变成廉价劳动力。今天，所有生活用品不得不一律进口，这就是'白色革命'的罪过。"他严厉指责巴列维王朝："巴列维王朝是殖民主义者强加给伊朗人民的。这个王朝掠夺伊朗的自然资源和财富，并向外国人开放。它破坏了伊朗的政治、社会、经济和文化设施的基础。50年来它一直压迫着伊朗人民。"

年轻的巴列维国王当年发动"白色革命"的时候，曾志得意满地描述说："导致这场革命的根本思想是：权利应归全民，而不得为少数人所垄断。""我们需要进行一场深刻的、根本性的革命，一举结束一切社会对立和导致不公正、压迫和剥削的因素，消除一切妨碍前进、助长落后的反动势力，指出建设新社会行之有效的方法。而这些方法也要与伊朗人民的精神、道德，国家的自然气候、地理条件，其民族特点、民族精神和历史传统相适应，并能尽快地使我们达到和赶上当代世界最先进社会前进步伐的目标。"巴列维国王的理想不可谓不崇高，他的态度或许也是真诚和认真的，但"白色革命"的实践与其初衷完全是南辕北辙，一个从良好愿望出发，设计得完美无缺的社会改造和发展计划最终走到了自己的反面，一个伟大的理想化的目标与伊朗社会现实完全脱节，终于演变成了一场剧烈的社会冲突。它留给后世的是一幅令人尴尬的历史讽刺画。

二　独特的伊斯兰政体

伊斯兰革命结束了"白色革命",它建立起了一个全新的独特的现代伊斯兰政体。从政治以及政治学的角度看,伊朗的现代伊斯兰政体是伊斯兰革命产生的最重要的、最具历史意义的成果。

革命,扫荡旧制度,打碎旧的社会结构,给替代的新制度以极大的历史空间与自由。伊朗伊斯兰政体就是享有这样的历史自由的为数不多的幸运者。

伊朗伊斯兰革命成功后,霍梅尼喊出了一个令世界印象深刻的政治口号:"不要东方,不要西方,只要伊斯兰。"无论如何,伊朗至少在建立全新的政治体制上做到了这一点,现代伊朗政体既不同于东方源于苏联体制的社会主义政体,也不同于以美国为代表的西方资本主义政体。有意思的是,伊朗伊斯兰政体既有东方社会主义的某些制度规则,也有西方资本主义政体中的制度形式,但却绝不能说,伊朗伊斯兰政体是东西方政治制度的混合物。现代伊斯兰政体绝对是完整的、独特的,是一种新型的政治体制。

1979年3月30—31日,刚刚通过伊斯兰革命推翻巴列维王朝的伊朗举行全民公决,成立新的国家,以伊斯兰共和国取代君主政体进行公投,新国家的国名为:伊朗伊斯兰共和国。全民公决的结果是:参加公投的98.2%的伊朗人赞同建立以"伊朗伊斯兰共和国"为国名的新国家。"伊斯兰"—"共和国",从此成为伊朗现代伊斯兰政体的两个"政极",即现代伊斯兰政体生成的两个原点。

伊斯兰,即伊斯兰教,代表了伊朗国家和民族的基本价值,是伊朗社会及全体人民必须遵循的基本原则,是伊朗处理和判断一切社会事务的根本准绳,是伊朗国家建设和社会发展的方向和目标。在现实中,伊斯兰是由伊斯兰教士直至大阿亚图拉及最高领袖为载体和代表的。什叶派各级教士霍贾特伊斯兰、阿亚图拉、大阿亚图拉等是伊斯兰教、古兰经的研习者、传授者、解释者、阐发者,是人格化的伊斯兰教。根据经过大阿亚图拉霍梅尼阐发的伊斯兰什叶派第十二伊玛姆教派教义,在伊玛姆隐遁时期，法基赫（教法学家）作为穆斯林乌玛的领袖代行伊玛姆的一切权力。以最高领袖为首的法基赫集团代表隐遁的伊玛姆，根据《古兰经》领导伊朗社会，这是现代伊朗伊斯兰政体的一个基本方面，是国家权力合法性来源之一。

伊朗政体乃至伊朗社会的另一极、另一个原点，是人民选举。霍梅尼曾说过：不要说民主，那是一个西方的概念。从另一方面看，伊朗政体的合法性、伊朗一切法律与政策，直接来源于人民选举和公决。现代伊朗伊斯兰政体下，一切宗教的、世俗的权力机构、领导人都必须经过选举产生，宪法、重大决定要经全民公决。现行《伊朗伊斯兰共和国宪法》就是于1980年首先经全民选举组成73位宪法专家委员会负责起草，后经全民公投通过的。最高领袖是经全民选举产生的伊斯兰教法学家组成的"专家委员会"在高教阶的教法学家中选举产生，伊朗总统和议会都是经过竞争性的直接选举产生的。

伊斯兰教义和人民选举是伊朗政体的两个逻辑的起点和现实基础。在此之上生成了伊朗伊斯兰共和国的全部政体。

从这个政体结构中可以看出，伊朗伊斯兰共和国政体结构，一方面实现了代表伊斯兰教价值的伊斯兰教法学家及其最高领袖对国家的领导；另一方面又实现了由全民选出、直接代表反映人民意愿的政府和议会对国家的领导。伊朗政体、伊朗政治权力，由伊斯兰教和人民选举两极而生，经过对接、合并、融合最终形成和运行。

伊斯兰教规定了伊朗社会最高的价值准则、社会理想和基本的社会规范。与基督教和佛教的经典不同，《古兰经》在一定程度上是一部理想化和道德化的社会律令，《古兰经》以神圣化的教义赋予世俗社会规范和理性。由于这种宗教原则与社会准则的互通性，伊朗伊斯兰政体可以将伊斯兰教规奉为社会的基本原则和核心价值，要求以伊斯兰教义作为衡量一切社会活动的准绳。在政体形式上，则将这种抽象的价值原则化身为终身研习和践行伊斯兰教义的伊斯兰教法学家，负责将社会准则在现实政治和社会生活中付诸实施并监督执行。

20世纪70年代，现代伊斯兰思想和政体的创立者霍梅尼首次出版了他论述现代伊斯兰思想和制度的代表性著作《伊斯兰政府：法学家的统治》(*Hokumat-e Islami*：*Velayat-e Faqih*)。从现实角度看，霍梅尼政治思想最重要的内容之一是对"伊斯兰政府的形式"的设计和论述。他提出，伊斯兰政府不同于现存任何形式的"立宪"政府。伊斯兰政体的"立宪"含义不是指基于公民权利对政府权力及其运作进行限定和规范，而是指统治者服从《古兰经》和《圣训》，"因此，伊斯兰政府可以被界定为依据神法对人进行统治"。伊斯兰政府同君主立宪制和世俗共和制的根本区别在于：在后两种政体中，君主和人民的代表参加立法，而伊斯兰立法权专属真主。立法、立宪来自真主和基本教义，它保障了社会基本准则和核心价值的稳定性，排斥了来自现实社会的功利考量，防止准则与价值的变异。而一定程度上超越于世俗的伊斯兰教法学家作为社会准则和核心价值的监护人，又进一步维护和巩固了社会准则和核心价值的稳定性，并在很大程度上保证了社会准则和核心价值的实践性。在伊朗伊斯兰政体下，准则与价值的制度体现是具有最高伊斯兰教义学养和最高道德典范的人被选为最高领袖从而掌握国家最高权力，拥有国家事务最终裁决权和最高监护权。这是伊朗伊斯兰政体的一个逻辑起点和建构基点。这一点颇有中国古代"贤人政治"和古希腊的"哲学王"的意味。

最高领袖是一种政治体制，是一种权力结构，在这个"哲学王"的对面，在伊斯兰政体的另一端，是经人民选举产生的世俗的、普通的政权机构——总统和议会。即在伊朗，全民选举、党派竞争在很大程度上是世俗政治，它的出发点不是理想和道德而是社会现实，它的本质是集团利益。抽象地说，伊朗伊斯兰政体中人民选举这一极包含了另一种价值，即世俗的、现实的利益诉求。

伊朗伊斯兰政体是建立在伊斯兰教义和人民选举这两个逻辑起点和建构基点之上的，伊朗的政体与法律、政策分别来自两极的输入和支持。

从伊斯兰教义原点出发，最高领袖执掌伊朗伊斯兰政体最高权力的体制与方式，主要体现在最高领袖对于伊朗五大政权机构——总统与政府、议会、司法总监、国家利益委员会、宪法监护委员会的人事权力和政策建议权与否决权两大方面。

伊朗总统由全民选举产生，但要经过最高领袖的任命。总统是行政部门首脑，掌管国家行政权力，是仅次于最高领袖的职务。伊朗议会的正式名称是"伊斯兰协商议会",议员由直接选举产生,兼有根据宪法制定法律和政治协商职能。伊朗司法总监是司法最高长官,依据宪法、法律监督总统和议会,司法总监由最高领袖直接任命。宪法监护委员会是监督和制约议会以及议会立法活动的主要机构,议会立法须经宪法监护委员会审议通过,否则无效,宪法监护委员会共12名成员,其中6名为宗教学者由最高领袖推荐产生,6名为法学专家由议会选举产生。总统、政府、议会、司法总监、国家利益委员会、宪法监护委员会等所有重要国家政权机构做出的一切重大决定、制定的各种法律,都要向最高领袖负责。最高领袖拥有人事和政策上的最终否决权。

总统、政府和议会等国家政权机构在向最高领袖负责的同时,又要向人民负责,其制定的政策和一切重要决策,在原则上符合伊斯兰教义的前提下,要从社会需求、人民利益和现实条件出发,接受人民的评判、舆论的监督和选举的考验。

伊朗的民选机构,总统、议会等也具有某种影响和制约最高领袖的方式和渠道,其中最主要的是"选举领袖委员会"。伊朗伊斯兰的两极政体的重要表现之一是,两极中的一极——人民选举,同样要体现在掌握最高权力的最高领袖身上——最高领袖也要经一定选举程序产生。《伊朗伊斯兰共和国宪法》辟有"领袖和选举领袖委员会"一章。宪法规定最高领袖根据一定条件由选举领袖委员会协商指定,由88名伊斯兰教法学家组成的选举领袖委员会则要由全民选举产生。选举领袖委员会内部章程和相关规则由宪法监护委员会制定和投票通过。

国家利益委员会,是伊朗伊斯兰政体两极之间最重要的链接器。社会的理想与现实之间总会存在矛盾,当伊斯兰崇高的社会理想、社会准则与人民群众眼前的实际利益、现实愿望发生矛盾时,如何协调、如何取舍、如何平衡?如何使法律与政策做到统筹兼顾?伊朗政体中的主要协调机制和负责机构就是这个国家利益委员会。国家利益委员会确切名称为:确定国家利益委员会,是伊朗政体中最高协调机构。国家利益委员会成员涵盖了伊朗政体中主要权力机构的首长,由总统、议长、司法总监以及国家安全委员会成员组成,并最终向最高领袖负责。国家利益委员会成员来自代表伊朗政体两极的不同权力机构,他们组成具有权威性的机构,负责协调处理依据两种价值和诉求的法律与政策方案。伊斯兰政体的两极在这里汇接。

三 伊斯兰政体社会文化原因探讨

伊朗伊斯兰政体是当今世界十分独特的政体,它兼有东西方政体的元素,又从根本上不同于东西方政体。伊朗政体形成有其特殊的历史、国情、文化等方面的原因和条件。根据我们的观察与研究,特别是从政治学角度分析,我们认为除去国际学术界经常提到的一些因素外,什叶派特殊的组织方式和伊斯兰教在什叶派穆斯林中形成的人生观、价值观,是伊朗伊斯兰政体形成和赖以生存的两个最为重要的因素。

伊朗伊斯兰政体的一个关键因素是最高领袖。从个人条件和素质上,伊朗最高领袖在很大程度上是一个杰出的、取得最高学术成就的伊斯兰学者和道德楷模。从这个意义上看,什叶派的大阿亚图拉以及在他们当中产生的最高领袖就是现实生活中的"哲学王"。可以说是 2000 多年前柏拉图设想的"哲学王"第一次现身人间。单纯的学术与道德权威成为国家与社会最高的政治领导人的现象在人类历史上是极其罕见的,也许伊朗伊斯兰政体是唯一的。古来政治实践中的权力者本质是依靠经济、军事及组织资源而获取权力地位,所谓"力取天下"。有德而无力,充其量只能充当思想领袖、意见分子。因此,在各个历史阶段及各种政体中都难以出现"德者为王",即"哲学王"现象。

伊朗伊斯兰政体中的"哲学王"现象,在我们看来,首先与什叶派特殊的宗教学说和组织形式具有一定关系。与逊尼派不同,什叶派穆斯林实行教士等级学衔制和导师追随制度。什叶派将教士分为:霍贾特伊斯兰、阿亚图拉、大阿亚图拉三大级别,三个递进的级别要经过长期和严格的宗教研习和学术研究,根据所达到的学术水平和研究成果,经过极其严格的筛选制度逐步晋升。由于伊斯兰经典甚多,熟悉伊斯兰经典并要有所阐发和创新,需要废寝忘食苦读苦修才有可能。而其中造诣最为深厚、道德最为高尚者,即修成正果达到大阿亚图拉者更是凤毛麟角。当今全球什叶派穆斯林中的大阿亚图拉不足 10 人。

我们访问伊朗时，有幸在圣城库姆拜见大阿亚图拉 Makarem Shirazi。年过八旬的大阿亚图拉 Makarem Shirazi 可谓德高望重，他自幼研习《古兰经》，熟读上千部伊斯兰教经典，著述等身、成果粲然，他已撰写《古兰经》研究著作逾百部，被誉为当今最权威的《古兰经》学者。

像大阿亚图拉 Makarem Shirazi 这样的学者，在什叶派穆斯林中自然享有极其崇高的威望，而什叶派穆斯林具有追随导师的习俗。每个什叶派穆斯林都会在清真寺里跟随一位阿訇，即霍贾特伊斯兰。每位霍贾特伊斯兰又会追随一位阿亚图拉，每一位阿亚图拉又会以一位大阿亚图拉为导师。这样的追随，除去崇拜其学问、研习其著作以外，还通过清真寺实行捐献制度，什叶派穆斯林根据教义要按一定比例捐出自己收入增加的部分给清真寺，而这样的捐献要通过一层层导师形成捐献和救助体系。这样的体系使什叶派穆斯林的教士实际上具有了组织和财务能力。这样的体系也使什叶派教士，尤其是高级教士，具有一定的社会组织系统，当他们发挥政治作用的时候，什叶派的组织系统就起到了重要的社会动员和组织作用。抑或可以这样说，当今数千万什叶派穆斯林可以根据在世的当代八位大阿亚图拉而分成八路大军。

造就伊朗伊斯兰政体中的"哲学王"现象还有很重要的社会心理方面的原因，这就是伊朗社会中根深蒂固的伊斯兰信仰。德者之所以可以为"王"，背后的条件是道德学问在民众心中的社会价值。伊斯兰崇尚朴素简单的世俗生活，崇尚忠诚，向往来世。当代伊朗社会大众中还保持着浓郁的简朴单纯、重义轻利、重信仰轻生死的价值观、人生观。我们认为，正是这样的原因，正是在这样的一种社会文化氛围里，伊朗社会才可能长期保持较高的道德水平。伊朗人将来世视为理想，视为终极美好世界，才有可能对当世的贤者心向往之，把他们视为通向理想世界的引路人。我们认为，正是由于伊朗什叶派穆斯林中有牢固而深厚的宗教信仰并化为深刻的人生观、价值观，才导致了伊朗社会对宗教和道德权威的信奉，而对于宗教和道德权威的信奉进而成为产生"哲学王"的社会心理基础。进一步讲，民众的宗教信仰水平是维系伊朗伊斯兰政体的重要思想文化条件。

四 政体价值：伊斯兰政体引发的思考

依据现代西方主流政治学的知识，民主与专制是划分政体类型的基本标准。民主，意味着国家的治权来自民众；专制，意味着国家治权来自某种权威而非民众。在伊朗伊斯兰政体面前，人们如何认定它的政体属性呢？是民主抑或专制？是兼而有之还是二者皆非？伊朗政体生于伊斯兰教义和人民选举。根据西方的标准，伊朗政体中的最高权力属于宗教权威，这当然与民主无关。但伊朗政体中行政和立法机关是通过自由选举产生的，这又是典型的民主形式。显然，用民主与专制的概念是无法定义伊朗政体的。

伊朗政体具有双重价值："教义"与"民意"。伊朗政体具有双重权力结构：伊斯兰教法学家和世俗政治家。伊朗政体中的双重权力结构是双重价值的载体，两种权力分别代表不同价值，表达和实现不同价值，协调统合不同的价值。

对伊朗伊斯兰政体结构和功能的分析，使我们意识到了一个理论性的问题：政体的价值。政体的社会功能是什么？评判一个政体优劣的标准是什么？

伊朗政体中，最高领袖及宪法监护委员会代表着伊斯兰，体现着伊朗国家与社会信奉的核心价值。最高领袖及宪法监护委员会的职责是监督和评判伊朗一切法律和政策是否符合伊斯兰教义，是否与伊朗信奉的核心价值保持一致。按照我们熟悉的话语，最高领袖及宪法监护委员会对伊朗国家与社会的根本利益、长远利益和整体利益负责，负责把握社会发展的方向。

在伊朗政体的另一端，是总统和议会。他们经过人民选举产生，体现着经选举和公决表达出来的"民意"，即伊朗各阶层人民的现实的愿望和诉求。这代表了伊朗的另一种价值。同样按我们熟悉的话语，直接来自民间、来自选举和公决的民意更多地反映的是人民群众的个别利益、眼前利益和局部利益。总统、政府、议会的行为更多地表现出务实的一面，他们肩负着人民现实的愿望和诉求，并受到选举的约束。

伊朗政体的二重性要求伊朗的政治实践及国家的法律、政策既要符合教义又要符合民意。然而，问题是在实践中教义与民意、理想与现实之间总会有差距，总会有矛盾。当教义与民意发生冲突的时候，是教义高于民意，还是民意高于教义？试想，如果教义高于民意，理想优于现实，以教义衡量一切、要求一切，为社会理想可以牺牲和排斥现实利益，"水至清则无鱼"，这样的社会恐怕是难以维持的。反过来，如果民意高于教义，只顾现实，没有理想，没有目标，不考虑未来，民众个别利益、眼前利益、局部利益高于一切，结果必然是竭泽而渔、吃光花净，这样的社会同样是难以为继的。

事实上，在人类社会发展的实践中，上述两种偏差都曾出现过。一个政体如果不能调节两种价值，适应两方面的需要，便一定会遇到严重的危机。中国"文化大革命"的理论与实践，从逻辑上分析，其实质便是国家政策脱离了社会现实和人民切身利益，试图用"穷过渡"的办法达致理想社会，强行要求中国社会为整体牺牲局部、为集体牺牲个体、为明天而牺牲今天。理想排斥现实的结果是社会理想脱离实际、脱离人民的现实利益，而脱离实际的理想终将失去社会的认同，导致"教义"空洞化、虚伪化，甚至遭到人们唾弃。

在当今欧美政体下，似乎出现了一种与当年中国"文化大革命"相反的倾向。在当代西方政体下，国家权力分散而政权不稳定。频繁的选举使依靠选票上台的执政党与政客必须迁就选民利益，国家政策只能顾及当下，必须满足利益集团与选民的现实诉求，由此导致国家的政策短视化、功利化，选民的短期利益、局部利益成为一切政策、法律的出发点和落脚点，而国家与社会的整体利益、长远利益则无暇顾及。在这种政体中，民意压倒教义，今天排斥明天。其结果是寅吃卯粮，同样闹得危机重重。

伊朗政体中权力结构的二重性保障了伊朗政体双重价值的平衡与协调。从本质上看，伊朗政体的根本功能在于通过双重权力——教法学家和世俗政治家，实现和保持双重价值——教义与民意的平衡与协调。传统的观点认为，政体的功能在于维护法制与秩序，进行社会管理。然而，透过伊朗伊斯兰政体，可以从更深的层面看到：政体的价值还在于将

"教义"与"民意"结合起来，即把社会的根本利益、长远利益和整体利益与人民的个别利益、眼前利益和局部利益结合起来。好的政体是那些能够协调"教义"与"民意"，兼顾理想与现实、整体与局部的政体。

也许我们不应该再按照西方政治学的流行观点，用所谓专制和民主作为区分不同政体类型的标准。也许民主只是一个政治哲学的概念，而不是一个可以按其定义在现实中找到纯粹对应物的政治科学概念。至少对于伊朗这样的具有明显双重价值以及双重权力结构的政体来说，民主或专制的概念似乎都不适合指称伊朗政体，都难以概括出伊朗政体的性质。伊朗政体是教义与民意的综合体，而不是单一价值的构筑物。如果权力结构的二重性具有普遍性，那么就不能用权力单一性质的假设来定性权力，更不能以此为标准把政体区分为民主与专制。如果权力的功能在于协调与处理任何一个国家与社会内部都具有的"教义"与"民意"、理想目标与现实需求之间的矛盾和关系的话，不同政体间的区别就只能存在于权力集中程度上的区别，即权力比较分散的政体和权力比较集中的政体。

权力结构决定体制功能。根据我们的观察，如果用权力集中度的标准分析和定性不同政体，在多国的比较中可以发现：一个权力集中程度较高的政体更易于倾向教义而忽视民意，甚至"力排众议""一意孤行"，优先推进社会理想目标的实现。而一个分散程度较高的政体则更倾向于民意，更顾及民众的现实利益诉求，相对缺乏对于教义、对于社会发展的理想目标的追求。从对于多国工业化进程的观察与比较中，还可以看到，处于工业化进程中的国家与社会更易于选择集中程度比较高的政体，权力集中度高的政体似乎更适合于发展中国家。完成工业化的西方发达国家则更多采用的是权力比较分散的政体，分权政体似乎更适合于完成工业化的发达国家。

（本文刊发于《文化纵横》2013年第4期）

菲律宾：一座政治博物馆

房 宁　许利平　郭 静

> 菲律宾是美国的小儿子——伊梅尔达·马科斯夫人
> 政治是生意，生意是政治——格雷戈里奥·霍纳桑参议员
> 每一位菲律宾官员都有一把可以打开他的钥匙——知名华商李雯生
> 菲律宾民主在救赎它自己——菲律宾大学良政中心主任 Evi-ta Jimenez 博士

2013年1月，中国社会科学院政治发展比较研究课题组赴菲律宾调研。在菲律宾的日子里，我们每天都在兴奋和欣喜中度过，每天都有意想不到的发现和收获，菲律宾调研的日子是充实和难忘的。然而，菲律宾的调研也带给了我们沉重，巨大的社会鸿沟、复杂的社会结构、层出不穷的社会问题，菲律宾在现代化道路上走得艰难曲折。对于我们的研究工作来说，现场调研是必不可少的环节，但现场调研的时间总是有限的，浮光掠影。从菲律宾回来，静下心来仔细想想，菲律宾的调研留给我们最深刻印象的，当数上面这四句话，堪称菲律宾政治的四句箴言。

现场找感觉，案头出文章。菲律宾的调研报告就从这让人最有感觉的四句话开始。

曲折漫长的殖民地历史

菲律宾人天性开朗浪漫，能歌善舞，看上去无忧无虑。凡是去过菲

律宾的人恐怕都会留下这样的印象。走在马尼拉,高档商业区里款款而行西装革履的高管、白领,早高峰挤在满街飞奔低矮花哨的"吉普尼"的上班族,成群结队等在招工站前衣衫褴褛的打工族,睡在河边、树下的无家可归的流浪者,菲律宾人是形形色色的,但即使是在无家可归者的脸上,你甚至看不到失望、抱怨、不满的情绪。人人似乎都是各得其所。离开马尼拉前一天的晚上,东道主热情地邀请我们到一家非常地道的菲律宾餐厅就餐。席间一支人员不断轮换的乐队欢快地唱歌跳舞,为宾客助兴。我们原以为是专业演员,因为他们的表演实在是太棒了,但一问才知他们都是餐厅里的工作人员,有厨师、跑堂,还有保安。快乐的厨师一有空就从厨房出来唱上一首。

但是,了解菲律宾的人都知道,在菲律宾人民一副乐天派的外表后面有着太多的愁苦、忧思和迷惘,这片富饶美丽的岛屿经历过太多的入侵和霸占。

1521年3月17日,葡萄牙航海家麦哲伦率领一支西班牙舰队环球航行,在萨马岛莱特湾口登上了菲律宾的土地。这一天是世界航海史上的重要时刻,同时也揭开了长达400多年的菲律宾殖民地黑暗历史的序幕。

西班牙殖民者到来之前,菲律宾还没有形成统一国家。当时菲律宾群岛上的居民大多生活在一个个独立的名曰"巴朗盖"的"村国"里。每个巴朗盖由一位"大督"统治。西班牙统治时代以前的菲律宾就是一个由许多巴朗盖组成的联邦。在西班牙统治下,菲律宾是"二等殖民地",地位极其低下,西班牙通过远在美洲的殖民地墨西哥的"副王"来统治菲律宾。西班牙人利用菲律宾千岛之国分散的地理特点,实行了分而治之的统治策略,同时将天主教输入菲律宾,软化菲律宾人的反抗。从此,拉丁文化的散漫、乐观的基因注入了菲律宾人的血液。

19世纪末,美国与西班牙爆发战争,大大削弱了西班牙的国力。1898年美西战争接近尾声时,美国以"保护菲律宾"和"支持菲律宾民族独立"为借口向马尼拉进军。统治菲律宾300多年的西班牙人被美国军队赶走了,美国人很快变成了新的殖民者。1899年2月,反抗美国入侵的菲律宾独立战争爆发,3年后被美国全面镇压,菲律宾沦为美国殖民地。

菲律宾沦为美属殖民地的时间是西班牙统治时代的 1/10。但这近 40 年的美国殖民地经历给菲律宾打下更甚于西班牙 300 多年统治的烙印。美国对菲律宾实行所谓"开明"统治和系统的文化灌输。美国名义上对其治下的菲律宾实行"自治训练",在派驻总督和任命政府的同时,成立菲律宾民选的"菲律宾会议",粉饰自治,驯化民众。西班牙人在菲律宾 300 多年,天主教已根深蒂固。美国人则从语言做起,用 30 多年改造了菲律宾上层社会的语言系统,让菲律宾的精英们用英语思考和交流。

第二次世界大战当中,菲律宾被日本占领,第三次沦为殖民地。菲律宾又经历了 3 年多血与火的蹂躏和掠夺。

400 多年的殖民地生涯孕育了菲律宾民族,这是一部什么样的民族成长史?这是一种怎样的生存经历?只有菲律宾人最清楚。在我们看来,菲律宾民族性格中那种满不在乎的洒脱,起伏跌宕的情绪,面临压力时桀骜不驯的气派,也许是 400 多年压迫史的遗产吧。菲律宾近代反抗西班牙统治的民族英雄何塞·黎刹(Jose Rizal),曾用他著名的启蒙作品《社会毒瘤》和《贪婪的统治》鞭挞西班牙人的贪婪统治,强烈地表达了菲律宾人被紧紧压迫于内心的反抗精神和民族自豪感。

当年黎刹用激情澎湃的诗篇表达菲律宾人不屈的心。当我们见到伊梅尔达·马科斯夫人的时候,这位当代菲律宾伟大女性身上透露出的第一个信息也是强烈的民族情怀。年逾八旬的马科斯夫人一袭从年轻时穿起的标志性的蝴蝶裙装,高挽着她那早为世人熟悉的发髻,站在屋子的中央大声地抨击美国,为菲律宾鸣不平。与菲律宾民族的精英们强烈的民族主义形成鲜明对照的是,菲律宾的现行制度却是那么没有创意、没有丝毫生气地对美国制度照搬照抄。

拷贝美国宪政体制

如果说,世界上有哪个国家的政治制度,主要宪政体制即宪法、法律和机构,与美国最为相像,菲律宾应是当仁不让。菲律宾的宪政体制堪称美国政治制度的"模仿秀"。

2013 年 1 月 13 日下午,我们的访问团抵达马尼拉国际机场,原本约定拜访的菲律宾副总统杰乔马·比奈（Jejomar Binay）阁下因临时出访改变了日程，经协调副总统阁下决定在机场贵宾厅会见我们。副总统阁下是一位矮小精悍的马来人，在严肃中透出些许和蔼，虽然因时间关系只是礼节性的会面，但他十分周到客气，一副职业政治家的气质和做派。事后，我们了解到原来菲律宾的政治制度效仿美国总统制，比美国还美国，是原汁原味的1800年的美国总统制，总统、副总统分别竞选。杰乔马·比奈副总统与现任阿基诺三世总统分属两个党派，时常相互拆台。更有意思的是，菲律宾独立纪念日居然与美国独立日同一天——7月4日。直到1962年才改为6月12日。

第二次世界大战结束后，在美国的操办下，菲律宾独立建国，全面继承了美国殖民时期的政治遗产。菲律宾建国并非菲律宾人自己宣布，而是在1946年7月4日，美国国庆日这一天，由美国宣布菲律宾独立，成立共和国，史称"第三共和国"。故国庆日与美国相同。菲律宾"第三共和国"的宪法基本沿袭美国殖民统治时期的1935年自治宪法，成为一部充分效仿美国宪法原则的美国宪法"海外版"。

根据宪法，菲律宾仿效美国的三权分立国家政体形式，建立了美式的立法、行政和司法体制以及政党体制和选举制度。其立法体制仿照美国实行两院制，参议院有24名议员，由全国选民投票选出，众议院有250名众议员，其中200名由各地区选民投票选出，25名经比例代表制产生，25名由总统直接任命。这一点是菲律宾立法体制中的特色。菲律宾的行政体制效仿美国实行总统制和内阁制。宪法规定行政权属于总统，总统、副总统和内阁组成菲律宾共和国中央政府。总统提名委任各部部长组成内阁。为了强调政权的民主性，现行宪法规定总统只任一届，一届6年。但副总统却可以连任一次。菲律宾司法体制效法美国建立最高法院，又称大理院，由1名首席法官和14名陪审法官组成。菲律宾最高法院和中级法院的法官不经选举产生，先由司法与律师理事会按3∶1的比例向总统推荐，总统最后从中挑选一人加以任命。

菲律宾的政党体制也曾极力效仿美国。菲律宾本是千岛之国，地理分散、隔绝，民族多元、宗教多元，经济发展水平差异很大。按照亚洲其他国家，如地理、文化、民族、宗教特征十分接近和相似的印度尼西亚的规律，在政治转向多元民主体制后，形成相当分散的多党制。而只有在韩国以及中国台湾地区这些社会分化为两大板块，利益集团明显分化为两大对立阵营，形成平行的社会利益结构的社会环境中，才有可能形成比较稳定的两党制。但菲律宾在独立后的1946年到1972年的26年间，居然在美国的影响和介入下形成了自由党和国民党轮流执政的政治格局，形成了两党制的政党体制。在此期间，美国人曾把菲律宾称为"东方的民主橱窗"。

菲律宾不仅在政治体系的宪政体制层面照搬美国制度，在社会领域也按照西方的理论建构菲律宾的社会模式。按照西方主流的现代化理论，市场经济、民主政治的发展一定会带来国家与社会的分离，"社会"成为国家的对立物和制约者，"社会"的发展则会进一步带来民主的巩固。按照这样的理念，菲律宾大力推进"社会"发展，即扶助、推动建立和发展大量的非政府组织（NGO）。如果以非政府组织作为衡量"社会"发育的程度，菲律宾可当之无愧地成为一个"东方的民主橱窗"。从数量上看，菲律宾拥有占亚洲第三位的非政府组织，到20世纪90年代中期，菲律宾拥有各类非政府组织达7万多个，宗教组织、行业协会、福利团体、中介机构、学术团体、议题导向型游说集团等应有尽有，遍及社会各个领域，其中以农村开发、人权、妇女权利、都市贫困和卫生健康五大领域最为集中。

菲律宾的大城市，如首都马尼拉，聚居着大量中产阶级。如果仅从菲律宾中产阶级的数量、生活方式看，菲律宾与亚洲其他国家相比应算得上是一个中等发达的新兴工业化国家了。在马尼拉调研的时候，一个周六的早晨，我们在菲律宾国家纪念馆附近，竟然遇到曾在美国首都华盛顿林肯纪念堂附近和英国伦敦泰晤士河畔见过的晨跑大军。不应忘记菲律宾是个热带国家，当看到这一幕时确实感到相当诧异和震撼。城市中产阶级的晨跑是"后现代"社会最显著的标签之一。我们在东南亚其他国家，包括泰国、印度尼西亚，甚至新加坡，都没有看到过如此热衷于健身的城市中产阶级。仅从晨跑这一社会现象看，菲律宾在东南亚非常时尚，绝对够得上"后现代"。

家族政治盛行

在美国式的宪政体制下，菲律宾实际政治情况如何呢？菲律宾的政治权力由谁执掌，为谁服务？事实是菲律宾政治权力结构和政治实际运行与宪政体制大相径庭，构成了一幅十分独特怪异的图景。

菲律宾试图模仿美国建立起它所信奉和崇拜的最现代的民主体制，而菲律宾的现实政治就完全是另外一副样子了，与其说是现代，不如说更像中世纪。在城市中，政治与市政为大家族所控制和分享。在乡村，一切要由拥有私人武装的封建领主、实力派说了算。在马尼拉，我们拜访了著名政治家、有马尼拉英雄之称的林亚菲洛市长。当我们问到马尼拉有没有家族政治的时候，林亚菲洛市长一口否定，我们听之一怔，因为尽人皆知马尼拉有声名显赫的"十大家族"。看我们不解，林亚菲洛市长顿了顿，从容不迫地说，马尼拉确实没有，外地有。大家才会心地微笑起来。是的，林亚菲洛市长在马尼拉可是个说一不二的人物，其他家族恐怕入不了他的法眼。

一般认为，菲律宾有160个左右的大大小小的"家族"，它们以占有土地、自然资源或拥有工商业为基础，相互联姻，形成一个个权势集团。在地方，家族可以影响、控制商业、民事等经济社会事务。在南方的棉兰老岛，因伊斯兰分离武装的存在，菲律宾中央政府不得不依靠当地的大家族对抗分离势力，同时将地方事务委托于家族，家族在一些地方成为实际的统治者。在国家层面，各大家族纵横捭阖，建立党派、控制选举、培养代理、操弄政治。从实际政治权力结构看，菲律宾政治堪称"家族政治"。

以菲律宾总统为例，自1986年"人民力量运动"实现所谓"民主转型"以来，菲律宾共产生了五任总统。首任"转型总统"科拉松·阿基诺夫人，即来自有名的阿基诺家族。她的丈夫参议员贝尼格诺·阿基诺是当年的政治强人马科斯总统的竞争对手。贝尼格诺·阿基诺遇害后，阿基诺夫人在国防部部长恩里莱和副总参谋长拉莫斯两位将军的支持下发动"人民力量运动"上台执政。阿基诺夫人的继任者是同样出身望族的拉莫斯将军，拉莫斯既是"人民力量运动"的发动者之一，同时还是被推翻的马科斯总统的表弟。拉莫斯的总统任期届满后，曾试图修改宪法以获得连任机会，但没有成功。在他之后，出身平民的前电影明星埃斯特拉达当选总统。埃斯特拉达是菲律宾"民主转型"以来唯一的非家族出身的总统。但好景不长，埃斯特拉达担任总统仅两年多，他的政治对手们在军队支持下，发动了"第二次人民力量运动"，以反腐败为名把埃斯特拉达赶下了台。埃斯特拉达之后是阿罗约总统，她出身名门，是菲律宾建国后第五任总统马卡帕加尔的女儿。阿罗约的继任者就是现任总统贝尼尼奥·阿基诺三世，他是科拉松·阿基诺总统的独子，同时还是阿罗约总统过去的学生。

民主转型以来的菲律宾五位总统中有四位出身名门，其中还有两位做的是"父女总统"和"母子总统"，只出了一位"短命"的，仅做了两年半的"平民总统"。再往远看，菲律宾在美国治下的"自治时期"和建国以来，一共产生过14位总统，其中12位皆沾亲带故。

不仅总统如此，菲律宾的高官、议员们绝大多数也出自豪门望族。在菲调研期间，我们有幸拜访了前外长阿尔韦托·罗慕洛（Alberto Romulo）。他的家世显赫，国际闻名，其叔父是当年陪同麦克阿瑟将军重返菲律宾的卡洛斯·罗慕洛（Cralos Romulo），从1950年起，前后担任菲律宾外长超过30年。卡洛斯之子、阿尔韦托的堂兄罗伯特·罗慕洛（Robert Romulo）子继父业，成为菲律宾的第二个罗慕洛外长。阿尔韦托·罗慕洛是菲律宾的第三位罗慕洛外长。罗慕洛家族两代三人执掌菲律宾外交逾半个世纪，是真正的"外交世家"。菲律宾参、众两院的议员们绝大多数也来自菲律宾的家族，或在家族势力的支持下当选，阿基诺、加西亚、拉莫斯和洛佩兹是菲律宾最知名的四大家族。以1986年"人民力量运动"后的第一次国会选举为例，1987年5月选举产生的200名众议员中，有130位是家族成员，另有39位与家族关系密切，只有31位议员没有家族背景。至今依然是这种局面。

腐败猖獗

菲律宾在拷贝美国宪政体制的同时，也效仿美国等西方国家建立起十分完备的法律体系和司法程序。以被认为是监督公职人员的"反腐利器"公职人员财产申报制度为例，菲律宾是在亚洲最早建立财产申报制度和覆盖最全、制度最为严密的国家。甚至还有因财产申报不实而将首席大法官弹劾的著名案例：2012年，菲律宾首席大法官科罗纳因少报和隐瞒财产，经菲国会长达一年的调查，最终遭到弹劾。

但是，在完备的法律体系和司法程序下面，菲律宾社会的现实是贿赂遍地，腐败公行。众所周知，菲律宾的腐败世界闻名，曾被载入世界吉尼斯纪录，被称为"亚洲腐败癌症"。据长期研究亚洲经济政治的香港政治经济风险顾问公司的亚洲腐败研究报告的评估，菲律宾位列亚洲腐败国家之首，该评估以10为腐败风险最高值，菲律宾达到创纪录的9.40。

根据我们在菲律宾调研的直接感受和了解，菲律宾的确是一个腐败严重且普遍化的国家。在中国，我们听到过"豆腐渣工程"的说法，但在菲律宾居然有"影子工程"之说，即把工程款项全部贪污、转移，而根本没有实际工程。据一名众议员说，菲官员在批准采购合同时所索取的回扣率或佣金率高达40%。这远高于国际一般5%—10%的回扣率。我们到菲律宾调研的两周之前，透明国际公布了2012年度全球176个国家和地区清廉指数排名，菲律宾位列105，得分34（满分100），跻身最严重腐败国家之列。据世界银行估计，菲律宾20%的国家预算因贪污而损失，由贪污造成的财政损失约占国民生产总值的3.8%。2000年，菲律宾监察官德西尔道曾经宣布，自监察院于1988年成立到2000年，菲律宾每天有1亿比索公款因贪污被吞掉，政府在贪污事件中损失了14000亿比索。

自"民主转型"以来，菲律宾的五位总统都发誓要与腐败做斗争，但就在他们五人当中有两位直接因为个人及家族腐败而丢官或受到法律追究。1998年，"草根总统"埃斯特拉达一上台，便生怕"有权不用，过期作废"，立即利用总统职权搞起了腐败。据后来调查，他在就任总统的两年多时间里采取多种手段贪污敛财，主要手段包括：从非法赌博集团收受贿赂、贪污政府税收、通过关联公司违法经营等。埃斯特拉达肆无忌惮的敛财引来对腐败本已习以为常的菲律宾朝野的愤怒，可见其腐败的严重。在担任总统两年半后，埃斯特拉达在反对其贪污的"第二次人民力量运动"中黯然下台。2007年，埃斯特拉达以"盗窃国家财产罪"被判处终身监禁并没收巨额财产，后被继任者阿罗约总统特赦，才免受牢狱之灾。但是，阿罗约总统本人的运气就比受她特赦的前任更差了。

名门出身、本人又身为大学教授的阿罗约，在任总统期间就被腐败丑闻缠身，卸任后阿罗约因涉嫌选举舞弊和贪腐被捕，现在面临至少三起重大腐败案件的调查，面临最高可判无期徒刑的刑罚。此外，她的丈夫和身为众议员的长子也官司缠身。阿罗约丈夫何塞·米格尔目前因选举舞弊案被限制出境。早在阿罗约在任时，菲律宾的一项民调显示，多数民众认为阿罗约是菲律宾历来最腐败的总统，马科斯排名第二，而因腐败被赶下台的埃斯特拉达仅仅名列第三。阿罗约被逮捕后，民调显示，70%的菲律宾民众认为逮捕她是对的。

华人在菲律宾以经商见长，他们对菲律宾的腐败最有感受也深受其害。和东南亚地区的华人经历、处境十分相像，华人在菲律宾经济相对富裕而政治地位低，华人在菲律宾不得不小心谨慎、低眉顺目地过日子。有钱没地位，自然就成了各级贪官污吏敲诈的"肥羊"。要想在菲律宾找一个没有受过敲诈的华商恐怕做不到。腐败一旦成为一种普遍现象，一旦成为一种文化，就会形成自我复制、自主生长的机制。在菲律宾，官员索贿与人民行贿形成互动关系，彼此刺激，互动成长。腐败不仅败坏了社会道德与风尚，不仅影响经济发展、社会建设，更为有害的是：腐败消解了制度与法律，腐败面前没难事，腐败面前没了障碍、没了限制。当规则被破坏之后，社会就会变得不可捉摸。这恐怕是腐败给人类社会带来的最大危害。人们想做好事也要采用坏的方式，而想做坏事则完全可以做到。难怪那位华商感慨地说，每一个菲律宾官员都有一把可以打开他的钥匙。

民主宪政遮盖下的"3G 政治"

为什么在菲律宾自由、平等、开放的公开政治制度之下，实际政治权力却长期掌握在各大家族手中？家族势力是通过什么力量和什么机制穿透宪政体制规定的民主与法制程序的？菲律宾人自己的解释是"3G 政治"：GOLD（金钱）、GOON（帮派）、GUN（枪支）。"3G 政治"很好地概括出了菲律宾政治表层的宪政体制之下的实际政治生态的主要特色。

现代民主政治总是和金钱政治脱不了干系。美式民主政治的核心内容是选举，以美国民主的标准，一个政权只要经过选举就具合法性。的确，假定选举是人民意志的自由表达，那么的确可以在很大程度上把选举与民主画等号。但问题是，在现代社会条件下，人民的意志是可以管理、可以控制的，金钱则是西方国家管理民意、控制思想等所有手段的基础。在菲律宾，加之家族势力、军队干政，金钱政治更是如虎添翼大行其道。在菲律宾控制选民、左右选举是公开的秘密。有所区别的是，菲律宾家族在城市和乡村倾向于以不同方式操控选举。

在城市，由于日渐扩大的中产阶级的存在，家族控制选举的行为也在日益"文明"，其基本方式是通过控制媒体和操弄舆论来管理民意，影响选情。菲律宾的主要媒体均控制在财大气粗的家族手中，媒体的作用首先表现在控制信息上，尽量保证和扩大民众与政党以及政客之间的信息不对称，由媒体释放必要的信息。其次是舆论引导，家族与政客通过媒体树立自身良好形象，打击抹黑对手。菲律宾城市人口文化水平较高，传统的电视、报纸等媒体依然是大众获取信息的主要途径。菲律宾的家族与政客通过媒体可以比较有效地制造和影响舆情。菲律宾媒体的"职业精神"很强，谁给钱就替谁说话，甚至不惜造谣。在菲律宾，主流媒体都敢于制造一些子虚乌有的假新闻、假消息，扰乱视听。我们的菲律宾调研，多次听访谈对象讲，在菲律宾最腐败的不是官员而是媒体。

在乡村，则不需要像城市那样"文明"行事了，在乡村控制选举要简单得多，无非是利诱加恐吓。一是，给些"好处"直接"买票"；二是，恐吓选民，定制选举，威胁选民必须选举指定候选人。菲律宾选举有许多稀奇事，如数万选民同选一人，选票数多于选民数等，都时有所闻。直接使用暴力消灭对手，是菲律宾家族势力最直截了当的选举手段。这方面最著名的例子就是2009年在马京达瑙省选举中发生的屠杀事件。2009年11月23日，在菲律宾南部马京达瑙省安帕图安镇，包括省长候选人曼古达达图的家人、律师及30多名记者在内共58人遭到政治对手安帕图安家族的私人武装劫持，并全部被杀害。

安帕图安和曼古达达图是菲律宾马京达瑙省的两大望族。2009年曼古达达图试图在来年选举中挑战时任省长安帕图安。安达尔·安帕图安此时已担任3任9年的马京达瑙省长，按照法律的规定已不能再次连任，他有意让儿子小安帕图安来接任。安帕图安家族曾多次警告试图取而代之的曼古达达图不要造次。考虑到安帕图安家族的恐吓，曼古达达图于2009年11月23日派他的妻子赫娜琳和两个姐妹代替他前往选举委员会提交省长候选人的材料。他本以为安帕图安家族不会对妇女下手，再加上有30多名记者"护驾"，他相信"妇女兵团"应能顺利完成任务。但没有想到的是所有妇女都被残忍杀害，记者们也跟着赔上了性命。

军人干政是菲律宾政治的又一特色和传统。当政客与家族靠金钱和帮派的力量依然达不到政治目的的时候，发动政变是最后的手段。菲律宾政治黑暗、官场腐败，菲律宾社会最后的精英——军营中正直勇敢的军人对此深恶痛绝。菲律宾军中具有为国家担当道义、扫荡尘埃的英雄主义的军旅文化。我们在菲律宾调研时，拜访了赫赫有名的霍纳桑参议员。如今年逾六旬的参议员，依然身姿挺拔，声音铿锵。谈起国事，霍纳桑慷慨激昂，严词斥责腐败，讲到激动时，眉宇间年轻时誓为国家扫尽不平的英武之气依稀可见。当年霍纳桑少校是菲律宾军中之星，身为菲军精锐伞兵部队的指挥官，他与军中志同道合的战友组织了"菲律宾武装力量改革运动"。1986年他追随恩里莱、拉莫斯发动"人民力量运动"，率特种兵攻打总统府，驱逐马科斯，成为"人民力量运动"的功臣。"民主转型"之后，菲律宾腐败依旧，国势日颓，霍纳桑继续发动了7次政变，成为菲律宾家喻户晓的"政变大王"。爱国军人一次次的政变根本没有改变腐败的政局，反而成为家族清除异己的打手，成为家族政治的砝码。如今的霍纳桑英雄迟暮，他早已脱下戎装，加入了"资产阶级清谈馆"，作为一名参议员只在议会里批评批评腐败，高谈阔论一番民主宪政而已。我们相信，以他的英武与辉煌历史，霍纳桑家族很有可能发展为新的家族。

结构之殇："菲律宾悖论"之根源

菲律宾，在美国式的宪政体制之下保留了传统的家族政治，在完备的现代法律体系和司法程序之下却是腐败盛行。菲律宾人，淳朴乐观、随和友善，但争凶斗狠、铁血杀戮却屡见不鲜。从现代国家普遍的经验出发看菲律宾，会发现诸如此类的许多尖锐的矛盾现象。我们权且将其称为"菲律宾悖论"。

与亚洲其他许多发展中国家相比，菲律宾发展的条件要好得多。菲律宾在第二次世界大战结束后独立建国，发展起步较早。20世纪60年代，菲律宾人均国民收入仅次于日本，居亚洲第二。菲律宾地处热带，属热带海洋性气候，农业资源丰富，盛产热带农林牧副产品。菲律宾矿产资源种类繁多，储量巨大，在世界矿产资源储量中占有重要地位，目前已探明储量的矿藏中有13种金属矿和29种非金属矿。菲律宾曾是世界五大黄金出口国之一，铜、铬和镍的产量也都居于世界前10位。但是近几十年，菲律宾经济社会发展每况愈下，在亚洲特别是东亚的发展中日渐落后，现在经济社会发展水平已列亚洲下游。

菲律宾的工业化、现代化发展究竟出了什么问题呢？这是我们十分关心和需要深入研究探讨的问题。

菲律宾的问题，从菲律宾自身情况看，除了大量现象和问题，似乎看不出什么十分特殊的原因。但如果与亚洲其他国家相比，特别是比较快速和成功地实现了工业化、现代化的国家和地区相比，就不难看出菲律宾的问题。将菲律宾与日本、韩国、中国台湾地区，甚至与印度尼西亚、泰国相比，菲律宾与其他国家和地区最大的差别，在于在工业化初起时期原有的社会结构没有经过改造，基本上保留了原有社会结构，现代化是在原来的结构之上开始起步和发展的。

所谓原有的社会结构是指，菲律宾的社会阶级阶层和利益集团的结构。菲律宾经历了长期的殖民地历史，加之千岛之国的地理原因，形成了一个个相对独立和封闭的封建经济体，进而成为现代菲律宾家族经济、家族政治的起源。在其他亚洲国家和地区，或因战争如韩国，或因革命如中国大陆，或因改革如日本、中国台湾地区，原有的封建土地所有制被打破或消灭了，原有的社会利益格局或消失或被打破。原有社会结构的消失和打破，对于后来的工业化、现代化来说，无意间创造了一种社会条件，即相对平等的社会身份，为在工业化进程中广大社会成员相对平等地、机会均等地参与和加入，扫除了身份和社会地位方面的限制和障碍。正是由于这样的原因，我们在亚洲其他国家工业化进程中观察到的现象是，工业化、城市化、现代化呈现出一种整体社会进程的表征，即大量的、身份地位不同的，尤其社会地位低下的阶层都积极踊跃地选择和进入了社会新的生产、经营活动，形成了新的生产组织。而且，由于大量社会底层的进入，社会变得更有活力、更有效率，在国际经济活动中形成了后发的比较优势。

但在菲律宾则无法看到或很难看到在亚洲其他国家工业化阶段看到的这种社会发展的内在机制和动力。在菲律宾，当外部环境改变，整个东亚开始逐步进入工业化、现代化进程时，菲律宾的家族也纷纷选择了新的生产方式，以适应新的时代。在菲律宾工业化的起步阶段，家族在一定程度上因其选择了新的生产方式而成为工业化的动力。但是，当工业化发展到一定阶段，家族经济因已获得利益并占有优势，则家族经济行为转向垄断食利，结果成为阻碍进一步工业化和发展的分利集团、食利阶层。

在这方面，菲律宾电力工业的发展就是一个很好的例证与说明。电力是工业的基础，电力工业为工业化进程提供动力。但菲律宾的电力工业在一定程度上成了菲律宾发展的累赘。不久前，澳大利亚一家国际能源咨询机构的研究报告显示，菲律宾电费居世界首位。菲律宾居民用电每度18.1美分，超过第二名日本的17.9美分；菲律宾的工业电费居世界第二，每度13美分，仅次于新加坡的14美分。菲律宾如此高的电价原因何在？一位菲律宾众议员明确指出，高电费原因就在于利益集团对电力行业垄断控制，赚取超额利润。菲律宾发电和配电企业基本上被一些家族所控制，市场集中化程度奇高。这些家族集团下属的配电和发电企业通过交叉持股等多种手段，阻止他人获得银行贷款和进行电力投资，保护家族发电、送电企业的垄断地位。从拉莫斯总统开始，各位总统都希望改变菲律宾电力行业的状况，为菲律宾工业化和民生降低成本。虽经多年努力，但依然没有改变少数家族企业绑架整个菲律宾电力工业、造成电价奇高的状况。这是一个家族企业从工业化的参与者、推动者变成既得利益者和阻碍者的典型事例。

在许多人的观念里，实行民主与法治，是打破专制、限制垄断，保障社会自由、平等的制度保证。但是，为什么菲律宾建立起了民主、法治的宪政体制，但民主与法治却没有发挥实际作用？

菲律宾的事实告诉我们，以宪法、法律和民选机构组成的民主宪政体制从理论上应当具有限制政治权力和保障公民权利的功能。但在实践中，建立在传统社会结构坚实基础上的菲律宾家族，也会在民主宪政体制下学习，逐步学会适应宪政体制，利用宪政体制的规则，甚至改造宪政体制以为其服务。

2009 年发生在菲律宾马京达瑙省的选举屠杀事件及其处理的经过，就是一个说明权力结构可以适应、改造宪政体制和法律规范的例证。安帕图安家族武装野蛮屠杀曼古达达图家人、律师及 30 多名记者震动了菲律宾，也引起了国际关注。菲律宾中央政府和司法机构介入案件查办，涉案的安帕图安家族人士相继落网，据称该案共有 196 名被告，其中有 98 人被警方拘押，安帕图安家族一度遭到打击。但安帕图安家族利用菲律宾严格繁复的法律程序，倚仗雄厚财力展开了一场法律战，加之相关证人相继被杀害，法院审案 5 年至今仍无结果。2014 年 5 月中期选举中，安帕图安家族中 16 名成员在省议会选举和镇长选举中获胜，安帕图安家族重整旗鼓，卷土重来了。

从菲律宾调研归来，我们更理解了菲律宾大学良政研究中心主任的那句话——菲律宾民主在救赎它自己。民主是用来塑造社会的，社会也在改造民主。究竟是民主塑造了社会，还是社会改造了民主？菲律宾正在上演这样一出纷纭复杂的历史戏剧。

菲律宾，这个离我们不远又似乎不为我们了解甚至有些忽视的近邻，竟是如此有趣。就在马尼拉，你会对新加坡式的干净整洁、一尘不染的花园别墅群发出赞叹，你也会被孟买式的拥挤不堪、污水横流的贫民窟所震惊。在如诗如画的马尼拉湾落日余晖中慢跑，你会享尽轻松与惬意；在餐厅里猛然瞥见服务生腰间的手枪，你可能会倒了胃口。现代的美国式民主宪政，前现代的家族政治，后现代的布波一族，菲律宾似乎应有尽有。在其他国度，你也许只能看到一个时代、一种体制，而菲律宾像是一座政治的博物馆，让我们同时看到政治发展的过去、现在，也许还有未来。

（本文刊发于《文化纵横》2014年第1期）

二

国别政治现象分析

韩国民主运动的"主题性"与"主体性"

房　宁

闻名遐迩的汉江奇迹让世人对韩国刮目相看。然而随着调研工作的深入，我们逐步意识到：在那令人炫目的经济发展背后，有的却是一部韩国民族的血泪史。急速的工业化进程进一步扩大了韩国本来就已巨大的社会鸿沟，彻底激化了韩国的社会矛盾。于是，兴起于韩国民众中的民主运动此起彼伏，始终伴随着汉江奇迹的发生，并最终终结了曾经创造汉江奇迹的军政体制。

世界上民主运动并不少见。而韩国的民主运动尤为剧烈，犹如戏剧般的起伏跌宕。韩国民主运动给人鲜明印象的莫过于它的两大特点："主题性"与"主体性"。

主题性：围绕着选举问题展开的民主运动

所谓"主题性"，即韩国的民主运动，在很长时间里，主要是指在朴正熙当政期间，始终围绕反对所谓"维新体制"，即追究当时的韩国选举以及朴正熙当选的合法性问题展开。

1971年7月举行的第8届总统选举中，朴正熙险些败给年轻的反对派候选人金大中，这给朴正熙带来强烈的震动。同年12月，朴正熙宣布实行紧急状态，同时颁布了《国家安保特别措施法》。1972年10月，朴正熙突然宣布实施"非常措施"令，全国实行戒严，解散国会，实施所谓"维新宪法",暂停一切非政府的政治活动,命令大学放假,实行严格新闻检查,以"非常国务会议"进行直接统治。根据"维新宪法",国会之外再设一个"统一主体国民议会",由总统担任议长。而这个所谓"统一主体国民议会"的主要功能就是代行国民和议会的选举国家最高领导人的职能,说得直接一些就是保证朴正熙的当选。"维新宪法"没有对总统任期的限制规定,并且极大扩充和强化了总统权力。

实行"维新宪法"之后,韩国的进步阵营反对保守阵营的斗争便集中于这个所谓的"维新体制",而进步阵营的代表人物、旗手,如金大中等人因是总统竞选中朴正熙的对手,更使韩国那个时期的政治斗争带有争夺总统权位的味道。进步阵营的主要斗争对象就是"维新体制"。朴正熙执政后期的十来年,韩国的政治斗争、街头运动似乎就是在质疑朴正熙当选的正当性与合法性。

选举以及由此产生的政权合法性、正当性,当然是所有民主运动的议题,甚至是主要的议题。但在长达 20 年的社会抗争中始终围绕这个几乎是单一的议题,始终纠缠形式正义与合法性问题,似乎并不多见。在韩国,当民主运动的主题集中于选举规范性、合法性时,社会发展进步的其他问题似乎都被这一问题屏蔽掉了,似乎一切进步、一切发展都不如选举是否合乎规范来得重要。而一旦选举合法后,韩国的民主运动、民主进程似乎就已经彻底实现了。民主运动执拗于选举程序与正义而"心无旁骛",这在外人看来多少有些费解。

主体性:韩国学生始终是民主运动的主力军

韩国民主运动的另一显著特点就是"主体性"。所谓"主体性",就是韩国进步民主运动在相当长的时间里其主体就是青年学生特别是大学生,其他社会群体特别是城市中产阶级参与很少,而学生运动与工人运动也几乎没有联系。在很长时间里,韩国的民主运动似乎就是学生与政府对抗,以至于学生"闹"学生的,社会其他群体各忙各的。学生运动并不为社会所关注。

我们在韩国调研访问时,曾走访韩国知名法学家、国会议员李荣银教授，她早年也曾支持、参加过民主运动。她谈到当年韩国校园里的学生运动时，讲到一个有趣的现象。她回忆说：当年大学里一到周末就流泪。我们不解，她解释说：因为一到周末的下午学生们就要上街游行抗议了，警察每逢这时就来到学校门前阻止。于是，学生往外冲，警察在门口拦，双方你来我往，已成惯例。警察拦不住就放催泪弹，校园里其他还有课或在实验室、图书馆的师生就跟着流眼泪。她说，那个时期的学生运动就这个样子，基本限于校园，其他社会群体基本不关心。

反对军政集团的民主运动限于学生和校园，自然不会对政权构成严重的冲击。因此，韩国的民主运动在很长时期内变成学生的"专项"，自然就不会取得很大进展，而越来越像是激进学生青春的躁动。

民主运动仅限于学生运动、学生抗争，自然不会有什么起色。从20世纪70年代后期开始，韩国的工人运动逐步兴起，并从开始时零星分散的工厂、车间斗争，从经济性的抗争，逐渐发展为联合的工人运动，发展为社会性的政治运动。只有当进步阵营中的学生、知识分子的抗争与工人运动、市民运动结合在一起的时候，它才真正壮大起来，成为改造社会的力量。而在韩国民主运动走向学生运动与工人运动、市民运动相结合的过程中，学生的主体性表现依然十分突出，写下了韩国民主运动以及世界学生运动史上动人心魄的一章。这就是韩国学生运动中最感人的一幕——伪装就业运动。

韩民族作为一个规模较小的民族，同质性较强，并且带来了比较紧密的民族文化。韩国人民之间比较团结，富有同情心。在工业化、城市化进程中出现和扩大的城市中产阶级、知识分子的社会身份地位有了变化，生活水平、质量不断提升改善，但他们依然富于同情心，特别是十分同情工业化、城市化进程中承受巨大痛苦和做出巨大牺牲的工人阶级。从20世纪70年代开始，一些出身城市中产阶级，甚至富裕家庭的大学生伪装成普通工人到工厂就业，深入工人群众，进行宣传发动，组织工人运动。这场伪装就业运动中，发生了众多的如女大学生权仁淑受迫害那样可歌可泣的感人事件。韩国大学生所表现出的执着高尚的牺牲精神、献身精神是世界民主运动历史上罕见的。

在大学生的串联下，韩国的中产阶级在很大程度上逐步演化为民主运动同情者、支持者和参与者。况且他们许多人在学生时代就是热情的学生运动的参加者。在20世纪80年代民主运动走向高潮时,他们选择了支持进步阵营。1985年,全斗焕政府曾经一度对民主革命实施怀柔政策,放开了部分政治活动空间,进行了有多党参加的国会选举。这次选举中,几个进步阵营政党获得了大量议席,城市里的年轻中产阶层就是他们的主要支持者,最终导致全斗焕军政府垮台。改变韩国政体的决定性的民主运动,是1987年的"6月抗争"。"6月抗争"的直接起因是军警在校园中镇压学生时发生的意外伤害事件,"6月抗争"的主力军依然是大学生,而"6月抗争"中的大学生的最重要的"友军"——"领带部队"就是由城市中产阶级组成的。

(本文刊发于《中国社会科学报》2011年11月17日)

韩国的治理难题：
新经济自由主义下的社会妥协

王晓玲

经济自由主义对韩国国家治理的挑战尤其巨大。因为韩国经济是"财阀经济"[①]，新经济自由主义改革导致经济系统的均衡进一步被破坏，随之而来的是社会危机：两极分化加速，不同人群围绕发展道路的对立意见更加尖锐。如何在推动经济发展的同时引导全社会达成妥协，化解社会危机，一直是韩国国家治理中最紧迫的问题。本文将分析新经济自由主义改革以来韩国所面临的治理危机，总结韩国政府的应对策略，并对其效果进行评价。

社会矛盾激化与国家治理危机

韩国在"二战"后快速实现了工业化，但代价之一是发展不均衡。由于国内市场狭小，韩国政府集中资源培育了少数具有国际竞争力的财阀企业。军政府垮台后，政府主导经济发展的时代也结束了，韩国出现

---

① 具有以下四个特点的企业集团被称为财阀：一是由多个企业构成，经营范围涉及多个产业；二是集团内企业之间存在复杂的资本与商品流动，单个企业在必要时会为集团整体利益做出牺牲；三是所有权和最终支配权属于某个家族；四是经济规模庞大。针对财阀的研究习惯上把经济规模列前30位的财阀作为研究对象，而三星、现代、LG、SK、乐天五大财阀的影响力尤其巨大。

了"强企业、弱政府"的格局。但韩国有"终身雇佣"的企业文化，工会有强大的协商能力，这种力量均衡是很长一段时间里劳动者收入与经济同步增长的重要原因之一。然而1997年亚洲金融危机席卷韩国后，韩国政府应国际货币基金组织（IMF）的要求进行了新经济自由主义改革，通过劳动力市场自由化改革，企业拥有了"集体解雇权"和大量雇用"非正规职"[1]的权力。此后，韩国失业率迅速上升，青年人就业困难，四五十岁的劳动者被迫退休，非正规雇佣的比例也跃居经济合作与发展组织（OECD）国家第一位。雇佣不稳定加剧了消费萎缩和国内经济低迷。财阀企业的海外投资引发了国内经济空洞化，财阀企业在国际市场上持续盈利，但中小企业却局限于国内市场，并且需要与财阀的全球供货商竞争，经营越来越困难。财阀企业消化就业需求的能力低于中小企业，中小企业倒闭与失业、消费萎缩和国内经济低迷之间形成了恶性循环。

随着资本市场自由化，海外资本收购了韩国的银行和企业，进入了股票市场，这些资本大多涌入了盈利能力强的大企业。韩国原本制定了一些法规用于限制财阀扩张，但向外国资本开放市场后，为了抵抗外资的兼并，政府不得不取消此类法规，财阀的扩张因此变得更容易。1997—2010年，韩国前30大财阀的平均资产总额增长了2.65倍。与此同时，财富在财阀内部进一步集中，2010年前五大财阀的销售总额占韩国GDP的55.7%，2012年十大财阀旗下上市公司的利润占所有上市公司利润总和的80%。[2]财阀企业与中小企业、出口经济与国内经济之间的两极化现象日益严重。表现在劳动力市场上，掌握核心技术的大企业劳动者薪酬不断提升，而大部分劳动者却难以找到稳定工作。

经济系统的上述变动引发了两大突出的阶层问题。一是中产层流失、社会两极分化；二是催生了愤怒的"经济危机世代"。1997年，韩国中等收入家庭的比例曾占72.7%，1998年跌到67.9%，此后中产层比例持续

---

[1] 韩国把两年以下的短期合同雇佣、以日为单位的雇佣、兼职雇佣以及外包劳务雇佣统称为"非正规职雇佣"。与之相比，"正规职雇佣"的劳动合同上不写明雇佣期限，在工会的压力下，企业无充分理由无法单方解除雇佣合同。

[2] 朴英爱：《危机后韩国经济面临的困境与出路》，《东北亚论坛》2011年第5期。

下降，2011年降至63.8%。韩国人的主观感受比客观数据更悲观，2012年8月的一项调查显示，认为自己是中产层的韩国人只占46.4%，50.1%的受访者认为自己是低收入层，19.1%的受访者认为近五年自己的阶层地位在下降，98.1%的受访者认为今后阶层上升很难。① 在中产层普遍感到危机的同时，高收入家庭与低收入家庭的比例同时上升，收入差距不断拉大。韩国统计厅的数据显示，高收入人口从1997年的8.7%上升至2011年的15%，而相对贫困②的人口从1997年的8.7%增长到14.9%。1997年收入最高的20%的家庭与收入最低的20%的家庭的收入比为3.97，2011年上升至5.96。阶层结构的变化导致韩国的社会矛盾越来越带有阶层对抗的性质。

韩国的劳动力市场在从终身雇佣向灵活雇佣转变的过程中采用了"老人老办法、新人新办法"的原则。

1997年金融危机后走出校门的"经济危机世代"遭遇了更加严酷的就业寒潮。以2012年为例，青年就业率为40.8%，一半以上的青年人处于失业、求学、接受职业训练或者放弃就业的状态。而韩国教育开发院2009年的研究发现，在青年就业者中能够成为大企业正规职职员的只占10.3%。"经济危机世代"的成长环境优越，对生活质量的要求较高。他们为了求职投入了更多的时间和金钱，有较高的文化素质和技能，但仍难以找到高质量的工作。他们因平均月收入只有88万韩元而被称为"88万元世代"。88万韩元仅够维持基本的生活需求，年轻人在大城市里只能租住很小的房子甚至是阁楼和地下室，他们放弃了储蓄，结婚年龄大大推迟，很多人结婚后迫于经济压力而放弃生子。与之前的世代相比，他们的人生是"残缺"的。他们的父母和兄长普遍经历了阶层地位上升，但"经济危机世代"却面临着阶层地位的下降，因此充满了挫折感和愤怒。他们是成长在韩国民主转型之后的一代人，有着挑战权威的习惯。他们也是熟悉现代通信手段的一代，是活跃的意见表达者。因此，"经济

---

① 《韩国经济周评：中产层丧失自信》，现代经济研究院经济研究本部（http://www.hri.co.kr，上网时间：2012年8月20日）。

② 收入低于收入中位数一半即被视作相对贫困人口。

危机世代"的不满情绪对韩国执政者而言是巨大的压力。

韩国的治理模式：寻求妥协

威权政府时代，"发展优先论"使韩国经济的不均衡发展获得了合法性。政府通过金融和政策法规很大程度上控制着财阀的发展，称财阀企业是韩国人的企业，是出口功臣，其发展最终将为全体国民带来福利。但1997年之后，政府对财阀企业的制约能力减弱，财阀企业超越了国境，普通民众再难看到财阀企业发展带来的红利。在国内，韩国社会对财阀垄断的批评声越来越高，外部压力又要求韩国政府尽快完成新经济自由主义改革。在这样的背景下，韩国政府选择引导全社会在新经济自由主义的道路上达成妥协，以化解经济改革可能引发的社会危机，推动韩国的经济和民主文化持续发展。

（一）经济社会政策的妥协：新经济自由主义改革与社会福利建设并举

在1997年的金融危机中，韩国按照IMF等国际组织的要求迅速进行了新经济自由主义改革，实现了汇率自由化、金融独立化、企业管理市场化、劳动力自由化和贸易自由化等改革。时至今日，韩国一直奉行上述政策，并且积极融入经济全球化，与欧美等多数国家签订了"自由贸易协定"，在2008年的全球经济危机中也倡导自由贸易。

在新经济自由主义的影响下，很多福利国家都减少了福利开支。但韩国为了预防新经济自由主义改革引发巨大的社会动荡，仍然启动了社会福利建设的快进键。这段时期的福利制度改革包括：扩大失业保险的适用人群，使得从所有企业里失业的正规职职员和非正规职员工都能领取失业保险；将城市个体经营者纳入退休金制度的适用范围，至此所有国民都成为养老保险制度的适用者；设立"国民医疗保险管理工团"，陆续将各种工会都合并在内，实现了医疗保险并轨，名为"国民健康保险单一制度"；将意外灾害保险的适用范围扩大到所有企业。失业保险、养老保险、医疗保险和意外伤害保险构成了第一层社会保障网。2000年10

月，韩国又颁布实施了《国民基本生活保障法》，由此构建起了第二层社会保障网，对国民生活提供最低保障。这两层社会保障网建成后，以往各自独立的社会保险与公共救助制度能够相互配合，韩国拥有了完善和普遍的社保体系。[①] 此后的十多年里，韩国历届政府都将完善社会保障制度作为民生政策的重要内容，努力提供更贴近国民需求，更便利、更高效的社会保障服务。例如，政府多次修订了《老年人福利法》，针对老年人的基本生活保障、文化生活、教育、医疗、再就业等方面的服务变得越来越细致。政府不断增设育儿设施，向多子家庭提供育儿补助金。在医疗保险领域里，越来越多的诊疗项目被列入保险金支付范围。在教育领域里，政府为中小学生提供免费午餐，向大学生提供无息甚至低息贷款。

社会福利制度是自由市场经济的稳压器，但是它在缓解社会矛盾方面的效果是有限的。一是韩国作为危机应对型的福利国家，其稳定性较差。韩国的福利制度并非形成于经济发展黄金期，而是国内经济停滞、国际上福利国家正在缩减社会福利的时期。由于国内经济持续低迷、失业率上升、就业年龄推迟、人口老龄化，韩国人非常担心现有福利制度的可持续性。二是社会福利制度虽然为人们的基本生存提供了保障，但缓解两极分化的作用有限。而且韩国社会进入"经济停滞期"的时间较短，"经济高速增长期"的生活方式、人生规划仍然左右着人们的思维，曾经在勤奋工作、忠实于企业、为家庭奉献中寻找人生意义的韩国人还难以接受没有固定工作岗位的现实。人们由于雇佣不稳定而产生的无归属感和挫折感是社会福利制度无法抚平的，工作才是最重要的福利。

（二）政治权力的妥协：向市民社会开放参政权利

韩国政府在启动新经济自由主义改革的同时推动了市民组织的快速发展。1998年底，韩国出台了《非营利民间团体支援法》，将对市民组织的财政和行政支援制度化。韩国对市民组织的支援金额在1990年为844

---

① 金成垣：《福利国家形成的韩国式经验》，《社会保障研究》2007年第1期。

亿韩元，1998年增长到2860亿韩元，①其中大部分支援都给了与政府执政理念相近的市民组织。不仅如此，民主工会组织也获得了合法参与政治活动的地位，2000年民主劳动党正式成立。

金大中政府时期，"劳资政委员会"的成功是政府通过政治让权、政治协商而推动经济自由主义改革的一个典型案例。为了推动劳动力市场自由化改革，金大中政府倡导劳资双方在政府的斡旋下进行协商，为此成立了"劳资政委员会"。工会对这一协商非常抵触。为了换取工会的配合，金大中政府以允许公务员和教师行业组建工会、允许参与协商的工会组建政党作为妥协，并且让工会参与失业保险和基本生活保障等社会福利制度的设计。政府虽然让工会参与协商，但目的是为了完成改革，因此在协商过程中不断向工会施压，后期还在"劳资政委员会"中增加了"社会公益委员"。"社会公益委员"大多是活跃在各类市民组织里的律师、教授和研究人员，立场与工会不同，他们的参与使工会面临更大的社会压力。各种压力最终迫使工会接受了改革方案。

继金大中之后，卢武铉提出了"参与政府"的概念，积极鼓励市民社会参与国家治理，称要建立一种"政党与市民组织的协商制度"。卢武铉在青瓦台内设立了"国民参与首席室"，用于听取市民社会的意见，并在政府很多部门内设有委员会。市民组织的领导人以委员会为平台，参与国家管理。卢武铉政府还积极利用互联网，总统以及政府机构都在网上公开其政务活动以及政策议题，通过"互联网政府"与市民展开讨论。经历了金大中和卢武铉两任政府后，"参与"的政治文化已经成熟。因此，继卢武铉之后的李明博和朴槿惠虽然来自保守政党，②但其政府仍然继续支持市民组织，并且在重大议题上与市民社会协商。

市民社会参政有很多积极意义，不但有利于促使各种利益群体达成共识，而且市民组织成长起来后对政府和财阀都起到了监督作用，维护了公平正义，使民众感到自己可以有所作为，这也有利于缓和社会矛盾。

---

① ［韩］李英浩：《对金大中政府与非政府组织之间关系的研究》，《韩国政治学会报》2000年第4期。

② 韩国存在两大政治阵营：保守派和进步派。保守派强调经济自由主义，长期以来被视为既得利益集团的代言人；而进步派更强调社会分配。

例如，市民组织在2000年国会选举中发起的"落选运动"以及2002年总统选举中发起的"大选监督运动"[1]都有力地打击了官员的贪污腐败。同样由市民组织发起的"小股东运动"则提高了财阀企业的透明度，强化了小股东对财阀企业的监督力量。对政府而言，市民社会也是制衡财阀的重要力量，这种力量制衡也有利于达成社会妥协。

但市民社会参政也有其负面影响。一是削弱了政府的执政能力。在韩国，市民社会掣肘政府的案例非常多。例如，2008年的"牛肉风波"以及"韩美自贸区批准无效运动"大大延迟了韩美自贸区的生效期，还有很多大的基础设施建设也经常因为环保组织、当地居民等各种组织的阻挠而建建停停，造成了很大的财政浪费。二是市民组织往往为特定的利益集团代言，其需求很可能违背韩国人的整体长期利益。三是市民的政治参与经常以"街头参与""互联网参与"的形式出现，容易丧失理性而变得偏激，激化社会矛盾。

（三）发展理念的妥协：倡导经济民主化改革

韩国实际上一直在走"发展优先"的道路，但却倡导"经济民主化"。1997年金融危机以来，韩国经历了两任来自进步阵营的总统和两任来自保守阵营的总统。进步阵营总统金大中与卢武铉都积极倡导经济民主化改革，但迫于国内外的经济环境，他们实际上遵从的还是"经济发展优先"的理念。恰恰是金大中政府完成了新经济自由主义的改革，打破了雇佣稳定，并在海外资本的威胁下放松了对财阀的管制。卢武铉上台后曾经出台过《非正规职保护法》，但由于企业不配合，最终收效甚微。卢武铉公开承认"权力已经从政府转移到企业"，称要建设"亲企业"的环境，并且积极推动了韩美自贸区协商。接下来的李明博更是

---

[1] 2000年，非政府组织"经济正义实践联合"和"参与联带"在国会选举期间发起了"落选运动"，460多个非政府组织共同参与了这一行动，组成了"总选联带"。"总选联带"对候选人进行了调查，对其中有贪污嫌疑的、反对改革的、煽动地域感情的候选人进行了曝光。"总选联带"共选出了86名"落选对象"，结果86人中有59人落选。2002年的总统选举中，又有300多个非政府组织组成"2002大选选民联带"，对大选进行了有组织的监督，促使候选人公开了选举费用。

"汉江奇迹"时代的代言人，通过"五大江开发计划"① 和"747 计划"②等具有鲜明的"经济开发时代"特征的选举公约赢得了选票，上台后放松了对财阀的管制，还减免了大企业的税收。

但是，"经济民主化"的呼声在韩国越来越高。在韩国，"经济民主化"主要是指对财阀进行监管，限制其扩张，维护市场公平竞争，保护中小企业，增加雇佣稳定，从而实现对社会财富的更均衡分配。"经济民主化"在韩国渐渐成为公平正义的代名词。2000 年以后，保守派在历次竞选中也越来越强调民生，在这方面与进步派的差别越来越细微。2012年的总统选举中，朴槿惠反而成了"经济民主化改革"的代言人，把经济民主改革作为头号选举公约。在竞选过程中，朴槿惠批评追求增长数据的外在经济发展，提倡"让全社会都感到温暖"的"幸福发展"。

受经济结构的制约，"经济民主化改革"在现实中很难进行。财阀企业已经成为韩国经济的主体，是韩国经济的竞争力所在。通过强制解散等措施根本上解决财阀垄断的时机已经不存在。而在激烈的国际竞争压力下，政府很难说服财阀向中小企业和劳动者让利。韩国历届总统都曾信誓旦旦地承诺"经济民主化改革"，上台后却都不见成效。政府的"经济民主化"口号反映了民众的需求，起到了缓和阶层矛盾的效果，但改革成效却与民众的期待相去甚远，长远来看反而引发了国民对政治的不信任。

结 论

韩国在实现了政治民主化后不久经历了新经济自由主义的改革。两次转型后，政府主导经济社会发展的格局被完全打破。当前，韩国的权力结构由强企业、弱政府和愤怒的社会组成。在新经济自由主义改革中，政府将经济权力让给了财阀企业，为了领导全社会达成妥协，政府又向

---

① 对韩国的五条河流进行整治开发。
② 实现7%的经济增长率，将人均收入提高到4万美元，使韩国成为世界第7大经济强国。

市民社会让出部分政治权力。韩国政府这种以新经济自由主义为主、以经济民主化改革为辅，开放参政空间、努力寻求社会妥协的国家治理模式总体上是成功的。韩国没有出现大的政治社会动荡，大多数年份里保持着5%左右的经济增长，人均年收入超过3万美元，民主文化也日趋成熟。但是韩国目前达成的社会妥协很不稳定，经济系统的不均衡在加深，社保体系不稳定且没有完全化解阶层矛盾。化解社会矛盾的关键是增加就业，但就业机会却握在企业手中。经济民主化改革的停滞使国民对政治充满了不信任。2011年韩国"特任长官室"针对韩国社会的信任问题所进行的调查显示，韩国人中信任政党的占2.9%，信任国会的占2.9%，信任青瓦台的占3.4%。随着愤怒的"经济危机世代"人口持续增加，如何化解社会矛盾、在发展道路上不断达成妥协，仍然是今后韩国国家治理中的严峻课题。

（本文刊发于《当代世界》2014年第12期）

朴正熙时期韩国的国家认同塑造

王晓玲

"国家认同"指的是个体对所属国家的心理认同,也是在漫长历史过程中形成的一种共通的社会心理。"国家认同"是国家权力存续的社会心理基础,是支撑国家意识形态的核心话语,同时也是国家权力塑造的结果。本文关注的是这对关系中"权力"对"认同"的塑造,以朴正熙政府为例,分析韩国政府如何成功塑造了"追赶型发展国家"的国家认同。

20世纪60—90年代初,韩国从战后废墟上崛起,成为新兴工业国家,这在世界经济发展史上被誉为"汉江奇迹"。朴正熙是"汉江奇迹"的开创者,在他执政的1961—1979年,韩国GDP(国内生产总值)保持了年均9.8%的增长,国民生产总值从25亿美元增加到385亿美元,韩国人均GDP从不足80美元增长至1600美元,出口年均增速达到40%。韩国不但在短期内实现了工业化,韩国人的精神世界也随之发生了巨大转变,从"东方隐士"迅速转变为极富进取精神的"亚洲小龙"。"二战"后的韩国,无论工业基础、资本还是高素质的人力资源都非常匮乏,之所以能够在短时间内实现跨越式发展,得益于朴正熙政府高效的国民动员。朴正熙向国民普及了"发展"理念,将韩国定义为"追赶先进国的发展国家"。自韩国走上工业化道路以来,这种国家认同深入人心。今天,韩国人认为自身是"刚跨入先进门槛的国家",或者说是"成功追赶先进国的国家",这种国家认同仍然在"追赶型发展国家"的延长线上。

本文将首先回顾朴正熙执政之初面临的国内外环境及其发展战略;

其次分析朴正熙执政前也就是李承晚政府时期韩国人的"国家认同";再次以朴正熙的总统演说文为依据,回顾朴正熙塑造"追赶型发展国家认同"的过程;最后分析朴正熙之所以能够成功塑造这一国家认同的原因。

一 朴正熙执政初期面临的困境及其国家发展战略

1946年,大韩民国成立,李承晚在美国支持下成为韩国第一任总统,韩国仿照美国建立起了宪政民主制度,但国家治理却非常混乱。1950—1953年,朝鲜战争爆发,韩国的工业基础受到重创,民生凋敝。

在经济领域里,李承晚政府缺少作为,民生未能得到改善。"二战"后韩国人均国民生产总值不足50美元,失业率高达80%。1953—1961年,韩国人均GNP(国民生产总值)平均增长率只有1%。在农村,一半以上的农户没能解决温饱问题。[1] 李承晚政府掌握了从日本殖民者手中接收的"敌财",这些资产规模占韩国总资产的70%—80%。李承晚以及执政党核心人物将这些"敌财"拍卖给亲信,从中牟取私利,造成了大量官员政客的腐败现象。与此同时,李承晚政府也接受了美国的大量经济援助,这些援助同样也吸引着商人们与助韩美军、李承晚政府进行权钱交易。

在政治领域里,李承晚政府与反对党之间不断展开激烈的政治斗争。知识分子也加入其中,他们的诉求是反腐败、反独裁。李承晚政府则将其贴上"亲朝分子""共产主义分子"的标签进行镇压。在野派政治人与知识分子持续组织反政府运动,终于在1960年推翻了李承晚政府。此后,张勉接替了李承晚,却也未能扭转混乱的政治、经济局面。1961年,韩国出现了严重的通货膨胀,粮食价格上涨,40%的劳动人口陷入失业状态,电力枯竭,而美国也不愿继续给予韩国无偿援助。[2] 这就是朴正熙发动政变之前韩国政治、经济面临的混乱局面。

---

[1] 赵利济主编:《韩国现代化奇迹的过程》,吉林大学出版社2006年版,第204页。
[2] 房宁等:《自由威权多元:东亚政治发展研究报告》,社会科学文献出版社2011年版,第98页。

朴正熙通过军事政变夺取了政权，其执政基础是军部精英，后来扩大到大资本家和国家官僚，也得到了美国支持。对于接受了西方民主思想教育的韩国知识分子而言，朴正熙获取政权的程序缺乏合法性。从阶层结构来看，朴正熙最初曾经考虑处置资本家们的"不义之财"，从而占据道义制高点，获取民众支持。但朴正熙最终还是选择把经济发展作为基本国策，转而与三星等企业联手，要求资本家们在政府指导下发展经济。1965年，朴正熙政府在国民反对声中与日本建交，其中一个重要原因也是韩国发展经济需要与日本合作。

如此一来，朴正熙政府丧失了道德高地，获得政治合法性的唯一途径就是发展经济。朴正熙上台后马上设立"经济企划院"，开始制定经济发展计划，走上了政府主导经济开发的道路。与李承晚、张勉政府不同，朴正熙政府经济发展的参照物是世界先进工业国家，其经济发展计划的核心是"赶超"而不是"均衡"。1962年，朴正熙政府出台了第一个"经济开发五年计划"，放弃了韩国一直以来以满足内需为目标的经济发展规划，提出要"先工后农"，追求高速的"非均衡增长"。1964年，韩国开始在"出口立国""出口第一"的口号下向出口企业提供各种优惠和鼓励政策。制定第二个五年计划时，韩国仍未完全解决温饱问题，但朴正熙政府依然着眼于世界市场进行了产业布局，将造船、电子、机械、钢铁、汽车、石化、原子能等重工业作为经济发展重点。[①]

要实现上述经济发展目标，对于自然资源、资本、高素质劳动力都非常匮乏的韩国而言，政府必须要获得全社会的认同，引导国民积极参与。然而反观当时的韩国，"发展论"还没有成为影响"国家认同"的主流话语。

二　李承晚时期的"国家认同"

历史上，东亚地区的"天下秩序"是一种文明的差序格局，与建立

[①] 房宁等：《自由威权多元：东亚政治发展研究报告》，社会科学文献出版社2011年版，第109页。

在民族国家概念基础上的现代国际社会完全不同，也就不存在现代意义上的"国家认同"。朝鲜半岛长期将自身视作"中华文化圈"的重要组成部分。甲午战争后，"天下秩序"崩溃，以"开化派"为代表的士大夫才开始观察世界。他们将西方视作"开化国"，将包括韩国在内的东亚各国视作"半开化国"，号召当时的朝鲜以欧洲为榜样进行变革。与此同时，"开化派"批判中国以及韩国的"事大主义"，"民族国家"的概念开始萌芽。但是，朝鲜半岛很快就沦为日本殖民地，在日本投降后才开始主动构建现代意义上的国家认同。

1946年韩国建国，其敌对面是同一民族但不同政治阵营的朝鲜，其同盟国是同一政治阵营但文化迥异的美国。在这样的情况下，韩国"国家认同"有了两个重要标签："反共资本主义国家"和"道德文明国家"。韩国学者分析了李承晚的总统演说词，指出其主要基调是"反共"。总统反复强调"自由民主主义国家"的优越性，强调韩国与美国之间的"血盟"关系。[①] 李承晚政府时期的国家权力有着"白色恐怖"的色彩，号召对朝鲜实施"北进统一"，并将韩国社会内部的工人运动、反独裁运动、民主化运动等都打上"通朝""赤色"标签进行镇压。

面对西方世界时，李承晚沿用了"文明"话语。"文明论"是"西欧中心主义"的产物，是19世纪到20世纪初西欧相对非西欧世界所占优势的话语体现。在李承晚政府时期，"发展论"已经在世界兴起，但李承晚在阐述韩国与世界的关系时主要使用的还是"文明论"。韩国学者分析李承晚的总统演说文后指出，李承晚政府把"文明"与"富强"两个坐标区别开来，承认西欧国家比韩国"富强"，但同时批判西方过度的物质主义。当时的社会舆论普遍认为，西方物质文明虽然给生活带来很多便利，但也带来了新的疾病、交通事故、人性沦丧、核武器等很多前所未有的问题。李承晚称西方"富强"的基础不是礼仪道德而是弱肉强食。在"文明"和"道德"的维度上，韩国更加悠久也更加高尚。与20世纪

---

① 金宗泰：《李承晚政府时期文明话语与先进国话语所体现的国家认同与西欧观：以"总统演说文"和"朝鲜日报"为中心》，《韩国社会学》第46辑第2号，2012年，第150—175页。

初把自身视作"半开化国"的士大夫相比,李承晚对韩国"文明性"的评价更高。这是因为欧洲发动的世界大战暴露了其贪婪和野蛮。①

三　从总统演说词看朴正熙 "追赶型发展国家"的话语构建

韩国学者金宗泰(音译)分析了"韩国国家记录院总统记录馆"收录的朴正熙总统的演说词,指出其演说词完全体现了"发展论"的话语体系。② 对不同时段的演说词进行再次整理分析后,笔者发现朴正熙在不同时间里对韩国的发展定义有所不同。随着国内外环境的变化,他先后强调韩国是"落后国家""追赶道路上成功的发展国家"以及"发展反共国家"。

首先,在朴正熙上台之初,他强烈否定韩民族的过去和现在,称韩国是"落后国家"。对于李承晚政府的"文明国论",朴正熙在1967年4月17日的"大田游说演说"中指出这是回避现实和自我陶醉:"我们不能像过去那样闭关锁国,做井底之蛙,自我陶醉于'东方宁静的早晨''东方礼仪之国'云云……"李承晚曾经批评西方"弱肉强食"的国际秩序,但朴正熙却承认"力量决定秩序"。朴正熙在1954年10月1日发表的题为"记住儒教的教训成为礼仪之国的国民"的讲话中称:"看西方历史,是战争的延续,战争不仅仅在欧洲持续也蔓延至东方。弱肉强食的禽兽们相互战争以决定兴衰存亡。这种祸端已经蔓延至东亚,东亚也将开始优胜劣汰,只有发挥自身实力碾压弱者的人才能够占领有利地位,这与儒家所讲的文明是背道而驰的。"对于韩国在"弱肉强食"的国际秩序中失败的历史,朴正熙在1967年11月30日的"第4次出口日纪念仪式致辞"中称感到羞耻:"回顾过去一个世纪的韩国历史,韩国人为什么

---

① 金宗泰:《李承晚政府时期文明话语与先进国话语所体现的国家认同与西欧观:以"总统演说文"和"朝鲜日报"为中心》,《韩国社会学》第46辑第2号,2012年,第150—175页。

② 金宗泰:《朴正熙政府时期先进国话语的兴起以及发展主义国家认同的形成:以"总统演说文"和"朝鲜日报"为中心》,《韩国社会学》第47辑第1号,2013年,第71—106页。

经历了那么多的耻辱……我们经常在竞争中处于劣势。在现代化道路上落后了，在生产产业革命中落后了，在普及教育方面落后了……"

在否定韩国历史的同时，朴正熙的世界观呈现出明确的由"落后国家""发展国家"和"先进国家"构成的差序格局。这里的"先进国家"是一个被观念构建而成的"他者"，这个"先进国他者"是韩国的发展方向。这是一种韩国人构建的"西方中心主义"，这种"韩国视角的西方中心主义"是根据韩国自身发展需求，选择性地将西方国家的历史经验和社会现象作为发展标准。时至今日，韩国在各个领域仍然习惯于将自身与"先进国家"相比较，在制定各种政策时也会首先参考"先进国家"的经验，从诸多"先进国家"经验中选取适合自身的制度。

其次，在承认韩国是"落后国"，并且构建出了"先进国他者"之后，朴正熙提出了"追赶论"。朴正熙自始至终反复强调"追赶"是韩国人的历史使命："今天我在这里要向国民们强调的是：'我们确实无能、落后，但我们在不远的将来将与先进国家比肩，我们会凭借自己的力量自立于世界，我们要有这样的梦想、自信和勇气'。"（1965年5月2日，"镇海第4肥料工厂竣工仪式致辞"）"在各种层面，国际社会都在迅速发展，但韩国经常落后一步、两步甚至十步……我们磨蹭一天就会落后1年。"（1967年11月30日，"第4次出口日纪念仪式致辞"）"韩民族应该从'非生产性的''前近代的''依附性的民族'变成'生产性的''近代的''自立的'民族。"（1965年5月16日，"5·16革命4周年纪念致辞"）

朴正熙称韩国人的"追赶之路"就是发展经济，是从"贫穷"走向"富有"："今天韩国面对的所有不安与混沌，从根本上看都源于贫困，这一点无须赘述。摆脱贫困、发展民生……民主主义的健康发展、福利国家建设、积蓄国力以实现统一，这些都取决于经济建设能否成功……今天我们站在历史的岔路口。我们是继续戴着落后的帽子、忍受着贫穷和屈辱彷徨不前，还是果断走出泥潭创造自由繁荣的新历史？"（1964年8月15日，"建国19周年贺词"）"我们现在正处于5000年民族历史的新转折点。我们要摆脱踯躅不前的泥潭，开启朝气蓬勃的发展之路。我们要扔掉落后的贫困的帽子，迈进独立自主繁荣富强的新时期。"（1965年

10月3日,"第4298周年开天节贺词")

朴正熙又指出,要在经济上赶超先进国家,方法是放弃所有不利于生产力增长的文化和制度:"所有传统的东西、守旧的东西、老朽的东西都应该经历现代化的改革。"(1969年8月18日,"韩国记者协会创立5周年纪念致辞")"那些迄今为止使我们的民族文化思想、教育、生活都病入膏肓的所有的错误都必须被果断清除……"(1965年10月9日,"韩字日谈话文")

朴正熙通过制定"经济开发五年计划"向韩国人展示了明确的"赶超日程表":通过第一个"五年计划"完成工业国家的基础建设;通过第二个"五年计划"基本实现工业化;通过第三个"五年计划"进一步实现工业化并开启"大量消费"时代。

随着经济开发计划的顺利实施,朴正熙不断调整韩国在发展道路上的阶序定位,而这种阶序变化也使得韩国民众更认同"追赶论"。第一个"五年计划"结束后,朴正熙称:"我们现在的经济计划可以比喻成一次旅行。大家可以想象自己正乘坐从木浦驶向首尔的列车,必须到达首尔才能成为富人。但是现在我们走到哪里了呢?……我的估算,现在我们大概到了驿里站……还要经过第三个'五年计划',火车才能跨过汉江大桥到达首尔。到那时候,我们都能过上好日子,成为富人,我们的国家将成为亚洲最先进的工业国家。到时候我们会跟日本比较,到底谁是第一……等第二个'五年计划'结束,我们的生活会比现在改善很多……之后我们再实施一次'五年计划'就可以了。那时候我们将完全成为现代工业国家,进入先进国家的行列。"(1967年4月18日,"全州游说演说文")"六十年代我们的经济通过第一个和第二个'五年计划'实现了世界上屈指可数的高速增长,我们已经奠定了工业国家、出口国家的基础。从今年开始我们实施第三个'五年计划',向中等发达国家迈进。"(1972年8月2日,"关于实施经济安全与成长紧急命令的特别谈话")可见,经济发展成就以及更加令人振奋的发展蓝图使得朴正熙得到了国民的支持。在1967年的总统选举和国会选举中,朴正熙及其政党取得了胜利。①

最后，朴正熙在构建"追赶型发展国家"的国家认同的同时，也强调"反共"意识形态。朴正熙称发展的目标是在与"共产主义朝鲜"的竞争中获胜，从而最终实现统一，我们可以将这种话语称为"反共发展主义"。这里的"反共"并不仅仅指向朝鲜，朴正熙沿用了李承晚时期的话语，把"反共"与"反独裁民主运动""劳工运动"结合在一起，从而使得"民主运动""劳工运动"都成为"发展"的对立面。如此一来，朴正熙政府可以用"发展认同"压制韩国社会的其他诉求。20世纪70年代，朴正熙政权开始面临危机。经济快速增长所伴随的发展不均衡问题开始出现。② 1969年，出现了反对朴正熙连任的"反改宪运动"；1970年，工人全泰壹为抗议恶劣的工作环境焚身自杀；1971年，发生了大规模的反独裁学生示威；1971年，朴正熙政府宣布国家进入"非常状态"；1972年，朴正熙政府对各种反对运动进行了更加强硬的镇压。面对"经济发展"与"政治民主化"两种需求之间的竞争，朴正熙一方面更加频繁地强调韩国经济发展已经取得的成就，呼吁韩国民众投入经济发展，号召国民暂且做出牺牲和忍耐，以期早日步入发达国家行列，之后再讨论分配和民主权力。另一方面，朴正熙给"反独裁民主运动""劳工运动"贴上"共产主义"标签，号召国民投入经济建设并赢得与"共产主义朝鲜"的竞争。

四 "追赶型发展国家"得到认同的原因分析

事实证明，"追赶型发展国家"认同的构建非常成功。这种认识不仅在现代化转型过程中，即便在今天也依然深刻影响着韩国人的国家认同。"追赶型发展国家"认同的构建之所以能够成功，韩国工业化转型的成功固然是重要原因，但韩国民众在看到发展成果之前就已经认同并积极参

---

① 洪硕律（音译）：《1960年代的韩美关系与朴正熙军事政权》，《历史与现实》第56辑，2005年，第272页。
② 赵熙延：《朴正熙时代的强压与同意：重新思考支配、传统、强压与同意的关系》，《历史批评》第67辑，2004年，第156页。

与其中，分析其原因，大致有以下几点。

首先，环顾世界，朴正熙上台后，"发展话语"已经是全球范围的主流话语。"二战"结束后，美国成为世界霸权国，欧洲在向外扩张时构建的"文明话语"被"发展话语"替代。在"发展话语"中，GDP成为衡量"先进"与否的主要尺度，西方工业国家依然位于发展阶序中的最顶层，但美国成为顶层中的核心。相比李承晚的"文明话语"，韩国的知识分子和媒体更容易受到"发展话语"的影响。在当时的"冷战"局面下，在美国与苏联争相对"落后国家"展开援助的情况下，国际社会上充斥着发展主义话语。

其次，朴正熙的"追赶型发展国家论"带有强烈的"民族主义"色彩。朴正熙用民族主义色彩的叙事方式，用最简洁的语言直接与民众沟通，这是他能够获得广大民众支持的重要原因。朴正熙称"工作""提升生产力""出口"就是"爱国"，将辛勤工作的韩国人称作"祖国重建的战士"。1965年，在一次对发电厂工人的讲话中，朴正熙说："你们不像别人那样把爱国挂在嘴上，而是在这深山中埋头建设，终于有了今天如此优秀的发电所，你们才是真正的爱国者。"1964年，朴正熙访问德国时特意看望为赚取外汇在德国工作的韩国人矿工和护士，与他们一起流泪唱国歌，这一场面更是被韩国人念念不忘，长时间激励着他们追赶先进国家的热情。第一个"五年计划"完成后，韩国走上了工业化道路，而占人口比例众多的农民却被边缘化，城市与农村的收入差距迅速扩大。为了得到农民的支持，朴正熙在1970年提出了"新农村运动"设想，着力改善农村的生活环境，为农业生产提供援助，并通过各种农村教育机构提升农民的文化素养。为了引导农民积极接受朴正熙的发展道路，朴正熙政府派大量知识分子和公务员在农村宣讲"新农村运动"，并且在"新农村运动"中给了农民以及农村自治组织很大的裁量权，政府将农业生产需要的技术、地方发展投资优先权以及农业资金的分配权都赋予了农村的行政管理组织。与此同时，政府提出了"过好日子吧"这样简单易懂的口号，使得"新农村运动"最终成为一场自下而上的农村现代化运动，同时也是一场农村精神革新运动。

最后，朴正熙的国家认同塑造与韩国人特有的文化心理"恨"

(Han)形成了共鸣。"恨"是悲哀、痛苦、怨恨、悔恨、自责等多种情感长期累积形成的一种心理状态,[①] 它不同于中国文化中的"仇恨"之"恨",其矛盾不仅指向施害者也指向自身,情感中不仅有愤怒还有妥协、期待、忍耐和自责。"恨"在韩国是广泛存在的社会心理体验,这与韩国近代以来长期遭受的苦难有关。自甲午战争以来,朝鲜半岛经历了诸多战乱和外交失败,最终沦为日本殖民地。"二战"结束后,朝鲜半岛无力掌握自身命运,被分割为南、北两部分,继而发生了同族相残的朝鲜战争。朝鲜战争结束后,韩国人面临的是家毁人亡、经济崩溃以及特权阶层的独裁和腐败。这些是造成韩国人"恨"这种"集体情感体验"的宏观历史背景。从上述关于"恨"的论述中,我们可以看到在朴正熙上台之前,"恨"的心理体验在韩国社会里已经达到高潮。此时上台的朴正熙批评韩国国家管理混乱、经济落后、国民精神颓废,使韩国人的自我认知跌入耻辱的谷底,最大限度地刺激了韩国人的"恨"。

不断积累的"恨"在找到排解出口时会转化为热烈的激情,韩国人称之为"神明"。"神明"原指巫婆在"跳大神"时陷入的一种极其投入、亢奋、忘我乃至灵魂出窍的状态,是韩国人疏解"恨"的最积极途径。"民众之恨"在特定历史社会条件下喷涌而出,就会变成社会变革最强劲的动力。朴正熙用简单明了的语言和清晰的发展规划指出了韩国人摆脱落后处境的出路,用民族主义色彩的话语不断刺激韩国人内敛的悲情,成功点燃了韩国社会心理中积蓄已久的希望改变自身命运的能量,结果造就了令世界惊叹的"汉江奇迹"。因此,一些韩国学者认为,朴正熙时代国家主导的经济开发并不是简单的独裁政权的计划式开发,而是自上而下的发展计划与自下而上的发展欲求相结合的结果。[②]

今天,随着韩国以及世界其他国家的不断发展,韩国人的国家认同也在不断变化。但朴正熙开启的"汉江奇迹"始终是韩国人最骄傲的记忆。韩国民众在这段历史中迸发出了极大的热情,也通过这段历史认识到自身的"勤奋、聪明、坚韧"。进入21世纪以后,韩国媒体进行的多

---

① 李圭泰:《韩国人的意识结构》,韩国 Shinwon 文化出版社1991年版,第28页。
② 崔长执(音译):《韩国民主主义的条件与展望》,韩国 nanam 出版社2001年版。

次问卷调查的结果都显示，在历任总统中，韩国人最认可的始终是朴正熙。① 今天，"成功追赶先进国家"的自豪感仍然是韩国人"国家认同"的重要组成部分。

（本文刊发于《中央社会主义学院学报》2020年第5期）

---

① 1998年《东亚日报》的调查结果显示，90.3%的被访者认可朴正熙政府在经济方面的成就；2002年《月刊中央》的调查结果显示，假设韩国既有8名总统同时参加竞选，朴正熙得到的支持率最高，为46.6%；2004年《朝鲜日报》的调查结果显示，在既有总统中，喜欢朴正熙的被访者最多，占47.9%；2005年《东亚日报》的调查结果显示，在历任总统中，认可朴正熙政府经济发展成就的被访者比例最高，占55.3%。

了不起的"岩仓考察团"

房　宁

日本是亚洲工业化、近现代化的领头羊。研究东亚乃至亚洲的政治发展自然要关注日本，关注日本则必然要进一步聚焦日本工业化现代化的起点——明治维新。在研究日本近现代政治发展史的时候，我们的目光被1871年日本派出考察欧美的一支使团——岩仓考察团所深深地吸引。

日本史上花得最值的一笔钱

在外来的压力下，日本被迫开启国门，实施变革。1968年引导日本实现工业化、近代化的明治维新拉开序幕。明治维新以向西方资本主义工业国学习为取向，正如明治维新纲领"五条誓文"中所言"求知识于世界，大振皇基"。但是，日本究竟应向西方世界学习什么，如何将学习所得应用于日本，以实现国家的振兴与发展，在当年是个大大的未知数。不仅如此，当时日本在学习西方的共识上，特别是效仿西方政治制度的共识上，对于如何具体地效仿西方建立新型制度却存在明显的分歧。事实上，国门初开的日本各界实际上对于西方，特别是西方不同国家的政治制度的功效以及差别，搞得很不清楚。

当时日本精英阶层中关于学习效仿西方体制主要分成了两派："民权论"与"国权论"。"民权论"者的基本主张和主要观点是建立民选议会制度。"国权论"者反对普选与议会制度，主张集中权力于中央政权，甚至主张主权在君。在两种分歧的倾向不断增长,而国家改革发展方向不明的情况下,在刚刚结束明治时代最初的行政改革"废藩置县"、政局稍定的情况下,日本便派出了一个高规格的大型使团考察欧美政治。

1871年底,明治政府派遣由右大臣岩仓具视为特命全权大使,参议木户孝允、大藏卿大久保利通、工部大辅伊藤博文、外务少辅山口尚芳四人为特命全权副使,及各部选派的官吏、随员共48人的大型使节团,出使美国和欧洲多国。随团出访的还有在华族和士族中选派的59名留学生。从1871年12月23日至1873年9月,岩仓使团先后访问了美、英、德等12个国家,使团停留时间最长的是美国,重点考察的则是英、德两国。岩仓使团的美欧之行,历经20个月,耗资百万日元,据说,占到当年明治政府财政支出的2%。其规模之大、人员之重要、历时之长、效果之显著、影响之深远,在日本历史上空前绝后,在世界历史上也可谓绝无仅有。

通过这次出使和考察,当时日本精英阶层中主流派形成了对西方政体的基本认识,并做出以学习德国为主的发展道路选择。此后,使团的主要成员岩仓具视、木户孝允、大久保利通和伊藤博文等人,均成为明治政府的当权派,最终主导了明治一代的日本政治。

让人赞叹的"岩仓眼光"

人们不应忘记,在岩仓使团出国考察的时候,日本施行变法维新不过短短的三四年时间。日本对于外界的了解极其有限,没有直接的认识,仅仅从为数不多的介绍西方的书籍上了解外部世界。尽管如此,这次为期一年多的考察却为改变日本命运、实现富国强兵找准了方向。应当说,那些第一次踏上西方世界的明治精英们,有着在今天看来都让人难以置信的敏锐眼光。

在无比敏锐的"岩仓眼光"注视下,日本的明治精英们有三点最重要的发现。

第一,确认了制度革新是实现富国强兵的关键。明治维新从一开始便将国家变革的重点放在改变国家的政治制度之上,而这次考察使明治精英们进一步确认，制度变革，特别是扩大社会自由和保障人民经济社会权力是赋予国家活力、富国强兵的关键。

第二，分辨出西方民主政体的不同类型。直至今日，在我们中国人心目中，外国常常是一个概念，许多知识分子至今还在笼统谈论西方或国外。而岩仓考察团在欧洲几个月的时间，便敏锐地发现和准确地判断出：当时的英国与德国实行的是性质与功能不同的两种政体。以选举为基础的英国议会制权力分散，内部牵扯甚多；而德国君主立宪制下，权力更加统一集中，效率更高。

第三，最为难能可贵的是，岩仓考察团不仅辨认出欧美不同类型的政体，而且结合日本需要做出了日本应以德国为效法的榜样的正确选择。日本开国后，在效法西方上面"民权派"与"国权派"争议的焦点在于明治维新要建立的新政体是实行分权还是集权。岩仓使团考察归来，岩仓具视、大久保利通和伊藤博文等逐步成为明治政府中的主流派、当权派，最终他们为"民权论"与"国权论"争议画上了句号。通过考察，这些明治时代的政治精英们认识到：德国作为欧洲的后发国家，需要相对集中国家权力，利用国家政权的力量集中推进发展，以更快速度赶上英国等先发国家。而显然德国的政体与制度更适合更加落伍和希望在亚洲追赶中国并称霸东亚的日本的国情和需要。

一百多年前，一次漂洋过海的考察，居然改变了日本的历史，也最终改变了亚洲的历史。温故知新，在举国致力于现代化的中国，在致力于建设"学习型国家"的中国，回顾和思考历史上日本工业化、近代化起步阶段的那样一次不同寻常的考察，可谓"别有一番滋味在心头"。

（本文刊发于《中国社会科学报》2011年10月20日）

"无责任政治"拖累日本

房　宁

日本又换首相了。这样的新闻似乎已经引不起人们多少关注了。过去十年里日本更换了七个首相，除去三连任的小泉纯一郎外，其余六位在任时间均为一年左右。再往前的一个十年，日本更出现过"十年九相"的状况。世人对日本走马灯似的政坛议论纷纷。近年来随着日本经济、社会积弊日深日显，日本政坛的走马灯现象受到了越来越多来自国内外的针砭、揶揄。在近年来我们所做的东亚政治发展研究中，不稳定的日本政坛是我们关注与研究的一个重点。

派阀政治产生弱相体制

宪政体制是政治体系最表层的结构。日本政坛频繁的政府（内阁）及首相更替，最表面的原因来自众议院多数党推选首相，首相从本党、本派众议员中组阁的宪政体制。日本的顶层政客是国会议员，尤其是众议院议员。顶层政客首先是议员，然后才是首相、大臣，不做首相、大臣了，还是议员。政客的身份、地位以及政治基础在于议员。

从表面上看，日本政客做议员事大，做首相、大臣事小，大家轮流坐庄过过首相、大臣瘾似乎挺自然。当然事情不会如此简单。真正决定日本政坛人事频繁更替的是宪政体制之下的"派阀政治"。西方政体中，政治家作为利益集团代表、代言人是普遍现象，但日本体制化的派阀政治却可谓登峰造极。日本议员一般都具有十分稳固的政治"基盘",一个政治家族、一种政治势力盘踞一地、占据一方的现象既古老又普遍。许多议员可谓"家族议员",即一个家族长期经营一方,在自己的选区中连续几代人当选,常常是选了爷爷选爸爸、选了爸爸再选儿子。如菅直人前的鸠山由纪夫前首相已经是家族的第四代议员了。他家的从政传统可追溯到明治维新时代。

由于长期稳固的政治经营,形成了以议员为核心的利益集团。议员与其背后的利益集团互为犄角,相互支持相互利用。因此,日本国会有"族议员"之说,即议员为某一地区或某一行业的特殊利益集团的政治代表。日本的"族议员"多不胜数。在"二战"后自民党长期执政的"55年体制"之下,众多的"族议员"会集于自民党旗下。自民党的执政力量来自这些"加盟""聚义"的议员及其背后的利益集团,但同时又要照顾这些"山头",形成了自民党的"分利政治"。首相、大臣就是自民党内派系政治交易和妥协的结果。既然首相、大臣产生于密室中的交易与妥协,自然就没有了一般两党制下的那种"赢家通吃"的气势和能力,政治决策、行动力较弱是必然的结果。

经济衰退雪上加霜

如果仔细观察,尽管日本派阀政治导致政府软弱,但政坛本也不应该像走马灯似的频繁更替。日本政坛走马灯与20年前日本泡沫经济崩溃以及20年来经济持续低迷、衰退直接相关。1985年,日、美、德等五国财长和央行行长制定"广场协议",迫使日元大幅升值,日元资产迅速膨胀,日本经济进入泡沫化状态。1992年,日本泡沫经济崩溃,引发严重衰退,当年日本GDP增长率仅为2.8%,为1955年以来最低。1993年,GDP增长率又进一步下降为0.9%,日本经济一片萧条。泡沫经济崩溃首先祸及日本经济界,企业和财团遭受重创。泡沫经济崩溃在政治上引起了一系列严重的连锁反应:陷入困境的经济界对于自民党的支持大幅度减少,而财源减少又使得原来靠雄厚财力普惠派阀的自民党领导层捉襟见肘,平衡利益关系能力大为下降,致使内部矛盾激化。内部矛盾激化则进一步导致执政党和政府能力的弱化，根本拿不出办法解决严重的经济问题。由此，形成了政治上的恶性循环。

在日本调研期间，当我们问到日本长期执政的自民党下台原因时，一位日本学者直截了当地答道："没钱了！"日本政坛的频繁更替现象与20世纪90年代以来的经济停滞、衰退是完全重合的。

"无责任政治"拖累日本

有一些不大了解日本的人说：瞧，日本首相频繁更替，社会不是还挺稳定吗？这真叫"站着说话不腰疼"。国际上的不满和嘲讽且不说，实际上最为不满、真正着急的是日本的政治家。他们最清楚长此以往日本会成什么样。

在日本政治家中，对"走马灯政治"感受最为痛切、最坚决主张改革的就是原自民党的"影子将军"、当今民主党实力人物小泽一郎。他从20年前就大声疾呼要改变日本的"无责任政治"。他在其系统论述改造派阀政治构想的《日本改造计划》一书中指出："日本战后政治一直无视或轻视多数决原理。由此产生无责任的政治。"他主张"必须有利于政党以政策竞争、以多数决原理推动政治"，"使最高领导者能够负责任地决定政策，使无谓分散的权力，无论在形式上还是实质上实行民主主义的集中化"。然而，20年过去了，小泽一郎没能改造派阀政治，自己反倒在其中被搞得遍体鳞伤。他唯一做到的是搞垮了自民党，自己却在新的执政党里当起了最大的派阀首领。

更为遗憾的是，小泽一郎所指出的那种"无责任政治"还在无情地削弱、拖累着日本。"无责任政治"显而易见的危害有两条：其一，派阀利益优先。各个派阀以及那些所谓"族议员"们，他们只能考虑自身利益。个别利益绑架整体利益，日本政坛逐步失去了以国家长远利益、整体利益为考量的政治决策机制和功能。其二，在派阀争斗、频繁换马的格局下，国家的政策失去统一性、连贯性。日本派阀政治格局下的政治家们沦为了一个个可怜的角色，终日周旋于各派"大佬"、掌门人之间，四面讨好，到处交易。特别是首相，他执政时间长短，在很大程度上并非取决于其工作及业绩,而主要看他的政治手段、看他的"平衡能力"。

不知不觉,在政治家们策划于密室之时、觥筹交错之间,日本的公共债务余额超过了GDP的200%,东海地震海啸引发的核泄漏不断漫延,日本经济再次面临衰退,日本主权债务评级下调,日本从世人眼里的"模范生"变成了英、美媒体揶揄的对象,他们甚至在讽刺本国的政治家时说:你们都快"变成日本人"了!

(本文部分刊发于《环球时报》2011年8月29日)

泰国的"政治家政治"与"企业家政治"

房 宁 周方冶

素有"微笑之邦"美誉的泰国,留给世人祥和与宽容的印象。但自2006年起,泰国陷入了持续不断的严重社会动荡。从唇枪舌剑到流血冲突,再到军事政变。近来泰国政局再起波澜,三年前被强行赶下台的原总理他信的胞妹英拉赢得了选举,夺回了曾属于她哥哥的总理宝座。人们关注泰国事态时常常感到某种异样与困惑,泰国政治有许多让人看不懂的地方,如,为什么以城市中产阶级为主的"红衫军"坚决反对代表新兴产业和主张对外开放的"开明"总理,甚至包围军事机关,要求军队发动政变推翻合法政府;又如,泰国最富有的资本家居然与贫困农民结成了牢固盟友。

泰国政治确有自己的特色,确有超出人们一般政治常识的地方。要想看懂泰国政治,一定要搞清楚泰国政治的一个背景性知识——"政治家政治"与"企业家政治"。

泰国政治的"剧场模式"

泰国政治的特色在于它的"政治家政治"与"企业家政治"的区别与相互争斗。何谓"政治家政治"与"企业家政治",要从泰国政治的"剧场模式"说起。

列宁讲过:政治是经济的集中表现。政治学的一般知识告诉人们,政治活动是以经济利益为基础的，进一步讲，政治活动乃至政治思想都受到背后某种经济利益的影响，甚至是支配。一般来说，政党、政治集团、政治家都是某种利益集团在政治活动中的代表。这种关系在当今世界的政治实践中是普遍存在的经验事实。如，在韩国政坛，"保守派"的背后是大企业财阀，而"进步派"则在很大程度上代表着城市工人阶级的利益。在中国台湾地区阵垒分明的"蓝""绿"对峙的背后，是本土新兴精英集团与外来精英集团。在一定程度上可以说，政治是"表"，经济是"里"；政治家在"前台"，而企业家在"幕后"。这是当今政治的一般模式。但在泰国，情况则有些特殊。

在泰国的政治体系中，国家权力结构与社会利益结构没有形成清晰可辨的对应关系，国家的政治行为背后的经济利益动机和影响不明显，政治权力的运行似乎很超脱。泰国的经济精英没有明确有力的参政行为，权力精英与经济精英关系疏淡。经济精英主要是通过依附于军人、政客集团，表达和实现自身的利益诉求。可以形象地讲，泰国政治是一种"剧院模式"——观众花钱买票看戏。泰国的"观众"们——泰国的资本集团、企业家群体以及其他社会阶级、阶层，"花钱买票"——出资、纳税，但他们对"剧情"——国家的政治活动基本上没有发言权，只有观看和喝彩的权利，他们是相当被动的角色。

"剧院模式"说明，在泰国，政治与经济在一定程度上是分离的，而政经分离是泰国的一种传统。早在曼谷王朝六世王时期，由于工业化和资本主义经济的初步发展，统治集团为了限制在经济上越来越成功的华人参与政治活动，就提出了政治与经济分离的原则，由此，开辟了泰国政治与经济分离的传统。

泰国的政经分离在排斥工商界的发言权的同时，在政治领域也造成了政党政治不发展。尽管1932年民主革命后，泰国就开始实行君主立宪的宪政体制，建立了议会制、普选制和多党制等西方式的政治制度。但长期以来，泰国的政党政治并未真正发展，政党及政党体制很不稳定，政党在国家政治生活的作用极其有限。另外，国家政权实际上掌握在国王、军队和一部分依附于国王和军队的政客手里，这种权力结构长期稳定地存在运行，在这个意义上，泰国政治可称得上是"政治家的政治"。

"企业家政治"冲击"政治家政治"

政治与经济分离是泰国社会的一种特殊现象。随着泰国经济、社会以及政治的发展，特别是在经济全球化日益促使泰国经济、社会更加开放的条件下，传统的政治与经济分离现象面临着严峻的问题与挑战。

2001年，泰国电信业巨子他信领导"泰爱泰党"在大选中获胜，他信出任总理。他信上台后实行了一系列经济、政治改革，对外推动泰国经济与国际接轨，进一步开放泰国市场；对内打破传统产业和资本集团的市场垄断，改革公务员制度，推进行政体制"扁平化"。他信的改革直接触犯了传统产业集团的利益，同时也引起了与传统产业集团关系密切的政治精英——政治家集团的不满。随着矛盾与冲突的不断升级，曼谷与传统产业集团关系密切，依附于政治家集团的中产阶级终于站了出来，组成了"黄衫军"，最终依靠军队的干预，推翻了他信政府。

他信被赶跑了，但他信却为泰国政治开辟了先河，留下了遗产。他信的执政及其改革，反映了泰国新兴资本集团不再满足于政治与经济分离条件下的"剧院模式"，希望通过政治参与，甚至直接掌握国家政权，实行改革，为其发展开辟道路。他信以他的改革和他鲜明的个性，改变了泰国资产阶级政治低调的传统，他信是掌握泰国经济命脉的资本集团的代表人物直接掌握国家行政权力的第一人。他信虽被赶下台了，但泰国的经济精英，特别是其中的新兴资本集团要求政治参与，要求掌控国家政治权力的行动趋势并没有改变和消失。他信的上台与下台只是这一趋势的开始。他信下台后，他的政党、他所属的阶层，以改革为号召，以资本为动力，终于动员起了泰国社会底层的"沉默的大多数"——贫苦农民，组成了"红衫军"，在希望通过政治变革改变命运的强烈愿望的驱动下进军曼谷，上演了数十年来泰国最严重的政治冲突，从而改变了世人眼中的那个宁静的美丽"佛国"的印象。

在沉寂了三年后，他信当年领导的"泰爱泰党"改头换面为"为泰党"，在他妹妹的带领下卷土重来，再次夺回了政府主导权，他妹妹也成为泰国历史上第一位女总理。今后的泰国究竟是"企业家政治"最终取代"政治家政治",还是继续保持"政治家政治"的传统,争斗未有穷期。

(本文刊发于《中国社会科学报》2011年12月1日)

"泰式民主"的转型困境*

周方冶

2005年以来，泰国政局持续动荡，多次引发街头流血冲突，并导致2006年与2014年两次军事政变。2019年，军人集团"还政于民"举行大选后，保守阵营依托2017年宪法的制度安排，促成政变领袖巴育连任总理，造成政治反对派特别是新生代群体普遍不满。2020年2月，随着第三大党新未来党被宪法法院判决解散，网红政客塔纳通等被禁止从政十年，泰国新生代的不满情绪被彻底引燃，在军政府高压下维持了数年平静的曼谷街头再次迎来沸反盈天的反政府示威集会，示威人群甚至公开提出"改革君主制"诉求，斗争矛头直指"国王权威"的政治高压线。

泰国政治日趋极化，根源于20世纪90年代以来国家发展道路的转型困境，即原有的"经济—政治—意识形态"一致性难以维系，但新的三角平衡又未能及时重塑。这使得新兴政治力量与既得利益集团的结构性张力始终得不到有效舒缓，社会裂痕持续扩大，政治对立与冲突不断升级。2016年拉玛九世驾崩，严重冲击了既得利益集团的"泰式民主"意识形态根基，导致保革斗争从经济和政治领域延伸到意识形态领域，泰国发展道路面临"经济—政治—意识形态"三大支柱整体重塑的百年未有之大变局。

---

* 本文是2020年国家社科基金重大项目"印太战略下'东盟中心地位'重构与中国—东盟共建'海上丝绸之路'研究"（项目编号：20&ZD145）的阶段性成果。

一 泰国近代以来发展道路转型的历史进程与挫折

作为后发展国家,泰国在19世纪末到20世纪末的一百多年里,书写了东南亚国家中颇显亮丽的现代化答卷。泰国不仅是东南亚地区唯一的非殖民地国家,而且较平稳地达成了从传统封建王朝到现代民族国家的转型重塑,并实现了从传统农业国到新兴工业化国家的跨越式发展,甚至一度被誉为"四小虎",尽享"百年国运"。在此期间,泰国为应对危机与挑战,曾先后进行过三次发展道路转型。

第一次是19世纪末到20世纪初以"朱拉隆功改革"为标志的君主专制道路,使泰国(旧称"暹罗")从松散的封建分封过渡到中央集权的君主专制,并在此基础上摆脱了前现代的封建经济束缚,为近现代资本主义发展开辟了道路。第二次是20世纪前中期以"民党革命"为标志的现代民族国家改造道路,使泰国在国有工业化建设的经济基础上形塑了当代"泰人特性"的社会文化根骨。第三次是20世纪中后期以"五年计划"为标志的跨越式发展道路,使得泰国在进口替代到出口导向的适时调整过程中,有序完成了现代化起飞的战略目标。

20世纪末,随着"冷战"结束,泰国开始了第四次发展道路转型。相较于前三次,泰国此次转型的危机性与紧迫性相对较低,但是风险性与复杂性却犹有过之。究其原因,主要是随着泰国跻身中等收入国家行列,作为后发展国家曾拥有的后发优势不再明显,跨越"中等收入陷阱"又缺乏成例可循,唯有以挫折与失败为代价,在摸索中重塑契合本国国情的"经济—政治—意识形态"协调关系。泰国在20世纪末21世纪初先后经历了两轮尝试,但都以失败告终,并付出惨痛代价。

20世纪90年代,泰国在城市中产阶级推动下开启了第一轮尝试,试图"照搬照抄"西方自由民主体制,指引本国的发展道路转型。

在经济领域,面对全球化的机遇与挑战,泰国选择了全面自由化道路。泰国"七五计划"(1992—1996年)反复强调"自由化",要求从资本市场,到工农业生产,到基础设施建设,再到社会服务等,都要积极落实自由化改革举措,放松政府监管,利用市场力量进行资源更有效配置。[①] 但是,泰国知识精英曾寄予厚望的全面自由化道路非但未能解决"增长方式存在结构性失衡,尤其是城乡地区贫富差距、基础设施建设瓶颈、储蓄与投资缺口、自然资源与环境恶化等"发展问题,[②] 反而在经济脱实向虚的金融泡沫化过程中,引发1997年亚洲金融危机的沉重打击。

在政治领域,全面西化的"选举民主"成为城市中产阶级为泰国社会提供的首选方案。通过1992年"五月流血"民主运动,城市中产阶级迫使国会通过宪法修正案,增补规定"内阁总理必须是选举产生的众议院议员",使得陆军司令无法再把持总理宝座,剥离了军方对行政权的长期掌控。但是,随着军人集团退出政治舞台,20世纪90年代的泰国政坛开始为地方豪强把持,曾经井然有序的行政管理体系在中小政党政争中变得混乱无序。从1992年到1997年,泰国接连更迭四任总理,执政最短的仅一年,严重影响国家政策的有效性与执行力,并在很大程度上直接导致了亚洲金融危机率先在泰国爆发。

第二轮尝试则始于政治领域的制度改革与创新。1997年,泰国颁布了被誉为"民主里程碑"的新宪法,在公民权利对国家权力的制约、地方自治对中央集权的分化、立法权与行政权的平衡,以及独立监督体系的创制等方面,都进行了修正、完善与创新,[③] 尤其是废止参议员任命制度,进一步限制了以王室—保皇派、军人集团及曼谷政商财阀为核心的保守阵营"铁三角"的干政能力,并为新兴资本集团特别是他信派系的强势崛起铺平道路,使其在很大程度上成为第二轮尝试的主导力量。

相较于第一轮尝试的普遍改革共识,第二轮尝试从一开始就未能在道路选择上达成一致。究其原因,是在经历了亚洲金融危机后,经济增

---

① "The Seventh National Economic and Social Development Plan (1992–1996)", National Economic and Social Development Board, Office of The Prime Minister, Bangkok, Thailand, 1991, pp. 13–14, pp. 2–5.

② "The Seventh National Economic and Social Development Plan (1992–1996)", National Economic and Social Development Board, Office of The Prime Minister, Bangkok, Thailand, 1991, pp. 13–14, pp. 2–5.

③ 周方治:《泰国宪政体制多元化的进程、动力与前景》,《南洋问题研究》2013年第4期。

长放缓，不再拥有 90 年代相对宽松的"增量改革"环境，特别是在对经济走势缺乏信心的情况下，各派政治权力集团都无意在"存量改革"下做出不利于己的实质性让步。这就引发了第二轮尝试中"充足经济"道路与"他信经济"道路的理念分歧。

其中，前者是已故国王拉玛九世倡导的理念，重视自力更生，规避全球化风险，提倡渐进式结构调整，强调以传统文化建设缓和社会矛盾，得到城市中产阶级以及保守阵营"铁三角"支持；[1] 后者是前总理他信奉行的政策，重视对外开放，主张积极应对全球化机遇与挑战，提倡惠民政策，保证中下层群体公平分享社会发展红利，有效弥合社会差距，得到新兴资本集团与农民群体等革新阵营拥护。[2]

得益于 1997 年宪法的选举制度改革，他信派系在新兴资本集团"资金"与中下层群体"选票"有效结合的基础上，形成了压倒性的选举优势。于是，尽管从官方话语来看，从他信首次出任总理时签发的"九五计划"（2002—2006 年）开始，"充足经济"就一直在五年计划中被列为国家社会经济发展的指导原则，[3] 并于 2007 年被正式写入宪法，但在国家决策过程中，无论是他信（2001 年 2 月至 2006 年 9 月），抑或他信密友沙玛（2008 年 1 月至 2008 年 9 月）、他信妹夫颂猜（2008 年 9 月至 2008 年 12 月），以及他信幺妹英拉（2011 年 8 月至 2014 年 5 月）执政期间，贯彻落实的都是"他信经济"理念。

他信派系主政期间，泰国经济基本保持上升态势，人均 GDP 从 2001 年的 1893 美元增加到 2013 年的 6168 美元。但是，"他信经济"道路的改革举措影响到保守派的既得利益，并最终引起了后者的强烈不满与政治反弹。同时，泰国长期奉行"重城市，轻农村"政策引起的城乡分化、地区分化、贫富分化问题，也在"挺他信"与"反他信"的政治冲突中

---

[1] 周方冶：《全球化进程中泰国的发展道路选择——"充足经济"哲学的理论、实践与借鉴》，《东南亚研究》2008 年第 6 期。

[2] 李峰：《他信经济学及其对后他信时代泰国经济政策的影响》，《南洋问题研究》2009 年第 4 期。

[3] "The Ninth National Economic and Social Development Plan (2002 – 2006)", National Economic and Social Development Board, Office of The Prime Minister, Bangkok, Thailand, 2001, pp. 1 – 2.

日渐激化，并演变为以外府农民为主的革新阵营"红衫军"与以曼谷中产阶级为主的保守阵营"黄衫军"之间的持续性街头对抗，甚至多次爆发大规模街头流血冲突，造成上百人死亡、数千人受伤的政治惨剧。从2005年到2014年的持续冲突，使得泰国社会的各派力量都难以独善其身（见图1），即使是长期秉持中立的司法官僚也开始出现"司法政治化"现象，① 其成为保守阵营的重要政争手段。

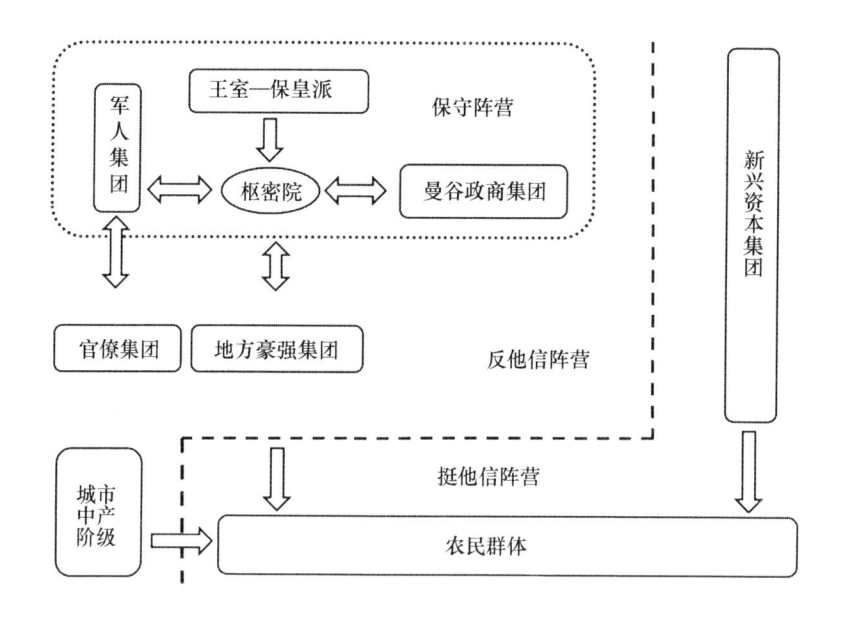

图1　泰国"政治分化"示意图

二　泰国当前发展道路转型的意识形态困境

随着2014年巴育政变上台，第四次发展道路转型的第三轮尝试在保守阵营主导下起步。在军政府掌权的五年间，保守阵营从制度建构入手，对国家发展道路进行了有利于保守阵营的设计与安排，但同时也在一定

---

① ［英］邓肯·麦卡戈、杜洁、杨茜：《关于泰国司法化的诸种不同观念》，《东南亚研究》2015年第5期。

程度上兼顾革新阵营的利益诉求，试图以中间道路弥合保守与革新的社会裂痕。

在政治领域，保守阵营通过颁行 2017 年宪法，全面恢复了参议员任命制度，并取消了"总理必须为民选众议员"的限制条款，从而为"铁三角"重返政坛铺平道路。在经济领域，保守阵营通过《国家 20 年发展战略规划》确立了"充足经济"道路指导原则，但在具体的政策制定与执行层面，还是参照了"他信经济"道路的利益诉求，不仅推出了"公民国家"（Pracharat）的民粹主义福利政策，[①] 以提高中下层群体的生活水平与生产能力，而且在对外开放特别是搭乘中国经济"顺风车"方面采取积极主动立场，并取得了显著成效。巴育军政府掌权期间，泰国社会经济保持平稳增长，人均 GDP 从 2015 年的 5840 美元增至 2019 年的 7806 美元，年均增长超过 8 个百分点。这也是保守阵营对第三轮发展道路转型尝试颇具信心的重要原因。2019 年军方"还政于民"后，巴育如愿连任总理，但迎面而来的却不是国家发展道路步入正轨的井然有序，而是相较于第二轮尝试"红黄分歧"更为严峻的政治极化格局（见图 2）。

在 2020 年的极左翼政治运动中，泰国新生代群体公开提出了"改革君主制"的政治诉求，从而跨越了上一轮政治动荡的冲突界限，首次将事关国体的根本性问题纳入公众视野，使得长期存在的"反君主制"议题不再局限于极少数知识精英与异见人士，而逐渐成为新生代激进分子的常态化话语表达。这一转变所折射的是在第三次发展道路转型过程中形成的"泰式民主"官方意识形态正随着拉玛九世驾崩而日益空心化，难以继续为"铁三角"提供干政合法性来源。

（一）传统"曼荼罗式"的"泰式民主"意识形态

"泰式民主"观念于 20 世纪 60 年代由军人威权领袖沙立首次提出以来，一直是泰国官方意识形态的最核心要素。其中，最具概括性的表述

---

① Thorn Pitidol & Weerawat Phattarasukkumjorn, "Pracharat Welfare Depoliticises Thailand's 'Political Peasants'", *New Mandala*, No. 29, 2019.

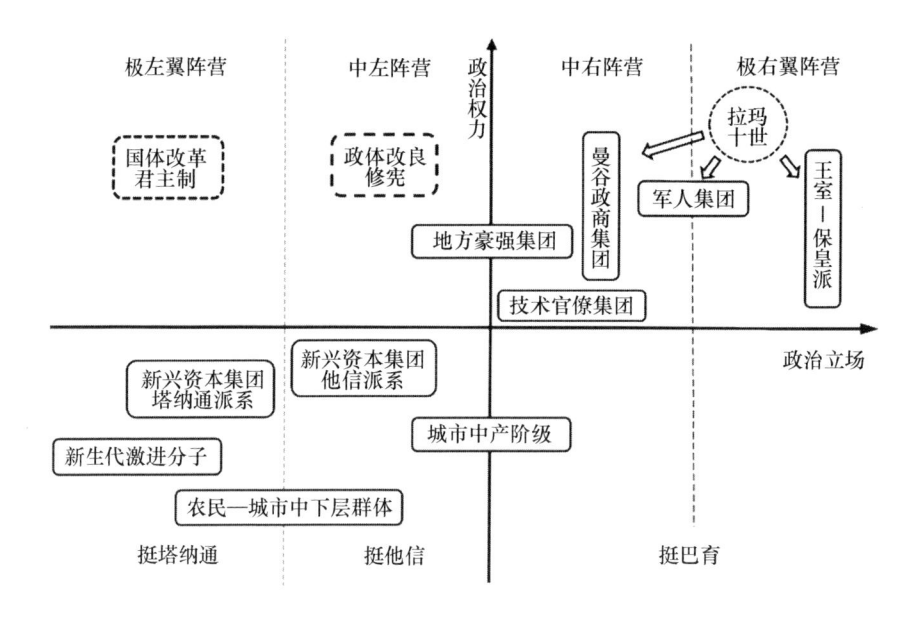

图 2　泰国"政治极化"示意图

方式是泰国宪法中明确规定的"以国王为元首的民主体制"。① 这一表述并不是通常意义上"君主立宪制"的泰国式修辞，而是对于"王室民主"的"有效委婉表述"。② 其本质上印刻着传统"曼荼罗式"政治理念，具体表现在以下方面。

第一，作为先验性的权威核心，国王拥有至高地位与裁判权。"泰式民主"源于泰国数百年一脉相承的"君父权威"。在第一次发展道路转型过程中，王室—保皇派将传统王权的神圣性与权威性嵌入方兴未艾的民族主义思潮，构建起"民族、宗教、国王"作为立国三原则，从而确立了君主专制正当性，并顺势将当时政治光谱上极右翼的保守势力贵族—官僚集团彻底扫进了历史垃圾堆。

在第二次发展道路转型过程中，尽管民党领袖銮披汶建立起威权统

---

① 金勇：《以国王为元首的民主制：当代"泰式民主"的文化建构》，《东南亚研究》2018年第2期。
② Thongchai Winichakul, "Thailand's Hyper-Royalism: Its Past Success and Present Predicament", Singapore: ISEAS-Yusof Ishak Institute, 2016, No. 7, p. 4.

治，并不遗余力地打压王室—保皇派，但在意识形态方面却并未另起炉灶，而是采用了鸠占鹊巢的策略，试图以"领袖"观念取代"国王权威"。对此，銮披汶辩称：适逢乱世，泰国虽有"民族、宗教、国王以及宪法，但民族尚未真正成形，宗教已失去信徒尊崇，国王是仅能在相片上看到的孩子，宪法不过一纸空文。国家正面临缺乏凝聚力核心的艰难时刻"，故要追随总理。[①]

在第三次发展道路转型过程中，军人集团虽然依托武力掌握了政治主导权，但其领袖沙立无论资历还是能力都不及前辈銮披汶，难以承继"领袖"观念，因此通过"泰式民主"回溯"国王权威"，依托军人集团与王室—保皇派的政治联盟，为其提供执政合法性来源。于是，从20世纪60年代开始，泰国甚至国际社会都耳熟能详的场景是政变领袖手持国王御令，宣称已拥有合法性授权，将代行国事以保证社会公平正义得到有效贯彻落实。

第二，呈现从中心到边缘的等级分化，社会各阶层尊卑有序各安其分。作为东南亚唯一的非殖民地国家，泰国社会并未经历以土地改革为表征的根本性冲击与结构性裂变。虽然泰国较稳妥地完成了从传统农业国到新兴工业国的经济社会转型，但传统社会结构与意识形态依然根深蒂固，并在政治上保留着明显的封建"庇护制"残余，强调"上位庇护者对下位追随者恩赏关照，以及下位追随者对上位庇护者拥戴顺从"。这不仅在根本上阻碍了泰国现代政党制度的有效运作，而且在"网络君主制"体系下，[②] 形成了以国王为核心的保守阵营"铁三角"。事实上，无论是在第三次发展道路转型过程中依托国王权力庇护成长起来的曼谷政商财阀，抑或在拉玛十世继位后形成的极右翼阵营，都在努力靠近"国王权威"，以攫取更高地位与更多资源。

第三，存在精英阶层的政治妥协，有助于体现协商式"民主体制"。

---

① 参见泰国政府内阁会议备忘录，20/2485，1942年4月25日，转引自 Kobkua Suwannathat-Pian, *Thailand's Durable Premier: Phibun through Three Decades 1932–1957*, Oxford University Press, 1995, p. 72.

② Duncan McCargo, "Network Monarchy and Legitimacy Crises in Thailand", *The Pacific Review*, Vol. 18, No. 4, 2005, pp. 499–519.

从传统"曼荼罗式"的同心圆结构来看,除了"国王权威"的中心恒久不变,其他各阶层都具有一定流动性,会根据彼此势力变化调整上下尊卑关系,并在此基础上重塑与"国王权威"的远近亲疏关系,厘定新的社会地位与政治版图。

事实上,无论 20 世纪 70 年代初的"三年民主实验",还是 1992 年的"五月流血"民主运动,如果仅就结果而言,都不过是政治权力结构的等级重塑。前者从根本上改变了曼谷政商财阀对军人集团的政治依附,使之成为"铁三角"的对等合作者;后者则是为地方豪强集团入主中央铺平了道路。

(二)难以与时俱进的"泰式民主"意识形态

经过保守阵营数十年的持续话语建构,"泰式民主"作为第三次发展道路转型过程中的意识形态共识,曾被"冷战"时期成长起来的一代人视为理所当然。1992 年"五月流血"民主运动中,随着军人领袖素金达与民运首领占隆皆匍匐于拉玛九世脚下、恭受教诲并幡然醒悟握手言和的影像传遍寰宇,"以国王为元首的民主体制"的优越性也成为毋庸置疑的先验典范。然而,这种个人化、等级化、精英化的官方意识形态依然是特定时期的政治产物,具有相当大的历史局限性。

1. "泰式民主"话语不再受到西方青睐

"以国王为元首的民主体制"本质上是"冷战"产物。"二战"后,泰国王权影响力曾一度跌入谷底。事实上,如果不是美国基于"冷战"需要,认为传统主义比民主主义更适合在中南半岛抵制共产主义,那么,泰国王室—保皇派很可能会在第三次发展道路转型过程中被彻底"去政治化"。"冷战"结束后,美国开始转向"自由民主"的价值观外交,从而使"泰式民主"失去美西方青睐,日益成为被抵制的非普世价值异端。

"冷战"期间,保守阵营压制极左翼共产主义势力时曾得到美西方力挺,但当前巴育政府在打压极左翼阵营时,面对的却是来自美西方的斥责威胁。在塔纳通接受司法审查时,美西方驻泰使领馆官员公然前往法院为其站台助威,而在宪法法院判决解散新未来党之后,美国与欧盟等西方势力更是公开发声干预。

2. "中等收入陷阱"使精英失去协商意愿

20世纪60年代到90年代,泰国经济社会总体上持续处于高增长状态,人均GDP翻了四番,因此对当时的精英阶层而言,达成妥协的空间相对宽松。但在1997年亚洲金融危机以来的20多年里,人均GDP仅增长一倍多,存量甚至减量改革的背景严重抑制了各方达成妥协的可能性。

当前泰国大批新生代群体走上街头,很重要的原因就是对前途失去信心,面临毕业即失业或是长期打零工的无保障状态,这在20世纪70年代初曾一度出现,并引发了1973年大规模民主运动,直到泰国基本达成"进口替代"到"出口导向"的战略调整,经济社会恢复增长态势,新生代群体的政治化现象才得到有效缓解。

3. 拉玛九世驾崩使参照系锚点"空心化"

对于"曼荼罗式"传统意识形态而言,"国王权威"的锚点作用极为关键,因为其他部分都必须以此为参照系确立彼此亲疏远近与上下尊卑,保证权力有序运行。不过,"国王权威"并不是自然而然的血脉产物,而是长期经营的公关结果。

传统上,泰国的"国王权威"主要源于"神王"和"法王"两个方面。前者源自婆罗门教信仰,认为国王是神明化身,"王之所以为王,因其生而为王",其统治合法性在于血统的神圣传承;后者源自上座部佛教信仰,认为国王是功德凝聚,"王之所以为王,因其德行最高",其统治合法性在于国王对"国君十德"——仁慈、道义、慷慨、公正、恭顺、自制、无愤、非暴力、宽容、无碍——身体力行。为此,拉玛九世在位期间,言行举止无不遵从"国君十德",尤其是数十年如一日坚持访贫问苦,并持续设立"王室项目"促进边远乡村农业开发,甚至获得了国际国内公认的"农民国王"美誉。

"冷战"后尤其是亚洲金融危机以来,"泰式民主"基本仰赖拉玛九世个人权威支撑以保持惯性运作。2016年,拉玛九世驾崩使得"泰式民主"彻底失速,并开始摇摇欲坠。尽管拉玛十世继位在形式上满足了"国王权威"对"神王"方面的要求,但长期旅居德国且品行与先王相去甚远的拉玛十世,很难在互联网时代再次营造"符合传统想象的君父形象"进而弥补"法王"方面的"空心化"问题。

三 百年变局：泰国发展道路转型的挑战与机遇

回顾泰国过去20年的国家发展道路转型进程，不难看出其愈陷愈深的现实困境。第一轮尝试的挫折源于经济领域的方向性错误，结果失去了转型的机遇；第二轮尝试的动荡则在经济领域的改革路线分歧上，叠加了新旧权力集团的政治斗争，结果撕裂了转型的社会基础；第三轮尝试面临的困境更为严峻，不仅未能有效化解此前遗留的经济与政治领域问题，而且进一步叠加了意识形态危机。

类似的困境从未出现在此前百年的泰国发展道路转型过程中。事实上，尽管前三次转型也都是在内外交困的情势下被迫进行的破旧立新，但原有的"经济—政治—意识形态"一致性架构从未同时崩塌，主导发展道路转型的政治力量能有所依凭，无须面对三大支柱整体重塑的不确定性风险。

例如第一次发展道路转型过程中，王室—保皇派着力于与民族主义思潮相融合的"国王权威"意识形态，并在此基础上推动改良运动，从而瓦解了封建经济体制，并彻底清洗和改造了贵族—官僚集团，构建了以王室—保皇派为核心的政治权力结构。第二次发展道路转型过程中，虽然"国王权威"意识形态被大幅弱化，难以为转型提供支撑，但民党军官派领袖銮披汶在军人集团支持下执掌泰国最高权柄长达20年，有效保证了军人集团主导下的政治权力结构稳定，使其能较从容地进行现代民族国家的经济建设与社会文化改造工作。第三次发展道路转型过程中，泰国在经济领域进行了两次重大调整，先从国有工业化转到民营进口替代，而后又转到外向型产业升级，并在轻工业基础上稳步推进了重化工业发展。但是，经济领域的转型试错很大程度上得益于"泰式民主"意识形态与保守阵营"铁三角"政治主导地位的双重稳定性。事实上，如果不是借助"冷战"的时代背景以及西方对"反共"的政治支持，保守阵营"铁三角"很可能无力保持对左翼力量的高压态势，更遑论在此基础上推动转型，甚至将转型成本转嫁给中下层群体。

从目前来看，泰国保守阵营正在以"亲民"形象重塑拉玛十世的

"国王权威",虽初见成效,但要借此提振"泰式民主"意识形态,并将之作为第四次发展道路转型第三轮尝试的着力点却缓不济急。随着极左翼运动在西方价值观外交支持下的日趋扩大化与常态化,"泰式民主"意识形态很可能在相当长时期内都处于下行通道,难以为保守阵营推动发展道路转型提供有力支撑。

对泰国而言,如果要避免发展道路转型的无序竞争与错位漂移,就有必要在"经济—政治—意识形态"架构下首先锚定其中一点,通过试错和妥协构建具有内在一致性的三角架构。泰国在过去百年中,率先锚定的是政治权力结构或传统意识形态,但在当前国际国内形势影响下很难依循旧例。

不过,中国经济发展的"顺风车"效应为泰国发展道路转型的困境破局提供了重要的时代契机,使其有可能率先锚定经济发展模式,并以此为着力点,再次营造"增量改革"的宽松环境,从而有序推进政治权力结构调整与意识形态重塑进程。为此,巴育政府在《国家20年发展战略规划》的工作落实中努力对接中国"一带一路",不仅积极推进中泰高铁合作项目,着力打造中国—中南半岛经济走廊的交通大动脉,而且反复强调泰国东部经济走廊与中国粤港澳大湾区的有序对接,以期在中国双循环建设中抢占先机。但是,中美战略博弈的国际与地区大趋势,却为泰国搭乘中国"顺风车"蒙上挥之不去的阴影。2020年初,在泰国国会不信任辩论中,以塔纳通派系为代表的政治反对派就明确提出,巴育政府对华合作有可能损害国家利益,应当暂缓并予以检讨。[1]

今天,泰国正面临"百年未有之大变局",是否以及能否借助中国复兴大势,延续其近现代发展道路连续三次成功转型的"百年国运",将成为考验当代泰国政治精英眼光与手腕的历史问卷。

(本文刊发于《文化纵横》2021年第4期)

---

[1] Aekarach Sattaburuth, "Govt Too Submissive to China", *Bangkok Post*, February 26, 2020.

马来西亚政治转型困境的动因及其前景

许利平

自 2018 年大选以来，马来西亚政治转型存在着政治稳定性脆弱困境。这种困境是马来西亚多重矛盾长期积累的结果。在新冠肺炎疫情叠加的背景下，马来西亚政治稳定性愈显脆弱。马来西亚是高质量共建"一带一路"重要国家之一，深入剖析当今马来西亚政治转型困境的动因并分析其前景，有助于我们有效防范"一带一路"重大项目在马来西亚建设的各种风险，更好地促进中马全面战略伙伴关系，共同构建中国—东盟命运共同体。

"多党鼎立"的政治格局孕育着诸多不稳定性

自 1957 年独立以来，巫统以"一党独大"率领多党联盟执政 61 年，保持马来西亚政治相对稳定，经济持续高速增长，成为亚洲较早迈入中等收入国家行列的国家之一，曾被国际社会誉为伊斯兰世界中的现代化成功的典范。2018 年 5 月 9 日，反对派联盟——希望联盟出人意料地在大选中击败了以巫统为核心的执政联盟——国民阵线，导致巫统失去了国会中"一党独大"的地位，成为马来西亚政治转型中最大的"黑天鹅事件"。从此，马来西亚进入了"多党鼎立"的政治格局。

在"509 大选"中，希望联盟获得国会下议院 113 个议席，攫取执政权，马哈蒂尔则是以 92 岁高龄二度执政。希望联盟由土著团结党、人民公正党、民主行动党、诚信党以及沙巴民族复兴党等组成。希望联盟上台伊始，首要任务是打击贪污腐败，效果显著。比如彻查"一马公司"腐败案，重整反贪委员会，调查联邦土地发展局、朝圣基金等丑闻，并要求内阁成员申报财产等。根据透明国际发布的全球廉洁指数，2019年马来西亚排名上升10位，在180个国家中居第51位。①

希望联盟执政一年多来，许多竞选承诺没有兑现，反而选民所关注的议题呈现恶化的趋势。在竞选中，希望联盟曾"承诺百日十大新政，五年六十大承诺，然而执政后，承认华文独中统考文凭、废除南北大道通行费等诸多方面却迟迟难以落实，引起了选民极大不满"②，其支持率不断下滑。根据马来西亚民意调查机构的调查，"在希望联盟执政的702天中，556项具体承诺仅完成了26项（5%），122项开始实施（22%），397项（73%）尚未启动"③。大选承诺大部分没有落实，一方面在于希望联盟在大选中许下了不可能兑现的承诺，旨在拉拢选民；另一方面，虽然马哈蒂尔本人具有丰富执政经验，但内阁中的绝大多数部长没有执政经验，应对国内问题，仍然以反对党身份处理，过于纠缠政治细节，忽视政府部门之间的协调与配合，造成朝令夕改，效率低下。

人民公正党的内讧为希望联盟垮台埋下了伏笔。2019年人民公正党主席安瓦尔与署理主席阿兹敏矛盾公开化。2019年6月，阿兹敏被曝卷入性爱光碟丑闻，警方立即开始调查。安瓦尔指出，如果性爱光碟属实，阿兹敏必须辞职下台。随后，27名支持阿兹敏的人民公正党领袖联署炮轰安瓦尔。7月，在国会走廊阿兹敏公开批评安瓦尔，两人矛盾加剧。12月，阿兹敏派系集体缺席人民公正党大会。

与此同时，当时反对党巫统与伊斯兰党不断走近，加强合作，为未来执政奠定基础。2019年9月，两党签署《全国共识合作宪章》，达成五点共识，强调马来语、伊斯兰、马来苏丹主权、马来人和土著的特殊地位。在此前后，两党还在议会补选中相互合作，并取得不错成绩。

---

① 参见 https：//www.transparency.org/en/countries/malaysia，2021-01-15。
② 傅聪聪：《2019年马来西亚政治形势》，载苏莹莹、翟崑主编《马来西亚蓝皮书：马来西亚发展报告（2020）》，社会科学文献出版社2020年版，第31页。
③ "The Harapan Tracker"，https：//harapantracker.polimeter.org/，2020-04-05。

权力交接成为压垮希望联盟的导火索。2018年大选前,希望联盟达成共识,如果大选获胜,马哈蒂尔先担任总理两年,两年后将总理职位转让给安瓦尔。马哈蒂尔二度上台后,虽然承诺移交权力,但对交权细节避而不谈。面对马哈蒂尔的态度,人民公正党高级领袖公开炮轰马哈蒂尔,要求他按时交权。马哈蒂尔误判形势,以为绝大部分国会议员支持他担任总理,他可以当超越党派的全民总理。2020年2月24日,马哈蒂尔向最高国家元首阿卜杜拉递交辞呈,其所属的土著团结党退出希望联盟,阿兹敏派退出人民公正党,希望联盟失去国会下议院多数席位而垮台。

2020年3月1日,穆尤丁先下手为强,立刻领导土著团结党与国民阵线、沙捞越执政联盟、伊斯兰党等结盟,组成国民联盟政府。仓促上阵的国民联盟政府权力基础并不稳固,主要在于土著团结党与巫统存在结构性矛盾。2021年1月9日和12日,先后有两名巫统国会议员公开宣布撤销对国民联盟的支持,这样使得国民联盟在议会的议席缩减至109席,政权摇摇欲坠,理论上国民联盟政府失去了执政的合法性。为了挽救政权,穆尤丁总理以全力抗击疫情为名,建议国家最高元首阿卜杜拉宣布进入全国紧急状态。1月12日,阿卜杜拉元首同意穆尤丁总理的要求,宣布全国紧急状态从即日开始至8月1日,或疫情早日有效控制为止。在全国紧急状态期间,停止一切政治活动,包括不能举行全国大选和补选。

虽然全国紧急状态暂时规避了政治动荡的风险,但8月1日之后的马来西亚政治局势可能将迎来新的动荡期。

族群政治的固化是根本动因

自17世纪民族国家诞生以来,族群政治就与人类发展历史相伴。特别是进入21世纪,族群政治不仅没有消弭,而且有愈演愈烈的趋势。在今天的非洲和亚洲的许多国家,还持续着族群冲突甚至是族群战争。马来西亚政治转型历史上,族群政治主要体现为制度化参与,虽然出现过为数不多的街头政治的非制度化参与,但还没有发展到族群战争的地步。

在一定程度上讲，马来西亚政党政治的本质是族群政治。

在马来西亚，族群政治表现为政府以国家的意志将全体马来西亚人分为土著和非土著、马来人和非马来人、穆斯林和非穆斯林，从而给土著、马来人、穆斯林以政治、经济及文化上的特殊权利和待遇，而非土著、非马来人和非穆斯林则在政治、经济及文化上没有任何特殊权利和待遇。从1957年到2020年，马来西亚政治转型经历了数波"政治海啸"，其背后则是族群政治使然。从1957年到2018年5月，巫统与执政联盟政党从权力协商到权力霸权，建立了"一党独大"政治格局，虽然经历了新马分离，但总体上维护了马来西亚政治的稳定。从2018年5月至今，族群政治从弱化向固化过渡，马来西亚政局呈现出高度不稳定状态。在一定程度上讲，固化的族群政治，意味着固化了马来人的各种特权。

首先，固化了马来人的政治特权。所谓政治特权主要指马来人在联邦政府中的行政特权，具体表现在各届内阁中，马来人占据关键部长席位，并且在内阁部长中的比例越来越大。另外，在行政部门和政府机构中，优先录用马来人，按比例限制非马来人进入行政部门和政府机构，通常马来人和非马来人按照4：1或3：1比例被录用进入政府部门。

其次，固化了马来人的经济特权。马来西亚政府通过新经济政策（1971—1990年）和国家发展政策（1991—2000年），以消除贫富悬殊为名，大力出台各种措施，在经济上扶植马来人。比如鼓励土著（主要是马来人）参与商业、股权活动，现代经济活动，并且在贷款、商务咨询等方面向其倾斜，使其获得政府工程。

最后，固化了马来人的文化特权。所谓文化特权，主要指政府通过相关法律维护马来人在语言、教育和宗教等方面的特权。在语言方面，维护马来语的国语地位。比如凡是录用公务员，需要考试马来语；在教育领域，1978年出台固打制，各族群学生按照人口比例上大学，而且热门的院系或奖学金，优先考虑马来人；在宗教领域，维护伊斯兰的国教地位。

族群政治的固化，直接固化了马来人的种种特权，让非马来人感觉到自己是"二等公民"，进而对整个马来西亚社会的公平、公正产生了怀疑，并表现出对政府的不满。这种不满，通过两种方式表达：一种通过制度化参与方式表达，即选票；另一种通过非制度化参与方式表达，即示威游行或街头政治。在多重因素相互作用下，这两种方式对政权的稳定性或政权更迭产生本质影响，结果发生多波"政治海啸"，并不断释放族群政治固化带来的负面社会效益。

"青蛙政治"的发酵动摇政权稳定根基

从历史经验来看，马来西亚无论是联邦政权还是州政权的更迭，大都与"青蛙政治"密切关联。在一定程度上讲，"青蛙政治"是马来西亚政局动荡的催化剂。所谓"青蛙政治"，是指国会议员或州议员不顾所在选区的选民感受和利益，在联邦政府或州政府成立的关键时刻，像青蛙一样跳槽到潜在的执政党阵营，以便获取政治权力或经济利益。有的议员在执政或在野阵营势均力敌的形势下，面对眼花缭乱的政局，一天跳槽好几次。而沙巴的政治常青树百林，从20世纪90年代开始，不断在执政党和在野党之间跳来跳去，被当地民间戏称为"青蛙之王"。

马来西亚的"青蛙政治"由来已久。建国初期，马来西亚就孕育着"青蛙政治"。1959年大选后，伊斯兰党在左派领导人布鲁哈丁的领导下，赢得了吉兰丹和登嘉楼的执政权。那时在登嘉楼，州议会共有23个议席，其中伊斯兰党12席，联盟（巫统）7席，国家党4席。国家党和伊斯兰党合作，其总议席为16席，超过州议会议席的半数，获得执政权。1961年，伊斯兰党内讧，1名议员宣布脱离伊斯兰党成为独立派议员，伊斯兰党则在州议会剩下11个议席。在这种情况下，国家党4名议员在巫统的说服下，跳槽到巫统，这样巫统则有11个议席，加上1个独立派议席，共12个议席，超过伊斯兰党11个议席，登嘉楼政权就这样被巫统接手了，这成为马来西亚政治转型历史上首次"青蛙政治"事件。

第二次"青蛙政治"事件发生在沙巴。1963年，沙巴加入马来西亚联邦。根据与联邦政府的协商，沙统主席穆斯塔法出任州元首，而卡达山机构主席唐纳·史蒂芬出任首席部长。1965年，州元首与首席部长权力斗争白热化。为了稳定沙巴政局，联邦政府决定让唐纳·史蒂芬出任没有实权的联邦政府沙巴事务部部长,而由沙华的罗思仁出任首席部长。1967年沙巴举行地方选举,罗思仁落选州议员,不能连任首席部长。选举结果为,沙统14席,卡达山机构11席,沙华5席,独立派人士1席。在沙巴州政府组阁过程中,联邦政府支持穆斯塔法出任首席部长,结果唐纳·史蒂芬不干,率领卡达山机构退出沙巴执政联盟,执政联盟垮台。在关键时刻,卡达山机构2名州议员跳槽到沙统,结果变成沙统在议会总议席为16个,单独组阁成功。

此后,"青蛙政治"事件不断,造成地方州政权频繁更迭。2020年2月底到3月初,马来西亚由于"青蛙政治"事件不断上演,不仅柔佛州、马六甲州、霹雳州等州政权"变天",而且在联邦政府层面,由于土团党脱离执政希望联盟,与在野联盟国阵结盟,加上公正党阿兹敏派系10名国会议员跳槽到土著团结党,造成希望联盟政府垮台,成为"青蛙政治"在马来西亚政治转型中最集中的表现。

其实,"青蛙政治"已成为当今马来西亚政治文化的重要组成部分,其背后有多重因素。

首先是"分肥政治"。在国阵执政时代,国阵利用行政资源,大幅增加执政联盟议员所在选区的拨款。平均每年每个执政议员可以获得至少1000万林吉特的拨款。执政党议员可以利用这些款项对所在选区进行建设,稳定其支持率,也可以利用工程自肥。

其次是政治精英的分裂。马来西亚政党政治是围绕着政治精英来建立的。一旦政治精英分裂,那么这个政党就分裂或瓦解。一般说来,政党领袖掌握着党员在选区的提名权、内阁部长的分配权等。如果政治精英出现分裂,在政党最高理事会处于派系劣势的政治精英就会"出走",跳槽到其他政党。

公正党中阿兹敏派系之所以"出走",源于党主席安瓦尔与署理主席阿兹敏矛盾公开化,特别是性爱光碟事件,让阿兹敏形象大损。如果阿兹敏派系不离开公正党,将面临在党内被边缘化的处境。

最后是庇护文化。庇护文化根植于马来西亚的传统文化,是马来西亚政治文化的重要组成部分。在殖民时代,英国人实施间接统治,派驻驻扎官,各州的苏丹享有宗教和民事等管理权,而普通的马来人则被庇护在苏丹之下，获得一定的安全感，形成一定的依附关系。"苏丹不仅仅是马来民族传统权力的标志和权威的来源，在传统观念中，苏丹和拉惹还是国家的同义词。他们权力的存在是马来西亚仍然作为'马来人的土地'的有力象征，并且在本质上成为马来文化的坚强堡垒。"①

独立以后，这种庇护文化慢慢渗透进政党政治领域，产生庇护关系。"庇护关系的中心内容，系指强势政治人物通过手中的政治资源，建构以自己为中心的政治势力。政治人物可以为被庇护者提供稀缺的政治资源，来换取他们的政治忠诚。"② 这是一种非正式的政治制度，或者潜规则。在形式上，它表现为"恩庇—侍从"体制，呈现出利益交换和政治交易的特征，具有浓重等级色彩的主从交易关系，在马来西亚表现为政治庇护—利益维护—权力传承循环体系。

族群政治和"青蛙政治"双重挤压，中、短期内对马来西亚政局稳定性造成一定的冲击，短期内将形成身份认同和政治认同的双重危机，导致产生政治转型中的政治稳定性困境，从而延缓马来西亚政治转型进程，对马来西亚实现现代化目标和融入东盟一体化是一个沉重的打击。

总体来看，族群政治固化是马来西亚转型困境的主要原因。虽然多轮"政治海啸"呈现马来人分裂的态势，但是维护马来人的政治特权仍然是马来政治精英的共识。而"在2018年大选中，向来被喻为一盘散沙的马来西亚华人首度大团结，95%的华人选民一致把票投给了希盟"③。这一局面造成了代表马来人的巫统和代表华人的民主行动党始终难以组织联合政府，结果现任联合政府缺乏族群的充分代表性，其脆弱性显而易见，这一现状在短时间内很难改变。另一方面，"青蛙政治"则是马来西亚政治转型困境的催化剂，属于次要原因。在一定程度上讲，"青蛙政治"加速了马来西亚政局动荡，增添了马来西亚政局不确定性。

---

① Raja Nazrin Shah, "The Monarchy in Contemporary Malaysia", Singapore: Institute of Southeast Asian Studies, 2004, p.6.
② 陈尧:《政治研究中的庇护主义》,《江苏社会科学》2007年第3期。
③ 周美芬:《政党轮替后的马来西亚华人政党——马华公会》,载苏莹莹、翟崑主编《马来西亚蓝皮书:马来西亚发展报告(2020)》,社会科学文献出版社2020年版,第141页。

走出马来西亚政治困境需破解四对矛盾

未来，马来西亚如何走出政治转型的困境，可能需要处理以下四对矛盾。

第一，政治碎片化与政治共识的矛盾。族群政治固化的原因之一是政治碎片化，这体现为各个族群对国家或民族建构没有共识，各说各话，从各自的族群利益出发，想象出各自的国家或民族认同。比如马来人的国家或民族认同为以伊斯兰为国教、马来人优先的马来西亚；华人的国家或民族认同为多元的、属于所有马来西亚人的马来西亚；卡达山人的国家或民族认同为东马应该与西马平起平坐，并在马来西亚拥有特殊地位。

构建现代的马来西亚政治，需要凝聚全民政治共识，消除身份政治、族群政治，推动建立全体马来西亚人相互交流、相互借鉴、相互欣赏彼此文化的氛围。无论是伊斯兰文化，还是华人传统文化、印度人传统文化、卡达山传统文化等，都属于马来西亚文化，都应该得到尊重，而不是区别对待。

马来西亚领导人试图解决这些矛盾。比如巴达维总理曾提出"温和伊斯兰"理念，而纳吉布总理则提出"一个马来西亚"理念，这都是凝聚全面政治共识的尝试。很遗憾，这些理念并没有完全付诸实践，更多是流于形式。

第二，宪政体制与政治实践矛盾。以君主立宪制为核心的宪政体制，带来了政治的大体稳定。但随着马来西亚政治转型实践加速，宪政体制的一些空白点或灰色地带，成为政治不稳定的主要来源之一。族群政治产生的一个重要基础就是政党制度。马来西亚政党制度大都以族群为基础，这在一定程度上固化了族群政治，是破解政治转型困境的死结之一。要从根本上铲除族群政治，必须从宪政体制上改革，规范政党成立的条件，挤压允许族群政党制度存在的空间，鼓励成立多元主义的政党。另外，宪法第10（1）条文中关于结社自由的阐述，需要进行适当修改或限定，为在国会中择机通过《反跳槽法令》奠定法律基础，铲除"青蛙政治"产生的灰色地带。

第三,腐败与反腐败矛盾。腐败是族群政治和"青蛙政治"双重挤压的副产品,这在一定程度上与马来西亚政府高举"发展主义"大旗有一定关系。如果不彻底铲除腐败,族群政治和"青蛙政治"就会愈演愈烈。一方面,族群政治固化,直接导致马来人特权的利益化,行政当局在族群配额制度、银行贷款、营业执照、政府合同以及就业等方面,严重偏袒马来人,为权力寻租提供了巨大空间,使得腐败常态化;另一方面,"青蛙政治"受权力和利益的诱导,是政治腐败的直接表现形式。彻底铲除腐败,将有助于清除族群政治和"青蛙政治"产生的社会土壤,净化良好的政治生态。这次穆希丁政府的内阁成立之前,所有阁员必须通过国家反贪委员会的清廉程度测试,就是反腐败的一个很好示范,但反腐败仍然是一条漫长的道路。

第四,联邦中央政府与东马地方政府矛盾。在最近几波"政治海啸"中,东马地方政府的态度成为决定联邦中央政府政权走向的关键因素。这次穆希丁政府的成立,得益于沙捞越执政联盟的国会议员大力支持,否则穆希丁就会组阁破产。联邦中央政府与东马地方政府的主要矛盾是如何落实1963年的"建国契约"。现在东马地方政府提交给联邦中央政府落实"建国契约"的21项课题中,已有17项达成了共识,"仅剩4项还须进一步讨论,分别是石油税课题及油气现金支付、油气资源及油田、2012年领海法令,以及州属大陆架的权益"[①]。这4项课题涉及东马地方政府和联邦中央政府的核心利益,双方达成共识难度较大。如果联邦中央政府不能妥善处理与东马地方政府之间的矛盾,不仅联邦中央政府的稳定性大打折扣,而且东马的离心倾向将越来越明显。2020年沙捞越州议会选举,就有政党提出"沙捞越独立"的口号,未来不排除新加坡出走的"黑天鹅事件"的重演,那将可能是对马来西亚政治转型的致命打击。

根据东南亚国家政治转型的经验,以2018年第四波"政治海啸"为起点,马来西亚政治转型后达到政治稳定可能需要5—10年的时间。在君

---

① https://www.sinchew.com.my/content/content_2229978.html, 2020-03-08.

主立宪制的宪政框架下,国家最高元首苏丹是马来人特权的最终维护者,因此彻底铲除族群政治并不现实,未来可能在族群政治强化与族群政治弱化中实施转换,而"青蛙政治"也随之在强化和弱化中变化,马来西亚政治将可能在动荡—稳定—动荡—稳定中循环反复,最终实现动态平衡。

(本文刊发于《当代世界》2021年第5期)

越南政治权力的结构特征及影响因素探析

潘金娥

政治学界普遍认为,越南政治权力的中枢是多头构架,即由越南共产党中央执行委员会总书记、越南国家主席、政府总理、国会主席组成"四驾马车"。近年来,随着民主化进程的推进,作为社会和非政府组织代表的"越南祖国阵线"的政治地位得到提升,因而其中央委员会主席亦可看成"半驾马车"。越南的"四驾半马车"的核心权力构架,表面上看起来与中国政治系统结构大体相似,但实际上存在明显差异,突出表现为越南权力的"分散"和中国权力的"集中"。与此同时,与东亚其他国家的政治发展进程比较,越南表现出"政治民主化超前"[①]的特点。越南政治权力结构所体现的这些特征,源于其独特的历史地理条件、时代和国际局势等因素。

一 越南政治权力的主要结构特征

(一)政治权力构成特征:政治权力结构分散化与"南北党"分野

越南社会主义共和国政治系统的基本构架和大多数社会主义国家一

---

① 所谓"政治民主化超前",意指其政治民主化改革发生在经济发展水平较低阶段,而其他东亚国家实行民主化改革时经济发展水平远远高于越南。参见潘金娥、梁炳猛《越南:民主与集中的权衡》,载房宁等《民主与发展——亚洲工业化时代的民主政治研究》,社会科学文献出版社2015年版,第163—211页。

样，在独立后即效仿苏联模式建立了无产阶级专政的政治制度。随着革新进程的发展，越南政治系统也逐渐呈现出一些自己的特点。就目前来看，越南的政治系统结构最突出的表现就是：政治权力结构相对分散，没有形成明显的核心。

越南政治权力结构分散化表现在以下两个方面：一方面，从越共九大（2001年）开始，越共中央撤销了政治局常委，只保留书记处，因此越南最高政治权力机构是越共中央政治局；另一方面，越共中央政治局的组成人数从第二届的7人逐渐增加到14人，第八届（1996年）达到19人之多，后下调到15人，十二届（2016年）又增加到19人。另外从党内是否具备"核心"来看，尽管越南宪法第四条规定"越南共产党是国家和社会的领导力量"，但在越共十二大前，从越南媒体上不时可以看到越共总书记和越南政府总理发表观点不尽一致的言论，政府各个部门也倾向于听总理的指挥，因此，越共总书记阮富仲不得不在各个场合多次强调党对国家的领导地位，要求国家各部门都要集中统一在党的领导下。而社会舆论则普遍认为，"党只能领导党员而不应该插手政府事务"。可见，越南并未形成公认的"核心"领导，通俗地说就是没有"一把手"。

越南政治权力还因地域差别而形成一种特殊的结构性安排，那就是领导人因出身地域或政治主张不同被划分为不同派别，即所谓的"南北党"现象。大体来说，越南政治权力结构沿袭了一种格局，即象征最高核心权力的"四驾马车"分别由来自北部、中部和南部的人担任。其中，党的总书记基本上由以河内为中心的北方干部担任，主管意识形态和思想政治工作；政府总理通常由以胡志明市为中心的南方干部出任，主管经济工作；国家主席和国会主席由来自中部地区的干部担任，而此前该职位作为一种象征性地位的意义更大。

越南的这种"南北党"现象不仅局限于地理上的划分，还体现为意识形态方面的差异。南方在解放前长期处于法国和美国的统治下，深受资本主义意识形态的影响，因而南方干部比较重视市场经济，易于接受西方自由民主思想的影响；而北方则受到苏联和中国的影响较大，重视政治和意识形态。因此，南北两地干部存在路线和政策偏好的差异。一般而言,"北方派"因对市场化改革持谨慎态度而多被归为"保守派","南方派"则偏向于较为激进的民主化和市场化改革,因而多被归为"改革派"。随着以市场经济为导向的改革的深入,南方地区对经济发展的贡献比重越来越大,进而对政治权力的诉求也日益上升。在越共十二大之前,两届政府总理和国家主席均由南方干部担任,而高层干部中也有越来越多的"南方派","北方派"的势力被弱化,导致整个国家政治西方民主化倾向越来越明显。

越共十一大强调,"积极主动融入国际",走"多边化、多样化"的外交路线。而在美国实施"亚太再平衡"战略的影响下,越南的地缘政治重要性得到提升,美越关系迅速发展。尤其是在预期加入以美国标准为主要规则的"跨太平洋伙伴关系协议"(TPP)的推动下,越南加快了政治系统革新的步伐,按照 TPP 规则来实施行政制度改革,包括加快国有企业私有化、推动工会制度改革等,以满足更加透明、公开、平等竞争的 TPP 原则要求。因此,越南出现了一波行政制度透明化、公开化和民主化改革的浪潮。由于美国大选结果出人意料,新任总统特朗普明确表示废除 TPP,彻底改变奥巴马对越南的政策趋向,从而导致越南的西方化趋向突然失去了强大的外部动力,直接影响了越南的政治权力安排。2016 年 1 月召开的越共十二大,可以看成南北两派斗争的一个分水岭。经过内部的激烈较量,最终阮富仲继续连任越共总书记,而原政府总理阮晋勇退出领导层,表明"北方派"再次掌控了越南政治权力。

(二)政治权力的构建机制:从内部磋商走向公开化、制度化,提高了竞争性

长期以来,越南国家最高权力构成的产生过程和细节虽然不为外界所知,但可以肯定的是,其核心的人事安排产生于公开表决的"会前"而不是"会后"。也就是说,越共总书记、越共中央政治局委员的产生以及国家主席和中央政府部门主要领导的安排,并不完全由党的代表大会或国会代表的投票结果来决定。然而,过去十年来,这种情况出现了一些变化。

最初引起人们注意的是越共十大总书记的选举。以往,越共总书记的产生首先由政治局提名唯一的候选人，之后经过党的代表大会投票表决后确认。越共十大的做法略有不同，即在对农德孟作为总书记候选人进行正式表决之前，以内部测评形式对政治局提出的两个候选人阮明哲和农德孟进行了投票表决，农德孟以微弱优势胜出，最终在党的大会上农德孟依旧作为唯一的总书记候选人进行等额表决。但这次尝试被不少媒体解读为"越共总书记实行差额选举"，在国内外引起了不小的震动。越共十一大的总书记选举并未沿袭越共十大的做法，但中央委员和候补委员的候选人差额比例有所扩大。其中，越共中央委员的差额比例为24.57%，而中央候补委员的差额比例达到144%。[①] 由于差额比例较大，结果出现了政治局提名的候选人意外落选的情况。[②] 这一结果凸显了代表们手中选票的重要性，也体现了越南政府重视提高选举的竞争性。

为使党内的人事选举更加公开透明和有章可循，2014年5月，越共十一届九中全会通过了《党内选举规则》。根据《党内选举规则》：新一届中央政治局委员、书记处书记的候选人必须由上一届中央委员会推举，并经新一届中央委员会投票表决后产生；中央委员有资格参选政治局委员，政治局委员有资格参选总书记；不在上级提出的候选人名单之列者不能接受他人举荐，如若被他人举荐，则当事人必须提出"请辞"，而"请辞"是否有效需经大会投票表决。当半数以上代表同意其"请辞"时，当事人将不再进入候选人名单；若半数以上代表不同意其"请辞"时，当事人则进入候选人名单。这也就意味着，当半数以上代表的选择与上级的安排相左时，就可以改变上级提出的方案。也就是说，代表手中的表决权有了实质性的意义。《党内选举规则》还规定：各级党委的选举必须采用差额选举办法，但差额比例最多不超过30%，其中党委可超额推举10%—15%，个人和代表团可超额推举15%—20%。此外，规则还明确：除"特殊情况"外，首次当选政治局委员者不得超过60岁，再次当选者不得超过65岁；首次当选中央委员者不得超过55岁，首次当选

[①]《阮富仲当选新一届越共中央总书记》，参见人民网，http://world.people.com.cn/GB/13766272.html。

[②] 参见潘金娥《越南共产党的政治革新》，《中共中央党校学报》2010年第6期。

中央候补委员者不得超过50岁，但允许有"特殊情况"，而作为"特殊情况"处理的必须经中央委员会投票表决。值得注意的是，该规则并未明确党中央总书记、中央政治局委员和书记处书记是否也要进行差额选举，也未规定党的总书记是否受到年龄限制。越共十二大启动了"特殊情况"程序，推举67岁的阮富仲进入新一届政治局，之后他当选为新一届党的中央总书记，其他9名超过65岁的十一届中央政治局委员则未进入政治局委员候选人名单。但在这9人中，越南政府总理阮晋勇得到了几个代表团的提名，于是按规定他本人提出"请辞"，并由大会对其"请辞"进行投票表决。最终，由于60%的代表同意其"请辞"，阮晋勇未能进入政治局委员的候选人名单而退出新一届中央。此次选举对越共高层人事安排产生了前所未有的震动。因为一旦阮晋勇的"请辞"得不到50%的代表同意，那么阮晋勇将进入候选人名单，进而有可能再次当选为新一届政治局委员，就可能被选为越共中央总书记。如果那样，越共十二大的人事安排乃至十二大以后越南的发展方向和路线就可能完全是另外一个局面。可见，越共十二大的选举改变了完全由政治局内部操控的惯例，高层选举"有规可依"，按制度办事，具有了更大的公开性和竞争性，使得高层人事安排的变数大大提高。

（三）政治民主化的实质：以"民主"方式来实现权力的"集中"

与西方国家执政党通过投票选举来获得合法政权不同，越共是领导人民经过艰苦战争打败外来殖民者、侵略者，从而夺取的政权。换句话说，越共政权的"合法性"，是靠"打江山打下来的"，其"合法性"在过去几十年几乎未被怀疑过。然而，随着越南革新和融入世界的加深，西方民主政治模式对越南的影响从经济领域走向了政治领域，越南的知识分子借鉴西方三权分立和法权国家模式，提出建立"社会主义法权国家"的政治体制改革目标。根据我们在调研中了解到的情况，越南的学者认为，所谓"社会主义法权国家"，就是"法律至上的社会主义国家"，即通过建立一整套完备的法律制度，把越南共产党的领导、政府的管理纳入法律框架内，实现人民当家作主；核心要义是协调好"党领导、国家管理、人民当家作主"三者之间的关系，从而以"法治"代替过去的

"人治"或"党治"。

按照建立"社会主义法权国家"的目标，越南修改了宪法并在2013年11月颁布。新宪法第四条有所改动，除了明确越南共产党的性质、规定"党是国家和社会的领导力量"外，增加了"党与人民密切联系、为人民服务、在人民的监督下，对人民负责并对自己的决定负责；所有党组织和党员都必须在宪法和法律框架内活动"。

过去十年来，越南政治气氛空前活跃。首先，国会的作用得到了彰显。越南国会作为越南人民的代表机构和最高国家权力机关，每年都要召开两次全国大会，并且每次长达一个月左右。在国会召开期间，国会代表对国家和政府主要领导人进行公开质询，并对国家重大事项进行评议和表决，行使最高的决策权和监督权。过去几年，越南国会已经多次否决了党和政府的重大决策，其中包括政府提出的修建贯通南北的高速铁路项目计划以及中越两国政府已经达成的在越南西原地区合作开发铝土矿项目等。其次，越南祖国阵线地位得到提升。越南祖国阵线作为越南共产党领导下的一个非政府的政治和社会组织平台，近年来实权也不断得到扩充，不但具有社会监督的职能，而且参与组织选举过程，还被赋予了对党的路线和国家政策进行"社会反辩"[①]的职能。然而，在调研中我们发现，祖国阵线的高级干部仍时常抱怨权力不够，发挥作用不够大。在国会、祖国阵线、党和政府之间，已经出现了"争权"与"限权"的明显斗争，这在客观上造成越南共产党领导权的下降。

当前越南共产党是越南国内唯一的执政党，也是唯一的合法政党，国内尚无可与之进行实质性争权的力量存在。因此，这是越南共产党在主动采取措施约束自身的领导权，是一种自上而下的自我放权。为何越南共产党在这个时候采取这种或可称为"自我革命"的做法？调研中，越南学者告诉我们：越南共产党采取扩大"民主"的改革，是越南共产党的宝贵历史经验，是越共的"制胜法宝"。也就是说，在越南共产党出

---

① "社会反辩"是根据越南语直译过来的一个词，是越南祖国阵线的职能之一。其做法是：对党和国家的重大路线和政策的可行性进行讨论和评议，并征求社会各界意见，之后把结果反馈给有关部门。

现困难的时候，通过"民主"的方式来获得社会的信任，从而继续维护党的威望，最终目标是实现国家和社会"集中"在党的领导下。

20世纪三四十年代，越南共产党力量还很单薄，尤其是在革命遭遇失败后，沦为一个数千人的小党。为了建立更加广泛的统一战线以获得民众的支持，越南共产党分散活动并几次更改了名称。

其中，1936—1939年，以"印度支那民主阵线"的名义分散开展合法和半合法斗争，之后又改名为"印度支那反帝统一民族阵线"。1941年又把"印度支那反帝统一民族阵线"改为"越南独立同盟"（简称"越盟"）。越南共产党根据不同时期革命的要求，提出不同的口号并更改组织名称，目的就是"团结一切可以团结的力量"。在1946年颁布的第一部宪法中，越南的国名是"民主共和国"，并未明确越南共产党是国家的领导力量，原因就是想采取民主共和制，把各种党派都纳入政权中。越南共产党通过号召国内各派和社会团体广泛参与从而壮大了力量，最终获得了革命胜利并掌握了政权。1975年南北统一后，越南共产党的地位已经稳固，于是在1976年召开的国会上把国名改为"越南社会主义共和国"，并在1981年颁布的第三部宪法里明确规定"越南共产党是国家和社会的领导力量"。越南学者认为，这就是越南共产党"民主"的历史经验。当前，越南共产党继续采纳这一经验，通过党的系统改革扩大党内民主，通过国会改革扩大人民民主，通过提高祖国阵线这一代表社会各界力量的平台的作用，通过建立"社会主义法权国家"实现政治制度的民主，从而最终实现共产党对国家的"集中领导"。越南社会科学院资深学者莫堂说："我们的民主概念与西方不同。胡志明认为，民主是发展的支柱。我们通过民主方式团结各种力量、成立各种社会组织，目标是集中力量搞建设。"[①] 可见，越南祖国阵线的实质就是把各种社会组织纳入越南共产党领导下的一个平台，各种非政府组织和社会各界代表可以在平台之上民主谏言、民主监督，而越南共产党作为该组织的一个当然的领导成员，最终让越南的民主成为"可控的民主"，即在共产党领导下的

[①] 参见潘金娥《从越共政治变革看改革的终极意义——中国共产党如何始终保持清醒与坚定》，《人民论坛·学术前沿》2014年第1期。

民主，党的领导权是一条不可跨越的红线。越南共产党通过巧妙利用"民主"和"集中"的辩证关系，以"民主"作为手段，以实现党对国家和社会的"集中"领导的目标。

（四）政权的稳定性：不完全取决于自身，还受制于外部因素

由于特殊的地理位置和丰富的自然资源，越南长期以来一直是各种力量的角逐之地，其政权也从未停止受到各种外部因素的影响。而越南以积极姿态拥抱全球化和国际事务，主动将自身置于很多国际和地区热点中。

从历史上看，越南（中部以北）作为中国封建王朝的一部分超过1000年，作为藩属国近900年。在这之后又成为西方国家的殖民地，这期间没有独立政权可言。1945年，越南共产党在北方宣布独立并建立政权后，越南无论是在经济上还是在政治上都不具备独立的能力，而是依靠苏联和中国等社会主义国家的援助来维持。革新开放以来，越南逐渐打开外交空间。越南不仅希望维护其在东南半岛地区的传统势力范围，而且注重与各个大国之间发展关系，并且走大国平衡外交路线，目的是利用各个大国之间的相互制衡，实现本国外交利益的最大化，并且具有更大的外交主权。然而实践证明，无论是"冷战"时期还是当前，世界局势在变化，中、美、苏等大国乃至日本和印度的外交调整，都对越南政局产生了重要影响。

从越南外交战略定位来看，自1986年实行革新后，美国逐渐解除对越南的经济制裁和封锁，越南的外交逐渐走向世界。1991年，越南与中国恢复了正常关系，并于1995年成为东盟的正式成员，同年与美国建交。2006年，越南被世界贸易组织接纳为正式成员，之后积极参加各种地区和国际组织，2012年后更是积极准备加入"跨太平洋伙伴关系协议"（TPP）。目前，越南已经与十多个国家和地区缔结了双边或多边自由贸易协议。随着融入国际的程度不断加深，越南的外交路线也更加自信和主动。越共十一大提出了"积极主动融入国际"，并以在国际舞台上发挥积极作用为外交战略目标。在这样的外交路线指导下，越南对各种来源的资金、各种思想都敞开了怀抱。因此，越南的经济受到国际环境的影响越来越大。过去几年,越南的对外贸易依存度超过了150%,外资也成为越南主要的资金来源。与此同时,西方数百个各种背景的非政府组织也纷纷来到越南,新自由主义、民主社会主义等各种思潮在越南社会政治生活中都有所体现。各种思潮相互交错,在越南国内主要政治活动包括党代会和国会召开之际,思想理论界就会涌现各种杂音,企图影响新一届人事选举和国家发展方向,要求越南"重新选择道路"。而在"团结一切可以团结的人"的民主政治口号下,越南政府对不同政见者甚至流亡海外的原南方政权即"越南共和国"残余势力也不加防范,而是采取亲和政策,而这些人实际上并未放弃颠覆越共政权、复辟"越南共和国"的企图。在此背景下,越共一方面强调积极主动融入国际社会,另一方面又不断敲响反"和平演变"的警钟。在越共十二大前,越南政治异见势力突起,对越共政权和越南社会主义制度形成了巨大压力,导致党内意见分歧严重,越南共产党政权受到严重威胁。越共中央在过去几年连续发布决议,强调党的生死存亡受到了严峻挑战。2016年10月召开的越共十二届四中全会再次发出警告,认为当前"和平演变"出现了新的特点,越共党内政治思想、道德作风蜕化问题严重,已经严重影响了党和社会主义制度的生死存亡。因此,十二届四中全会决议提出了29条具体整顿措施,以防止党员干部的"自我转化"和"自我演变"。[1] 这些举措实际上表明,越共已经受到严重的外部冲击。

此外,近年来,因南海主权纠纷,各种反共势力借机打击越共发展对华关系,挑拨中越关系,企图削弱越共政权的重要外部支持力量。毋庸置疑,中越关系的好坏,直接影响到越共政权的安全。在调研中,越南专家曾直言不讳:如果海上问题处理不好,越共政权很快就可能受到冲击。因此,越南把对华关系置于其外交战略的重中之重,这是越共政权安全的必然要求。然而,中越之间这一涉及领土主权的问题如何处理,无疑需要很大的智慧、诚意和决心。

---

[1] 《越共十二届四中全会关于加强建设和整顿党,制止和打击思想政治、道德和生活作风蜕化以及内部"自我演变"、"自我转化"现象的决议》,2016年10月30日通过。参见越南共产党网站(http://dangcongsan.vn/tu－lieu－van－kien/van－kien－dang/nghi－quyet－hoi－nghi－bch－trung－uong/khoa－xii/doc－111120169135346.html)。

随着中国国力的增强，世界目光越来越聚焦中国和亚洲，一些大国插手南海主权争议，形成了中国、美国、俄罗斯、日本乃至印度和澳大利亚在亚洲地区的角力。越南一方面希望借助其他大国来钳制中国，与此同时，又因为有求于中国而不能做得太过火。因此，如何走好大国之间的这根钢丝，对越南来说不是一件容易的事。从历史经验教训来看，越南的政策如果不想发生偏差，不仅要依据自身喜好，还要善于对大国察言观色。

二 影响越南政治权力结构的因素分析

独特的地理、历史和文化条件，孕育了越南政治多中心和权力分散化的基因。时代发展、全球化和越南自身的改革等多重因素共同作用，推动了越南政治的民主化进程。

（一）南北两个权力中心格局源于其特殊的地理结构和历史发展路径

首先，特殊的地理结构是越南形成南、北两个权力中心的天然促成因素。

越南地图犹如 S 形，人们常用"一条扁担挑着两个箩筐"来比喻越南的地理结构和自然条件。一般来说，地理环境属于一个国家的基本国情，对其经济活动有着重要和直接的影响，而经济活动是政治活动的重要基础。越南的地理环境决定了其经济活动的半径，包括物流半径和管理半径。越南有两个"箩筐"：一个是北部的红河平原，一个是南部的湄公河平原（越南称"九龙江平原"），这是越南的主要经济区，全国绝大多数人口和经济活动集中于此。而狭长的中部则承担了联结南北两个中心的作用。南北两大平原、两个经济中心形成的物流和管理半径使得这个国家在客观上被一分为二，导致越南的社会资源、社会组织和政治资源长期被分割为南、北两大块。

其次，南、北两个权力中心格局也是对越南发展历史路径的依赖。

如今越南版图的北部、中部和南部历史上曾分别属于不同国家。公元 10 世纪前，越南北部在中国的版图内。从中国独立出去后，越南历代皇帝逐渐向南扩张，并在 18 世纪末基本形成了目前的版图。1834 年，阮朝皇帝阮福晈将越南分为北圻、中圻和南圻。1887 年，法国殖民者在印支半岛建立印支联邦，在越南的统治承袭了阮朝"三圻"的行政区划，采取了三种不同的形式；而越南人民抗法组织也分别形成了北圻、中圻和南圻三片。

1929 年前后，越南反封建反殖民的革命运动出现高潮，在越南的北部、中部和南部地区分别出现"印度支那共产党""印度支那共产主义联盟"和"安南共产党"等共产主义组织。1930 年 2 月，阮爱国（胡志明化名）以共产国际代表的身份召集这三个党代表在中国香港举行会议，之后合并成立了越南共产党。因此，越南共产党一开始就有来自北部、中部、南部的三支力量。

1945 年 9 月，越南共产党在北方的河内宣布建立政权。同年，法国殖民者卷土重来，在南方西贡市扶持越南国末代皇帝保大，与越南共产党政权争夺主权，南北双方进行了长达九年的战争（越南称"抗法救国战争"）。为了领导南方人民反对帝国主义殖民统治，越共中央成立了南方局，由黎笋担任南方局书记。自此，在越南南部地区形成了一个相对独立的越共权力机构。1954 年 5 月，越南民主共和国在奠边府战役中赢得决定性胜利，推动法越交战双方于 7 月在恢复印度支那和平的《日内瓦协议》上签字。根据协议，越南南北双方暂时以北纬 17 度线分治，法国军队逐渐从印度支那全部撤走。然而，美国并未在《日内瓦协议》上签字，还悄悄渗透到印度支那，代替法国的统治地位。1955 年 10 月，越南国首相吴廷琰在美国的支持和庇护下，以公投选举方式当选"越南共和国"总统，越南末代皇帝保大被废黜。之后，吴廷琰在美国的支持下执行反共路线，破坏南北统一进程。在美国的扶持下，南越政权（即"越南共和国"）对越南共产党领导的南方力量进行清剿。在中苏等国支持下，1975 年 4 月 30 日，南越政权被推翻，美军撤出越南，越南共产党领导下的南方民族解放阵线宣布成立"越南南方共和国"作为过渡政权。1976 年 7 月 2 日，越南南方共和国与越南民主共和国统一为越南社会主义共和国。这段历史，对南北统一后越南中央权力分配影响至深，导致其国内呈现南、北两个"山头"，越南政治系统中的"南北党"现象也沿革了这一历史。

（二）政治权力结构分散化和集体领导制是对胡志明时期领导体制的一种沿革

胡志明在世时，越南并未形成一个权力的核心。这一方面是由于胡志明亲和、民主的作风，另一方面是由于他长期在国外从事革命活动，并以共产国际代表的名义化名参加越南党的活动。因此，他在党内确立威望经历了一个较长的过程。1951年2月，印度支那共产党召开二大时，选举出政治局的"四驾马车"：胡志明（党中央主席、国家主席）、长征（党中央第一书记）、黎笋（南方局第一书记）、范文同（总理）。实际上，胡志明在很大程度上是作为越共政权的最高"精神领袖"，权力只是象征性地相对集中于他，而长征、黎笋、范文同、武元甲负责党政军的实际事务。1956年10月，越南党内对土地改革的做法出现意见分歧，产生了路线斗争，长征受到排挤而被免掉第一书记的职务。于是，1956—1960年，胡志明曾兼任国家主席和党中央第一书记。但实际上，胡志明在南、北两派斗争中处境艰难，他本人也不得不就土地改革过程中存在的一些错误进行自我批评。[①] 1960年9月，越南劳动党召开三大，胡志明继续当选主席，黎笋接任党中央第一书记的职务。这段时期，越共主要集中力量进行南方的抗美斗争，因此，负责南方局工作的黎笋在党内的势力见长。可见，胡志明在世时，越共并未形成真正的"核心"。

1969年胡志明去世后，由黎笋、范文同和长征三人组成治国小组领导越南。1976年，越共四大选举黎笋为党的总书记。由于黎笋长期领导越南南方的抗美救国斗争，在越南南方有着深厚的政治资源和庞大的干部队伍基础，因此成为越共历史上"最强势的总书记"。然而，由于当时中苏两国矛盾公开化，越共高层分化为"亲华"和"反华"（或"亲苏"）两个派别。以长征、黄文欢为代表的一派对华较为友好，而黎笋则执行强硬的"亲苏""反华"路线，打击"亲华派"，导致中越关系恶化。1986年7月，黎笋病逝，长征临时接任总书记，立即着手修改黎笋

[①] 李家忠：《胡志明传奇的一生》，世界知识出版社2010年版，第167页。

拟定的越共六大报告草案，调整外交路线。经过几个月的过渡期，1986年12月越共六大召开，阮文灵当选党的总书记，而长征带头和几位元老退出越共中央政治局。从长征退出总书记职位开始，越共废除了领导终身制，开启了领导职务轮换制的新时代。

可见，由于胡志明在世时秉持较为民主的作风，把权力分散到身边的几个人手中，越南并没有形成明确的核心；而在长征之后，更是没有公认的核心人物，重要事务采取集体决策的办法，越南政治的集体决策机制由此形成。

（三）政治民主化趋势也是越南实行全方位、多样化外交路线的结果

一方面，越南实行革新以来，不断加大与国际接轨的步伐。从1986年开始谨慎实行经济领域的改革，到2006年后提出全面融入国际经济，再到2011年提出积极主动地融入国际，实行全方位、多样化外交路线，提出与世界所有国家成为朋友，这表明越南逐渐走出了一条放弃以意识形态标准划分亲疏的外交路线。这种全方位开放和发展趋势，必定带动思想领域的多元化进而推动政治民主化发展的趋势。在西方选举民主和多元化思想的影响下，越南共产党一党执政的政治合法性受到了挑战。

目前，越南社会普遍认为选拔领导干部"不比功劳比智慧"。这句话反映了当前越南民众认可的政权合法性的来源，顺应了时代发展要求。从越南独立后到革新前，谁能当选越南的领导，主要依据是其对革命"功劳"的大小。他们认为，革新开放以来，新任领导人没有参加过战争，不具备开拓者们那样的"功劳"，因此需要在"智慧"上一较高低。而"智慧"者主要来自知识分子，因此，当前越南知识分子的地位日显重要。而思想开放的知识分子不断把国外各种政治思想包括西方自由民主思想引入国内，并通过智囊渠道渗入党内、渗入高层，对越南传统模式形成了越来越大的冲击。例如，学者们提出用"社会主义法权国家"代替"无产阶级专政"的传统社会主义政治体制，认为"法权国家"是一个中立的概念而不只是资产阶级体制所特有的。但这一词之变，催生了人们对"党大还是法大"的争论，越南共产党的权力边界受到质疑。因此，开放党禁，提高政治公开性、竞争性和民主化的呼声越来越高。

另一方面，由于统一前越南南方长期在法国和美国的殖民统治下，因而具有一定的西方民主制度的思想基础。尽管 1975 年越南南北统一后在全国建立了社会主义的政治体制，但在革新后越共逐渐借鉴和引入西方的某些做法，甚至连理论问题也通过公开投票的方式来表决。[①] 在思想、理论、政策都可以自由辩论和通过投票表决的条件下，各种社会思潮更加活跃，多元化的意识形态推动着社会向民主化方向发展。

（四）新兴社会阶层的形成和壮大，产生了新的政治诉求

革新前，按照马克思主义的阶级理论来划分，越南社会存在两个阶级、一个阶层，即工人阶级、农民阶级和知识分子阶层。然而，经过 30 年的革新，越南的社会结构已经发生变化，出现了一些新的社会群体。例如，在农村出现了一批承包了大片土地的"庄园主"，在城市出现了大批务工农民、小业主和企业家。因此，传统马克思主义阶级理论已经难以划分越南当前的社会结构。据越南学者介绍，究竟应该按照什么标准来划分越南当前的社会结构，理论界还未形成统一的认识，但随着市场经济的发展，有一个新的群体的影响力不可忽视，那就是私人企业主。目前，越南的私人企业主数量越来越多，而且资产过 10 亿美元的富人数量也在上升，私营企业产值已占越南国民生产总值的 50% 以上，而且是就业的主要市场。因此，私营企业地位越来越得到社会的认可，其中不少私人企业主当选为地方议会代表乃至国会代表，他们参政议政，行使政治权利，或通过各种机制对政治施加影响。目前，越南已把每年的 10 月 13 日设为"企业家日"。越共十一大开始试行接纳企业家入党。这些变化表明，越南私人企业主在越南政治体制中的地位已经得到确认。随着私人企业主进入党的领导层，越南共产党的基础将不再单纯是工人阶级、农民阶级和知识分子阶层。越南有学者担心，这会导致党的性质发生变化，从而对越南政治制度的性质产生影响。对此，越共内部存在意见分歧。

---

① 越共十一大对是否保留"以生产资料公有制为主体"作为越南社会主义主要特征进行表决，赞成保留的票数不到 35%，赞成放弃的票数超过 65%，大会最终决定放弃。

尽管总体上看越南社会阶层变化还不是非常明显，新兴社会阶层的权力诉求所产生的压力还不是很大，但可以肯定的是，越南企业界代表进入政坛会越来越多地对越南政治格局产生影响。这是一个值得重视的新现象。

三　结语

越南政治权力结构和政治发展道路的变革，既有别于西方体制，也不同于亚洲其他国家，主要表现为权力结构扁平化且未形成明显核心。与亚洲其他国家相比较，越南经济发展程度不高，但政治出现了"民主化超前"的特点。越共政权的这些特点，主要源于其独特的地理条件和历史发展轨迹，同时也是其革新路线的发展导向使然。

当前，越南的政治变革正在深化，但需要明确的是，这是越南共产党主动采取的自上而下的自我变革，目的是通过民主的方式，维护和加强越南共产党对国家和社会的领导权，避免被动地应对来自外部的冲击。然而，越共这种自我革命的方式能否把控好底线，真正成为所谓"可控的民主"呢？从实践来看，越共十二届四中全会决议明确指出，当前越共党内出现了思想混乱、不少党员干部政治意识淡薄等严重问题，不少党员干部在西方民主思潮冲击下已经"自我演变""自我转化"，这种状况已经危及越共政权和越南社会主义制度的生死存亡。因此，越共十二届六中全会强调干部队伍建设和体制改革，强调进一步打击贪污、腐败等，以维护政治系统的高效运行。

（本文刊发于《当代世界与社会主义》2017年第6期）

莫迪执政以来印度
人民党的组织资源与动员策略*

冯立冰

印度人民党（Bharatiya Janata Party，下文简称"印人党"）从 20 世纪 80 年代创立并逐步成长为全国性政党，在 2014 年和 2019 年两次全国大选中获得议会多数席位，成为近三十年来第一个独立获得议会多数的政党，加之其在地方选举中的出色表现，有学者认为印度政党政治正在步入"第四个发展阶段"，在经历了从国大党"一党独大""单极政治"到多党联合执政的"多极政治"之后，似乎又在朝着"单极"方向发展。[①]印人党在中央和地方层面均有稳定支持率的前提下，频繁出台重大和敏感的政策，显示了强大的动员能力。2020 年新冠肺炎疫情期间，莫迪领导的印人党政府支持率不减反增。美国莫宁咨询公司民调显示，4 月莫迪的支持率高达 83%，另一项关于政府抗击疫情的民调显示，民众对莫迪领导力的信任度从 3 月的 76.8%跃升至 4 月的 93.5%。[②]莫迪领导的印人党何以能吸引如此众多民众支持？国内外学者从意识形态与社会文

---

* 本文是国家社科基金青年项目"印度民粹主义发展态势及其对中印关系的影响研究"（项目批准号：19CGJ030）的阶段性研究成果。本文受到云南省高层次人才培养支持计划"青年拔尖人才"专项、云南大学一流大学建设周边外交研究理论创新高地项目、云南大学"东陆中青年骨干教师"培养计划资助。

① Milan Vaishnav and Jamie Hintson, *The Dawn of India's Fourth Party System*, Washington, D. C.：Carnegie Endowment for International Peace, 2019.

② "PM Modi's Popularity Ratings Soar over COVID – 19 Effort", *Newz Hook*, May 1, 2020.

化层面做出了大量分析,① 尚鲜有从组织形式与动员策略视角做出的专门分析,而这恰是理解印人党与印度政治发展态势不可或缺的重要维度。

一 组织资源理论的分析视角

关于印人党崛起的原因,学界主要的解释路径是从教派主张与发展理念展开分析的,指出印人党的意识形态及执政理念恰好与国大党的世俗主张及腐败低效形成鲜明对比,② 印人党的强势崛起与国大党的式微是伴生关系,后者为前者提供了历史机遇和成长条件。③ 但教派主张与印度教的意识形态究竟在多大程度上为印人党吸引了选民支持,国大党损失的选民在多大程度上转而支持印人党? 从2014年和2019年全国选举的得票比例来看,印人党的支持率持续上升,而国大党的支持率显著下降,国大党的式微确实为印人党的胜选提供了千载难逢的机遇。但印人党能够独立斩获议会多数席位,并不完全以国大党的衰落为基础。据统计,2009年大选有4.17亿选民投票,2014年有5.53亿选民投票,2019年有9亿选民投票,而2014年大选国大党每失去1%的选票,印人党只多吸引了0.36%的选票。④ 国大党流失的大多数选票并未支持印人党,印人党之所以能够胜出,不仅靠吸引了国大党的部分选票,更重要的还在于动员

---

① 许娟:《宗教政治化:印度教民族主义的再次兴起及其对印度外交的影响》,《南亚研究》2020年第2期;杨新天:《印度人民党意识形态的适应性演变及其成效分析》,《南亚研究》2020年第2期;宋丽萍:《印度人民党的崛起与执政》,中国社会科学出版社2020年版;陈小萍:《印度教民族主义与独立后印度政治发展研究》,时事出版社2015年版;邱永辉:《印度世俗化研究》,巴蜀书社2003年版;朱明忠:《印度教民族主义的兴起与社会影响》,载张蕴岭、孙士海主编《2001年亚太发展报告》,社会科学文献出版社2002年版;Partha S. Ghosh, *BJP and the Evolution of Hindu Nationalism: From Periphery to Center*, New Delhi: Manohar Publishers and Distributors, 1999; Christophe Jaffrelot, *The Hindu Nationalist Movement in India*, New York: Columbia University Press, 1996.

② 陈金英:《莫迪执政以来印度的政治经济改革》,《国际观察》2016年第2期;文富德:《莫迪上台后印度经济增长"新常态"》,《亚太经济》2015年第2期。

③ 王红生、[印] B. 辛格:《尼赫鲁家族与印度政治》,北京大学出版社2011年版;韩华:《从一党独大到联合执政:印度国大党的衰落》,《人民论坛》2012年第26期。

④ Oliver Heath, "The BJP's Return to Power: Mobilization, Conversion and Vote Swing in the 2014 Indian Elections", *Contemporary South Asia*, Vol. 23, No. 2, 2015, pp. 123 – 128.

了大量新选民的支持。而这些新选民不见得支持教派主张,事实上,教派主张在广大南部地区选民中并没有太大市场。选民支持印人党也未必因为印人党政府在经济发展与社会治理方面取得了显著成效,恰恰相反,莫迪第一任期经济改革的措施并未取得预期成效,激进的改革措施与政策甚至打击了印度的经济增长。这意味着从意识形态与发展理念的角度并不能完全解释以莫迪为首的印人党动员广大民众支持的有效机制。事实上,在调动民众支持方面,印人党形成了独特的组织机制与动员策略,从组织资源理论视角,考察印人党调动资源进行政治动员的机制与策略,可以成为从意识形态与政策分析等层面对印人党研究的重要补充。

　　动员是人类普遍的社会与政治行为,包括政治、经济、社会与战争层面的动员。政治动员是指政治主体为实现其政治目标而进行的政治行为或政治过程。丹尼·朗将政治动员定义为追求影响、控制或进入政府等集体目标而形成人群、集团、社团和组织的过程。[1] 政治动员的主体通常为政党、国家或其他政治集团,动员客体为民众,动员目标主要是激发民众的政治参与、实现特定的政治目标,动员手段和策略较为多元,可通过组织、制度方式,也可通过政治宣传或运动式动员。关于政治动员的理论分析主要从以下几个视角展开。第一,以政治动员主体为观察视角,分析政治精英或政治集团的政治目标、利益与资源,强调政治组织的作用。该研究路径侧重个人与集体的理性,强调激励机制与策略选择对政治动员成败的影响。第二,从政治动员客体出发,强调随着经济发展与社会结构变动,出现了新生社会阶层政治表达渠道不通畅与政治利益表达不充分的现象,也出现了传统的家族、宗教、利益集团对社会控制力的难以为继,此时容易滋生社会内部的心理紧张乃至社会危机,进而导致集体行动。[2] 这一观察视角侧重强调社会结构变动给政治动员模式带来的刺激与影响,政治动员的模式与策略被视为对社会结构变动的回应与应变。第三,强调政治动员主体与客体之间的互动关系,也即政

---

[1] [美]丹尼斯·朗:《权力论》,陆震纶、郑明哲译,中国社会科学出版社2001年版,第176页。

[2] Bert Useem, "Breakdown Theories of Collective Action", *Annual Review of Sociology*, Vol. 24, 1998, pp. 215–238.

党与社会的互动关系，社会结构的变迁冲击现存权力结构，为政治过程之外的集团提供了行动空间。与此同时，政治机会结构，包括政治权力通道的开放程度、国家政治生态、国际环境、动员策略等，可以促进或抑制社会的集体行动。[①] 关于政党政治动员的研究，势必涉及作为动员主体的政党的组织形式、激励机制与策略选择，以及作为动员客体的社会结构的限制与影响，主客体之间的互动关系则进一步反映了政党发挥自身组织优势、契合社会变动需求、引导与控制社会思潮与集体行动的能力。

组织资源理论或资源动员理论聚焦政党政治动员的资源调配与整合能力。"组织"是成员在追逐共同的目标和从事特定的活动时，成员之间法定的相互作用方式。一般来说，组织需要解决四个基本问题：适应环境；决定目标并动用所有可供利用的资源来完成它；协调和统一组织中各个成员的关系，使组织作为一个整体来完成共同目标；维持组织成立时的目标不放弃。[②] 政党属于特殊形态的组织，具有组织的一般特征，同时具有参与政治的工具性和权力通道等特殊性。"资源"包括传统意义上的水、土、矿产等自然资源，也包括物质资本、人力资本、组织资本等社会资源。"组织资源"是政党可以凭借和利用的政治资源，从资源存在的形式来划分，可以分为资金、场所、成员、设施等有形资源，以及意识形态、领袖魅力、组织方式、合法性等无形资源。从资源空间分布上，可以划分为党组织内在的资源，包括党员队伍、组织机构、组织方式、组织规模、党员素质、作风纪律等，以及外部资源，即政党所处的环境中的资源。组织发展过程中不得不从外部环境中汲取资源，包括资金、信息、物资、合法性等。任何组织都不可能拥有满足其需要的全部资源，组织生存的关键在于获得和保住资源的能力。组织为了生存必须与外部环境进行互动，进行资源交换。组织可以对环境做出改变甚至最终驾驭环境，改善对环境的依赖。[③] 政党为了实现政治动员，吸纳与整合内外组

[①] ［美］西德尼·塔罗：《运动中的力量——社会运动与斗争政治》，吴庆宏译，译林出版社 2005 年版，第 74—93 页。
[②] 阎海峰：《现代组织理论与组织创新》，人民邮电出版社 2003 年版，第 17—19 页。
[③] 沈建红：《执政组织资源与执政党的组织建设》，浙江大学出版社 2011 年版，第 7—11 页。

织资源，政党与社会的互动使其成为国家与社会、政府与公民之间的联系工具。根据政党组织形态可以将其划分为不同的类型，包括由少数有产权贵形成的精英型政党；拥有健全和完整组织形态以及政治组织之外很多层级的市民社会团体，并通过基层组织和附属组织进行大规模政治动员的群众型政党；以及尽可能整合不同意识形态和不同阶层集团，以服务社会为目标的全方位型政党。[1]

印人党属于典型的群众型政党，以获取选举胜利和执政地位为核心目标，其政治动员的目标不是获得尽可能多的民众支持，而是获得选举胜利的足够支持。印人党有着明确的、排他的意识形态，通过构建完整的组织形态，通过发达的基层网络与附属组织实现大规模的政治动员。在此过程中，印人党充分显示了整合内外部组织资源的能力，尤其是莫迪执政时期，对于党内组织架构、党员招募、干部管理、基层组织建设均有严密的安排，善于通过以国民志愿团（Rashtriya Swayamsevak Sangh, RSS）为首的"同盟家族"（Sangh Parivar）、以全国民主联盟为代表的政党联盟以及国内外工商阶层获取来自外部的人力、物力、财力资源。在印度独特的多元社会结构下，以莫迪为中心，强调不同宗教、种姓、族群的区别，强调精英与人民利益诉求的分野，根据不同族群的特征与利益诉求，采取灵活的动员策略。

印度教民族主义的主张也属于印人党内在的意识形态资源，鉴于前人在此方面已有丰富成熟的探讨，本文将重点聚焦意识形态因素以外的组织资源因素，分析印人党如何整合内外部组织资源，并从政治动员策略的角度，考察在印度特殊社会结构下印人党与社会互动的策略。思考印人党不仅超越国大党，更超越其他右翼民族主义党派，获得如此众多民众支持，在印度政坛一枝独秀的原因，并进一步从比较的视角与发展的视角，分析其组织机制与动员策略的优势与局限性。

---

[1] Maurice Duverger, *Political Parties: Their Organization and Activity in the Modern State*, London: Methuen & Co. Ltd., 1964, pp. 63 – 71.

二 印人党的组织架构及党员队伍建设

莫迪执政时期，印人党对组织架构进行了调整，朝着更完善、更专业化的方向发展。与此同时，在党员招募、干部管理、基层党建方面也有大量改革性的措施，成为印人党广泛动员群众支持的内在机制支撑。

（一）完善党内组织架构

2014年印人党获得选举胜利后，在党内组织建设中的一个重要措施便是在中央层面成立顾问委员会（Margdarshak Mandal），作为名义上的党的中枢机构。将瓦杰帕伊、阿德瓦尼等元老级党员安排到顾问委员会，这有利于听取元老的经验和意见，更重要的是有益于统一意见，便于莫迪的统一领导。

实际上的最高决策机构是议会委员会（Parliamentary Board），包括莫迪、党主席、工作主席（Working President）、部分内阁部长与全国秘书长（National General Secretary）。现任党主席是J. P. 纳达（J. P. Nadda），于2020年1月正式接替担任党主席五年半的阿米特·沙阿（Amit Shah）。① 另设中央选举委员会（Central Election Committee）统筹选举相关事宜，成员是莫迪、党主席、部分内阁部长、工作主席、全国秘书长以及全国发言人（National Spokesperson）等。负责统筹全党事务性工作的是全国办公室职员（National Office Bearers），由党主席领导，包括12名副主席（其中一人兼任全国发言人）、全国秘书长、副秘书长、秘书、全国发言人等；全国秘书总部（National General Secretary），包括全国秘书长与若干位副秘书长；全国执行官员（National Executive Members），以莫迪为首，成员包括主要的内阁部长、各邦内阁部长、议员等；永久的受邀者（Permanent Invitees），包括各邦首席部长、副部长、前任首席部长与副部长、地方立法院的党魁等；特殊受邀者（Special Invitees），包括议员、地方立法院成员等。在各邦层面，由地区负责人（Prabhari）具体

---

① "J. P. Nadda Set to Take Over as BJP President: Source", *Indian Express*, Jan. 14, 2020.

负责地方党务，各邦的党主席和秘书长负责管理。①

为加强党的专业化水平，印人党设立了专门的事务办公室负责应对不同的事务，包括善治办公室、政策研究室、媒体办公室、媒体关系办公室、法律事务办公室、政治反馈与回应室、全国项目与会议办公室、政党日志与出版、信息技术网络与社交媒体管理、档案与图书馆、培训部、外事办公室等。另外，印人党还专门设立针对表列种姓、表列部落、其他落后种姓的委员会，开展有针对性的动员和管理工作。②

（二）强化党员队伍建设

印人党围绕扩大党员队伍、加强党建采取了一系列措施。

第一，简化入党手续，发起"扩党运动"。党主席阿米特·沙阿发起了"扩党运动"，亲自督促和发动基层党组织吸收新成员。个人可以通过线上或线下两种途径提交入党申请，仅需填写最基本的个人信息并缴纳5卢比的入党费，也可自愿捐赠100卢比以上金额。③ 党员数量迅速上升，从2014年的3250万人，上升到2017年超过1.1亿人。④ 2020年7月，印人党发起为期一个月的庆祝莫迪第二任期一周年活动，为民众分发食物、口罩等物资，宣介"自力更生"计划、总理关爱基金（PM Cares Fund），进行了500多场大型的网络集会（digital rallies）。⑤ 这期间，印人党党员数量迅速上升，在线申请入党的人数约为线下申请人数的9.3倍，党员数量达到1.8亿人，目前世界上只有7个国家的人数超过印人党的党员数量。⑥

---

① "BJP Organisation", Bharatiya Janata Party Website.
② "BJP Organisation", Bharatiya Janata Party Website.
③ "BJP Membership Application Form", Bharatiya Janata Party Website.
④ Uday Mahurkar, "Being Amit Shah: BJP's Election - Winning Juggernaut is A Man on A Mission", *India Today*, Oct. 1, 2017.
⑤ "BJP to Hold Month - Long Campaign to Mark First Anniversary of Modi Govt 2.0", *The Economic Times*, May 28, 2020.
⑥ "Only 7 Countries Have More People than BJP Members: Nadda", Aug. 29, 2020, https://www.rediff.com/news/report/only-7-countries-have-more-people-than-bjp-members-says-nadda/20190829.htm.

第二，重点吸纳关键政治人物加盟。党组织定期分析联邦与各邦政治局势，重点关注反对党核心政治人物的最新动向与情绪变化，适时争取关键人物的加盟。例如，2020年7月，拉贾斯坦邦执政党国大党面临危机，副部长萨钦（Schin Pilot）对国大党政府不满，他在邦立法院有超过30位忠心追随者，当前立法院200个席位中，国大党占107席，印人党占72席，萨钦及其追随者的加盟可以很大程度改变印人党与国大党在拉贾斯坦邦的力量对比，萨钦成为印人党的重点争取对象。①

第三，强化培训与考核，加强对党员干部的管理。对党的干部进行严格培训，培训内容包括意识形态、历史、经济政策、媒体关系、党政协调等诸多方面。加强干部考核，党主席亲自牵头评估内阁部长的工作情况，考核不合格的干部将随时被替换。莫迪要求所有的印人党议员不得做出有损印人党名誉的事情，这是"不可原谅"的，要求他们必须出席议会，要让民众看到他们为人民服务。印人党的高层领导还会在全国各地进行党员动员，与基层的党员接触并鼓励他们。② 党内有纪律委员会，对党员进行严格的管理，尤其是对做出有悖印人党意识形态或者在公众场合的言论偏离印人党的主流意识形态的党员进行相应的处理。甚至一些高层的领导，也需要为其不当的言辞公开道歉。③

（三）全方位的基层动员组织

借鉴莫迪担任古吉拉特邦首席部长期间采用的基层组织管理办法，党基层组织的最小单位是党的选区领导小组，每个区包括1000名选民，印人党在670个党区设立办事处。党的干部有责任吸收新党员入党，并确保新党员在投票时动员至少2名家庭成员投票给印人党。每个区由3人组成的领导小组负责指导与选民的联系工作，与选民交流与宣传。④

与此同时，印人党还构建了一个与党组织有密切联系但又相对独立

---

① "Rajasthan BJP Leaders Discuss Congress Crisis", *Outlook India*, Jul. 14, 2020.
② "PM to Launch BJP's Membership Drive from Varanasi on July 6", *The Hindu*, Jul. 2, 2019.
③ "Remarks on Nathuram Godse by Party Leaders against BJP Ideology, Party has Taken Serious Note: Amit Shah", *The Economic Times*, May 17, 2019.
④ 陈金英：《莫迪执政以来印度人民党的扩张及其原因》，《当代世界》2018年第5期。

的金字塔结构的选举组织，这个组织成为印人党基层组织的强大补充，是选举期间动员民众支持的重要机制。据统计，在大选中，为印人党争取选票、进行选民动员的人只有19%是印人党的成员，81%的人来自非正式的选举组织，[①] 二者协同作用，共同构成了印度独立以来所有政党中最强大的基层动员网络。

大选期间，在选举委员会设立的数百万个投票站中，印人党在超过80%的投票站设立了选举办公室，每200名选民设立一个工作负责人（sheet leader），统筹动员工作。印人党将政府福利制度受益者的名单提供给这些选举工作人员，重点针对那些接受过政府福利政策的选民进行动员。[②]

印人党的选举组织还成立了"可靠治理的公民组织"（Citizens for Accountable Governance），由200—400人组成，他们的工作是在基层建立密集的选举动员者组织。这些选举组织还成立了"莫迪4PM"（NaMo4PM）、"印度272+"（India272+）等行动组织，从名字就可以看出，这些行动组织的目标就是莫迪当选总理、获得至少272个席位。这些组织的成员对莫迪忠心耿耿，他们表示"对政治并不感兴趣，相信印度教特性，但更主要的是对莫迪本人的追随。成千上万的人支持莫迪，指责莫迪的声音越多，莫迪的坚定支持者也会越多"[③]。

除了线下的选举组织，印人党还成立了线上的选举组织。印人党总部设立全国数字执行中心（National Digital Operations Centre），工作任务是使用数字技术帮助莫迪获得选举胜利。有5000人专门负责了解155个选区的民意动向，这155个选区被称作"数字席位"，因为这些地区的人使用网络传媒最多，最容易受网络传媒影响。[④] 印人党起用大量在美国接

[①] Christophe Jaffrelot, "The Modi - Centric BJP 2014 Election Campaign: New Techniques and Old Tactics", *Contemporary South Asia*, Vol. 23, No. 2, 2015, p. 156.

[②] Gilles Verniers, "Modi's Success in India's Elections: Five Factors", YaleGlobal Online, July 22, 2019, https://yaleglobal.yale.edu/content/modis - success - indias - elections - five - factors.

[③] Christophe Jaffrelot, "The Modi - Centric BJP 2014 Election Campaign: New Techniques and Old Tactics", *Contemporary South Asia*, Vol. 23, No. 2, 2015, p. 156.

[④] Christophe Jaffrelot, "The Modi - Centric BJP 2014 Election Campaign: New Techniques and Old Tactics", *Contemporary South Asia*, Vol. 23, No. 2, 2015, pp. 156 - 157.

受过培训的专业人士,其中包括大量信息技术专业的高手。他们通过网络招募选举工作者,发布各种印人党的宣传材料,在脸书、推特等各大网站宣传,还有网站(例如,India272.com)专门发布印人党的相关消息。2020年新冠肺炎疫情期间,印人党更是通过线上的选举团队来争取地方选举的胜利。为了在11月比哈尔邦地方选举中争取更多的民众支持,印人党要求该邦243个选区的干部通过脸书进行直播,通过Zoom等应用程序与民众进行线上互动,宣传印人党的亲民政策。[1]

三　外部资源的整合运用

莫迪执政时期,印人党不仅在党内组织资源的整合方面做了许多工作,在吸纳党外资源的过程中,也充分发挥了代表不同阶层利益的社会团体、政党联盟、工商阶层的作用。

(一)"同盟家族"

以国民志愿团为首的"同盟家族"是印人党吸纳外部人员和物资资源的重要支撑。国民志愿团成立于20世纪20年代印穆矛盾日益暴露之际,其核心目标是强化印度教群体,建立一个团结的"印度教国家"。受国民志愿团影响和启发而成立的政治与社会组织自称"同盟家族",印人党是"同盟家族"的一员。该家族还包括印度农民协会(Bharatiya Kisan Sangh)、印度劳工协会(Bharatiya Mazdoor Sangh)、全印学生联盟(Akhil Bharatiya Vidyarthi Parishad)、世界印度教大会(Vishwa Hindu Parishad)、印度人民青年阵线(Bharatiya Janata Yuva Morcha)等。[2]

印人党与国民志愿团在意识形态、人事组织、政治实践中有着千丝万缕的实质性联系,国民志愿团通常被看作印人党的"母体组织"、精神导师与政党组织的后盾,而印人党则为国民志愿团政治表达的重要渠道。

---

[1] Pragya Kaushika, "BJP Begins Bihar Assembly Campaign, Holds Virtual 'Jan Samvad' in 70 Constituencies", *Business World*, Jul. 7, 2020.

[2] "BJYM History, Bharatiya Janata Yuva Morcha", Bharatiya Janata Yuva Morcha Website.

国民志愿团培养了一批坚定的印度教民族主义者，他们有着为组织奋斗奉献的精神，并且在个人生活方面极为节制，成为印人党的干部储备。随着印人党在全国执政地位的巩固，国民志愿团也获得了极大的发展。据统计，2016年国民志愿团有56859个基层组织"沙卡"（Shakha），成员数量为500万—600万人，其中仅德里就有1898个沙卡。[①] 2019年，国民志愿团拥有84877个沙卡，其中59266个沙卡每天都有活动，非常活跃，还有17299个沙卡每周至少有一次活动。[②] 国民志愿团活跃的基层组织不仅是印人党强大的群众基础，更是活跃的基层动员的志愿者。

"同盟家族"的其他组织也为印人党提供了强大的人力、物力与资金的资源。女性志愿团（Rashtra Sevika Samiti）、全印学生联盟、印度劳工协会、印度人民青年阵线等组织在妇女、学生、工人、青年群体中有强大的社会影响力，为印人党争取了不同社会群体的支持。"同盟家族"在海外的分支机构吸引了大量海外印度移民的支持，包括知名大学的教授、信息技术企业的工程师、成功的企业家等。这些怀抱复兴印度教辉煌梦想且具有经济实力的精英人士，成为印人党的海外"应援团"、选票库与资金来源。印人党上台执政后，也为"同盟家族"提供政策倾斜，回报他们的支持，进一步壮大"同盟家族"的实力。

莫迪执掌的印人党与世界印度教大会的关系尤其密切，后者是"同盟家族"中最活跃、人数最多、在海外印度教徒中最有影响力的组织。二者不仅有着宗教、文化、认同层面的共同点，而且在全球化、吸引外国投资等诸多发展理念上有着共识（包括国民志愿团在内的部分"同盟家族"成员，在经济发展理念上与印人党存在分歧）。世界印度教大会是阿约迪亚罗摩庙运动的发起者与坚定支持者。2002年2月，世界印度教大会激进主义者到阿约迪亚支持修建罗摩庙，在回到古吉拉特时在火车站遭遇爆炸袭击，货车被点燃，58人被活活烧死，袭击者是当地的穆斯林军事组织。这次事件导致了古吉拉特邦大规模的宗教冲突，在两周内，

---

① Express News Service, "Highest Growth Ever: RSS Adds 5,000 New Shakhas in Last 12 Months", *The Indian Express*, Mar. 16, 2016.

② Arise Barat, "Tashtriya Swayamsevak Sangh Annual Report 2018", Apr. 2, 2019, https://arisebharat.com/2018/03/10/rashtriya-swayamsevak-sangh-annual-report-2018/.

1000多人在冲突中死亡，其中绝大多数是穆斯林。当时古吉拉特邦首席部长莫迪被指责没有有效镇压，没有控制住杀戮。而莫迪则观察到社会上对于穆斯林军事组织的愤怒情绪，在世界印度教大会的支持下，在12月的古邦选举中大获全胜。[1] 莫迪与世界印度教大会的密切合作一直延续，莫迪执政后也一直致力于推动阿约迪亚罗摩庙事宜，实现了意识形态资源、执政资源与组织资源之间的交换互动。

（二）政党联盟

政党联盟的形式有益于吸收来自不同宗教、不同种姓、不同地方利益的社会团体的支持，这是多元社会政党争取外部资源的重要途径。印人党1996年第一次成为议会第一大党，依靠邀请其他政党联合执政上台，但仅13天就失去盟党支持，沦为看守政府。1998年，印人党正式组建了全国民主联盟，在选举中获得微弱优势联合组阁。此后，联盟成员几经变动，当前主要成员包括印人党、全印安纳德拉维达进步联盟（AIAD-MK）、人民党（联合派）[Janata Dal (United)]、阿卡利党（Shiromani Akali Dal）、印度共和党（A）[Republican Party of India (A)]、大众人民力量党（Lok Janshakti Party）、阿萨姆人民联盟（Asam Gana Parishad）、阿普纳党（S）[Apna Dal (Sonelal)]、波多人民阵线（Bodoland People's Front）、全国人民党（National People's Party）、工人党（Pattali Makkal Katchi）、泰米尔马尼拉大会党（Tamil Maanila Congress）、民族共和党（Rashtriya Loktantrik Party）、贾坎德学生联合会（All Jharkhand Students Union）、民族民主进步党（Nationalist Democratic Progressive Party）、米佐民族阵线（Mizo National Front）、锡金革命阵线（Sikkim Krantikari Morcha）、那加人民阵线（Naga People's Front）。全国民主联盟的政党在意识形态、群众基础、政治资源方面各有所长，不仅在全国大选中协同合作，而且在地方邦的选举中密切配合。在梅加拉亚邦、米佐拉姆邦、那加兰邦、锡金邦、泰米尔纳杜邦和比哈尔邦，印人党在邦立法院选举中获得

---

[1] Ashok Malik, "The BJP, the RSS Family and Globalization in India", *Harvard Asia Quarterly*, Winter 2003, pp. 26–31.

的议席均不是最多的，需要依靠盟党在地方的影响力组建联合政府。

政党联盟并非稳固的组织，盟党之间因为共同的政治利益走到一起，也经常由于利益或意识形态的分歧发生分裂。尤其是在地方选举中，印人党经常根据具体的选举需要，与一些地方政党临时结盟，也经常发生政党联盟重组的情况，甚至会直接影响选举的结果。2019年，在马哈拉施特拉邦立法院选举中，印人党尝试与湿婆军（Shiv Sena）结盟。湿婆军是右翼印度教民族主义政党，在马哈拉施特拉邦有强大的民众基础。2014年，印人党与湿婆军就曾因为席位分配的分歧未能建立正式联盟。2019年，双方高层接触，但由于印人党未同意湿婆军的席位分配方案以及两党轮流担任首席部长职位的要求，最终未能结盟。① 谈判破裂后，湿婆军转而寻求与国大党合作，印人党也出人意料地寻求与国大党的合作，希望建立联合政府，但最终没有成功。② 在马哈拉施特拉邦立法院选举中失利对印人党是一个重要的打击，因为该邦经济活跃，是印度吸引外资的重要窗口，输掉该邦地方选举既不利于推行经济改革的措施，也不利于争取工商阶层的支持。

（三）工商阶层

1951年，《印度人民代表法案》（*The Representation of People Act*）限制通过金钱影响选举的行为，但没有良好的执行与约束条款。2014年修正案中规定了政党在联邦议会选举中的选举资金上限为540万—700万卢比，地方立法院选举资金上限为200万—280万卢比，但完全没有得到执行，很多政党甚至公然允许买卖选票。③ 在以选举为导向的政党政治动员中，选举耗资不断攀升。据统计，2019年印度大选花费了6000亿卢比（约合87亿美元），约为2014年印度大选所耗资金的2倍，成为全球最贵的选举，动员了将近9亿选民参与投票，平均在每个选民身上花费了

---

① "Our Alliance with BJP A Certainty: Shiv Sena Leader", *The Economic Times*, Sep. 20, 2019.
② Rajesh Kumar Singh and Bibhudatta Pradhan, "Modi's BJP Joins Rival to Take Control of India's Richest State", *Bloomberg*, Nov. 23, 2019.
③ Gulshan Kumar, "Vitiating Role of Money in Electoral Democracy Supreme Court's Endeavour of Its Purification", *Vidhigya*, Vol. 12, No. 2, 2017, pp. 20 – 21.

700卢比。在每个议会选区，为了争取一个席位，花费将近10亿卢比。①

拥有强大资金支持的政党，可以拥有更通畅的渠道向民众宣传竞选理念，也可以雇用更多的选举工作人员，这些带薪的选举工作人员往往会比志愿者更努力地争取选民的支持。2019年大选中，印人党及其附属机构在谷歌、脸书及其同类平台的广告投入超过了2亿卢比，国大党仅为2700万卢比。② 在地方选举中，各党派也竞相通过金钱收买人心，在喀拉拉邦地方选举前一周内，左翼民主政党花了170万卢比在脸书上打广告，印人党花费了440万卢比，国大党仅花费110万卢比。③

印人党之所以能够开展广泛的政治动员，离不开强大的资金支持，而这得益于其与工商阶层的有效互动。据统计，2017—2018财年，印人党的总资产为148.34亿卢比，其中从工商界获得的捐款为91.56亿卢比；相比之下，国大党的总资产仅有72.44亿卢比，从工商界获得的捐款仅5.54亿卢比，差距异常悬殊。④ 印人党政府允许公司或公民通过购买或转换"选举献金"向政党提供合法捐助，在银行进行实名注册捐赠，名字和相关信息绝对保密。据统计，2016—2018年所有公司的"选举献金"中有93%流入了印人党。⑤ 工商阶层支持印人党，一方面在于认同印人党经济发展的主张；另一方面在综合分析政治局势的情况下，印人党胜出的可能性大，胜出后可以通过颁布有利于工商阶层的经济政策，"回报"工商阶层的选举支持。塔塔集团、安巴尼财团虽然在宗教民族政策上并不认同印人党，但在选举中都为印人党提供了大力支持。印人党除了在执政期间营造有利于工商阶层的政策环境以外，还直接大量起用工商阶层作为联邦与地方层面的候选人，在议会中工商阶层出身的议员数量的

---

① Bibhudatta Pradhan and Shivani Kumaresan, "India's Bitterly Fought Poll Becomes the World's Most Expensive", *Bloomberg*, Jun. 3, 2019.
② 周帅：《数字化工具对印度人民党的效用研究》，《南亚研究》2020年第2期。
③ Gopal Sathe, "Online Ad Spend Shows BJP Pouring Cash to Fend off Regional Rivals", *Huffington Post*, Apr. 25, 2019.
④ 楼春豪：《家族政治：印度民主政治的悖论还是必然？》，《云大地区研究》2019年第2辑。
⑤ Gilles Verniers, "Modi's Success in India's Elections: Five Factors", YaleGlobal Online, July 22, 2019.

增长，也反映出政党与工商阶层之间的资源交换。

四 "分化"导向的动员策略

通过吸纳整合内外资源，印人党成功掌握了有利于政治动员的丰富资源。但要实现强有力的政治动员，光凭动员主体掌握的资源还无法实现，还需要针对动员客体的特点与需求，实现主客体之间的有效互动。印度社会的多元化与变动性是政党调动组织资源进行政治动员的重要挑战，印人党针对印度社会的特点，采取了以"分化"为导向的动员策略，取得了较为显著的动员效果。

（一）人民与精英的分化

在2014年和2019年大选中，印人党借鉴了美国总统选举的模式，打造以莫迪为中心的动员策略，将莫迪塑造为印度"救世主"的形象，通过"莫迪旋风"吸引民众的关注与支持。[1] 除了常规的演讲、电视宣传外，印人党还直接用莫迪的头像作为宣传手段，在选举期间，大街小巷都贴满了莫迪的头像。莫迪本人在2009年注册了推特账号，通过推特、脸书等社交网络平台，直接与选民互动和对话，在谷歌等网站上与网民视频群聊。

莫迪具备人民"偶像"的气质，他强调其低种姓的出身，与含着"银汤匙"出生的拉胡尔·甘地不同，他是人民的一员，站在精英的对立面。2019年莫迪在推特上发布了这句话："你知道我对他们的罪行是什么吗？正是一个穷苦家庭出身的人对苏丹统治的挑战。"他把2014年的当选，比喻成一次革命。"他们"是指以国大党为代表的说英语的上层精英，"苏丹统治"则是借印度次大陆遭受了数百年穆斯林的统治，来比喻一切外族的统治。[2]

---

[1] Armaan Bhatnagar, "Hat Historic NDA Win Means for BJP, Congress and Other Opposition Parties", *Times of India*, Jan. 31, 2020.

[2] Aatish Taseer, "The Modi Era: As India Goes to the Polls, the World's Biggest Democracy is More Divided than Ever", *Time*, May 20, 2019, p. 39.

二　国别政治现象分析

莫迪的政治生涯从基层开始,对印度人民的处境和思维习惯极为熟悉,人民也相信这样一位有着丰富基层经验的人能够改变以往统治精英腐败的治理模式,解决印度人民面临的困难与问题。莫迪在古吉拉特邦担任首席部长期间对经济发展的推动,更成为吸引民众支持的关键。民众希望莫迪能将古吉拉特邦的治理经验复制到全国,通过基础设施建设、发展制造业、大力发展软件业等措施促进经济发展,进而提供更多的就业机会,并通过"小政府、大治理"的理念提供高效的治理与服务。当有媒体批评莫迪政府的印度教民族主义政策以及在阿约迪亚建立印度教神庙的措施时,很多人捍卫莫迪,称"别跟我们谈论神庙,我们投票支持莫迪是因为我们需要发展"[①]。

莫迪担任总理后,更是营造了一种对内"亲民"、对外"强势"的"大家长"的形象。他经常在演讲中用"亲爱的国民""兄弟姐妹"等话语来拉近与民众的距离,但在关乎国家利益的内政外交和改革措施等方面,莫迪强硬的做派塑造了"强人""英雄"的形象。在国内事务上,尽管"废钞"等突如其来的改革措施给农村经济带来沉重打击,让很多民众的直接利益受损,但莫迪强势的"行事风格"、牺牲个人利益服务更长远的国家利益的理念逐渐被民众接受。2020年,新冠肺炎疫情在全球范围迅速蔓延,莫迪突如其来的"封国令",让社会与民众感到措手不及,但莫迪在克什米尔问题上对巴、对华的强硬态度,契合了印度国内的民族主义与民粹情绪,支持率不减反增。

(二) 种姓分化

印度独立后在宪政体制层面构建了现代西方式的民主政治体制,在社会层面则几乎原封不动地保留了传统的社会结构,包括基于种姓与宗教而形成的深刻而稳固的社会结构,在经济社会发展过程中不但没有逐渐消失或削弱,反而随着种姓政治化和宗教政治化而不断固化和强化。

在高种姓中,印人党有很高的支持率,这得益于长期以来高种姓对

[①] Aatish Taseer, "The Modi Era: As India Goes to the Polls, the World's Biggest Democracy is More Divided than Ever", *Time*, May 20, 2019, p. 40.

国大党对穆斯林和低种姓的照顾性政策的不满。20 世纪 80 年代起印度社会经常发生高种姓针对低种姓的侮辱或冲突事件，出现高种姓阻止达利特入学、进入寺庙和其他公共场所的情况。在印度北部地区，印度教的影响深远，高种姓在社会中具有主导地位，因此印人党在进行政治动员的过程中有意识地契合高种姓的不满情绪，大肆强调印度教民族主义思想，攻击国大党对穆斯林的偏爱和特殊优待。莫迪本人就经常穿着代表印度教的橘黄色服装访问很多印度教圣地，并以印度教圣城瓦拉纳西作为竞选选区。莫迪在选举中经常用罗摩的画像作为背景，在演讲中经常提及罗摩与阿约迪亚寺庙，表示要竭尽一切努力，在印度宪法中寻找在阿约迪亚建立罗摩庙的可能。2017 年，印人党获得北方邦地方选举胜利，特意任命印度教僧侣、右翼煽动者阿迪提亚纳特（Adityanath）作为北方邦首席部长，此人说纯正的印地语，发音非常接近古代的梵语，以致很多拜访者几乎听不懂。他在竞选时鼓吹，不能允许北方邦变成"下一个克什米尔"，不能成为一个穆斯林统治、印度教徒诚惶诚恐地生活着的地方。[①] 强调纯正的印度教、攻击穆斯林的做法，能够很好地迎合北部地区高种姓的支持。

南部地区的印度教教徒往往没有强烈的教派主张，摩根士丹利首席全球战略分析师鲁奇尔·夏尔马（Ruchir Sharma）在 2016 年到泰米尔纳杜邦做选举前的民调，在关于莫迪的问题上，很多人选择"不重要"的选项，甚至有人问莫迪是谁。2015 年，卡纳塔克邦地方选举，莫迪前去发表演讲。他一开始用当地语言向民众致意，引起群众热情欢呼，随后莫迪用印地语演说，瞬间民众失去了兴趣。[②] 在南部地区，民众更倾向于支持本地领袖，寻求本地的传统"庇护"，选举时会综合考虑种姓、次生种姓、语言等诸多因素。在南部，莫迪强调自身的低种姓身份，以争取为数众多的低种姓选民的选票。在低种姓人数占多数的邦，他在演讲中会特别强调对低种姓、达利特的同情。印人党还会根据具体的选举形式，

---

① Ruchir Sharma, "No Country for Strongmen, How India's Democracy Constrains Modi", *Foreign Affairs*, Mar./Apr., 2019, pp. 99-100.

② Ruchir Sharma, "No Country for Strongmen, How India's Democracy Constrains Modi", *Foreign Affairs*, Mar./Apr., 2019, pp. 99-100.

推举低种姓的候选人，或者直接与低种姓政党结盟。为了争取低种姓的支持，印人党甚至经常采取分化种姓内部的次生种姓的做法，这一举措进一步强化了种姓的政治身份，造成社会群体分化的进一步固化与复杂化。

这种基于种姓分化的动员策略确实颇具成效。在 2019 年的全国大选中，印人党比 2014 年损失了 1% 的穆斯林的选票，但是在表列部落、表列种姓和其他落后种姓中的支持率大增，其中表列种姓的支持率超过了 30%，表列部落和其他落后种姓的支持率均超过了 40%，在高种姓中的支持率则从 2014 年的 52% 进一步攀升至 60%。[1]

（三）城乡分化

亚洲国家发展过程中普遍存在的城乡二元结构，也即大工业生产为主的城市经济结构与小农经济为主的农村经济结构并存的现象在印度更为突出和根深蒂固。与其他亚洲国家不同的是，这种城市现代与乡土传统并存的局面在印度缺乏融合和转换的机制，甚至随着选举政治的"白热化"呈现出城乡之间发展方向截然不同的"反向运动"，进一步增加了印度社会结构的复杂性。[2]

在城市地区，印人党通过新自由主义的发展政策争取城市精英与中产阶级的支持。莫迪将自己包装为"发展领袖"（Vikas Purush），强调在古吉拉特邦的发展成绩。在 2012 年 12 月第三次当选古吉拉特邦邦长之际，他发表了如下演说："兄弟姐妹们，今天我参加全国发展委员会的大会，我在总理面前表达我的观点，我对总理说，你担任这个职位是国家的不幸，现在全国上下充满了失望……朋友们，现在他们已经不去想 9% 的增长率，而将 8.2% 的增长率作为目标，古吉拉特邦的增长率超过了 11%。在农业领域，他们根本无法超越 2.5%—3% 的增长率，而古吉拉

---

[1] Gilles Verniers, "Modi's Success in India's Elections: Five Factors", YaleGlobal Online, July 22, 2019.

[2] 冯立冰：《印度：复杂社会结构下的政治发展》，载房宁等《民主与发展——亚洲工业化时代的政治发展研究》，社会科学文献出版社 2015 年版，第 117—133 页。

特邦农业增长率没低于过10%。"① 这些数据并非来自计划委员会的统计，存在自吹自擂与夸大其词的可能性，但在印度创造了一个增长的神话。2014年选举中，出于对国大党腐败和失业率上升的不满，城市中产阶级普遍投票支持莫迪。虽然在执政期间，莫迪并没能够将古吉拉特邦的发展奇迹复制到整个印度，但其自由主义、引进外资的发展理念与发展方向，仍然获得了城市中产阶级的支持。

在农村地区，2016年底印人党政府突然推出去纸币化的举措，一夜之间取消了86%的市场流通的货币，极大地打击了本已虚弱的农业经济，造成成千上万的农民上街游行，也导致了2017年在以农业为基础的旁遮普邦地方选举中，印人党落败，大量对农民自杀问题、农村地区的教育与卫生问题不满的民众纷纷支持国大党。② 2018年，在拉贾斯坦邦、中央邦、恰蒂斯加尔邦等地方选举中，印人党遭到的主要挑战也来自农村地区。但让人震惊的是，6个月后的全国大选中，这些在地方选举中反对印人党的选民居然选择支持印人党，在那些农村地区经历了巨大危机的邦，印人党反而大获全胜。③ 发生如此逆转，主要得益于印人党的选举动员策略。

在农村地区，印人党不太强调"发展理念"，而是反复强调福利措施。2019年议会选举中，印人党许诺在未来5年提供25万亿卢比用于农村发展。而且还会每年为农民提供6000卢比的补贴，并为60岁以上的小农、贫农提供救助金。④ 农民对于经济增长率并不特别关心，经济增长得快慢与他们是否投票没有明显的相关性，因为即使经济增速提升，这些底层民众也很难感到明显的改善。因此，各政党更惯用的方式是直接给选民一些小恩小惠，甚至有一些地方，会在选举的前一天午夜时分，趁

---

① Christophe Jaffrelot, "The Modi‐Centric BJP 2014 Election Campaign: New Techniques and Old Tactics", *Contemporary South Asia*, Vol. 23, No. 2, 2015, p. 152.

② Sucha S. Gill, "Explaining the Loss of the SAD‐BJP Alliance and APP: Role of Poor Governance and Policy Paralysis", *Journal of Sikh and Punjab Studies*, Vol. 25, Apr., 2018, pp. 91–104.

③ Gilles Verniers, "Modi's Success in India's Elections: Five Factors", *YaleGlobal Online*, July 22, 2019.

④ "BJP Launches Manifesto, Focusses on Nationalism", *Outlook India*, Apr. 8, 2019.

着夜黑人静，将现金装进信封里、夹在报纸中放到选民家中。① 印人党就是抓住农民对于道路、水电、福利措施的关心，积极宣传和许诺，争取了大量民众的支持。

印人党在农村地区的动员方式非常接地气，善于针对印度农村的特点与农民的生活习惯，采取有针对性的方法吸引民众的关注与支持。例如，在选举动员期间，印人党通过3D技术将莫迪的演说进行重播。3D技术在农村地区就像是魔法，很多人赶来观看。莫迪使用安装了大幅液晶显示器的宣传车，在北方邦就有200辆宣传车访问了19000个村庄，播放莫迪的演讲。莫迪还与乡间茶铺合作，通过全国4000个茶铺播放他的演讲。② 印人党针对城乡居民不同的生活水平、生活习惯与不同的关注点，采取因地制宜、因人而异的动员方法来吸引民众。

五 组织资源与动员策略的优势与局限性

莫迪执政时期印人党整合和运用内外组织资源进行政治动员的机制与策略，与印度其他政党乃至印人党以往的动员策略相比，具有较大的优越性，获得了足够掌握政权的支持率。当然，从其吸纳、整合组织资源的目标与方式来说，也有其固有的局限性，对于政党的长期发展乃至印度的政治生态均有深远影响。

（一）优势

与国大党等其他政党相比，印人党吸纳、整合组织资源的能力更加强大，政治动员的策略也更符合印度社会结构变动的特点。印人党严密的组织形式和党员队伍是其政治动员的机制保障，而其构建的政治动员的基层组织网络更是印度政坛有史以来最为强大和高效的动员机制。不仅如此，印人党还依靠"同盟家族"争取了来自不同社会阶层与集团的

---

① Gulshan Kumar, "Vitiating Role of Money in Electoral Democracy Supreme Court's Endeavour of Its Purification", *Vidhigya*, Vol. 12, No. 2, 2017, pp. 20–21.

② Christophe Jaffrelot, "The Modi - Centric BJP 2014 Election Campaign: New Techniques and Old Tactics", *Contemporary South Asia*, Vol. 23, No. 2, 2015, p. 155.

支持，依靠与工商阶层之间的资源互动获得了大量的资金与物质支持，这些是印度其他政党无法比拟的。依靠这些资源，印人党能够更加有力地组织和开展动员工作，更好地宣传和争取民众支持。

而在具体的动员策略上，以"分化"为导向的动员策略更为灵活地契合了印度社会的结构特点。国大党的动员策略总体来说是通过"民族主义"和"世俗主义"来团结和争取不同地域、宗教、阶层、性别、族群的支持，而印人党的动员策略则是强调"身份差异"，不仅通过"印度教特性"构建了印度教教徒与穆斯林之间的差异，还成功构建了"人民"与"精英"的差异，并根据不同种姓的、城乡之间的差异，采取了不同的动员策略。"自我"与"他者"的想象与构建，制造和利用民众的危机意识与不满情绪，激发社会团体参与，共同应对来自"他者"的威胁，成为印人党整合资源与社会身份认同，进而构建动员的意识形态与话语体系的重要途径。不仅如此，印人党还擅长借用民族国家的利益、人民群众的意志，将"自我"与"他者"的对立包装为"大我"与"小我"的区别，形成政治动员的合法性资源。

放在印人党自身的发展进程中来看，莫迪执政时期印人党的组织资源达到了巅峰，通过巧妙的组织架构，将党内元老安排到顾问委员会中，建构了以莫迪为唯一的最高领袖的金字塔形的组织结构，避免了党内的意见分歧与多头领导。在处理与"同盟家族"关系的问题上，印人党曾经多次反思与以国民志愿团为首的"同盟家族"的关系问题，[1] 探索出印人党与"同盟家族"更为成熟的互动方式，一方面充分借助国民志愿团、世界印度教大会的群众基础与资金资源；另一方面莫迪实际上是超越国民志愿团，对于国民志愿团的很多要求与建议并不一定采纳，[2] 尤其是在经济政策方面，坚持自己的发展主张。莫迪敢言敢行的风格及其在民众中的强大影响力，是"同盟家族"任何元老都无法望其项背的，使其成为"同盟家族"不得不全力支持的领导人。执政期间，莫迪的发展政策

---

[1] 林承节：《印度近二十年的发展历程》，北京大学出版社2012年版，第176页。

[2] Christophe Jaffrelot, "The Modi–Centric BJP 2014 Election Campaign: New Techniques and Old Tactics", *Contemporary South Asia*, Vol. 23, No. 2, 2015, p. 162.

与宗教主张，也回报了"同盟家族"的大力支持，实现了执政资源与组织资源之间的交换互动。

（二）局限性

从动员目标来看，印人党是以选举为导向进行群众动员的，而非以服务社会为目的的动员。在赢得选举的目标驱使下，印人党极尽所能地吸纳选举资金，竭尽可能地打压反对党。比如，在反对党候选人发表竞选演讲的时候，印人党的激进分子会张贴针对反对党候选人的煽动性和贬损性海报，在被警察逮捕后，印人党地方领导人甚至表示张贴针对政治对手的海报并不构成犯罪。① 这种钻法律空子的行为，不利于印人党的可持续发展，更不利于选举的公正。

在获得选举胜利的目标导向下，印人党的动员目标并非获得尽可能多的选民支持，而是获得足够赢得胜利的支持率。因此，印人党采取了"分化"的动员策略，通过对宗教、种姓等身份差异的强调，赢得占人口多数的民众支持。在此背景下，印人党经常竭尽全力地打击以穆斯林为代表的少数群体。莫迪在第二任期强势实施了印度教民族主义的政策，取消克什米尔的特殊自治地位，允许在阿约迪亚修建罗摩庙，颁布带有宗教偏见的《公民身份法》修正案，引起社会上少数群体的反对与抗议。印人党却以此作为政治动员的话题，在 2020 年德里地方选举期间，包括莫迪和阿米特·沙阿在内的印人党高层在演讲中暗示，国大党和平民党玩弄民主，煽动穆斯林社区的抗议活动。阿努拉格·塔库尔（Anurag Thakur）因为暗示抗议者是民族的叛徒、劝导听众枪决叛徒而被禁止参加选举。印人党在北方邦的首席部长阿迪提亚纳特则攻击平民党在德里的首席部长凯吉里瓦尔（Arvind Kejriwal）私通巴基斯坦，引起平民党的强烈不满。② 印人党在德里本不占优势，试图通过采取进攻性的强势姿态吸引部分激进民众的注意。

---

① "BJP Activists Arrested for Inflammatory Posters against CPI Leader", *Business Standard*, Jan. 23, 2020.
② Archana Chaudhary, "Modi's BJP Fights Tough Election Battle for Control of Delhi", *Bloomberg*, Feb. 7, 2020.

在政治动员的方式上，印人党强调用特定的意识形态与价值取向、不同族群的"身份差异"来进行动员，而非尽可能地整合不同的意识形态与社会阶层的意志。有学者认为，莫迪领导的印人党在中央和地方选举中的大获全胜，至少在现阶段，从事实上击败了传统的"种姓政治"，打破了地方政党借助"种姓认同"挑战印人党的企图。① 这种判断有一定的合理性，但低估了印人党对"种姓政治"的借用。事实上，印人党不仅借助种姓认同，而且还采取了分化种姓内部的次生种姓的策略。强调种姓、宗教、阶层、城乡的身份认同差异，使得印人党的政治动员始终无法真正突破印度政党政治的"符号化的政治参与"。

更让人忧心的是，执政党在整合内外部资源的过程中，涉及执政资源与组织资源的交换，这个过程实际上也是国家与社会的互动，成为国家塑造社会的一个重要渠道。印人党建立在社会身份差异基础之上的动员策略，最终会强化印度社会的结构分化，从根本上不利于民族国家的整合与社会的发展。

余 论

莫迪执政时期印人党支持率不断攀升，成为印度政坛最具号召力的政党。这不仅与其教派主张、发展理念有关，更得益于其构建起的严密的组织结构以及整合内外资源服务政治动员的策略。印人党作为典型的群众型政党，以获取选举胜利和执政地位为核心目标，尽可能争取获得选举胜利的足够支持。莫迪执政时期，印人党加强党内组织建设与党外资源的吸纳整合，实现了意识形态资源、人员物资资源、财力资源、合法性资源、执政资源之间的交互转换。

莫迪执政时期的印人党之所以能够在联邦与地方层面取得高支持率，还得益于其灵活的动员策略更符合印度社会多元化与变动性的特点。在20世纪七八十年代以来印度社会结构变动、工业化进程与政治发展过程

---

① Armaan Bhatnagar, "Hat Historic NDA Win Means for BJP, Congress and Other Opposition Parties", *Times of India*, Jan. 31, 2020.

中，出现了大量"不满"群体。在社会转型过程中，这些群体在既有的政治体制下无法获得充分的利益表达，他们是李普塞特所说的"心怀不满、心灵上无家可归"的人，"被剥夺感"乃至"怨恨"使他们容易被极端的话语体系、意识形态乃至社会运动所动员。[①] 高种姓不满政府对穆斯林和低种姓的优惠政策，低种姓由于缺乏提升经济社会地位的通道感到无助，城市中产阶级不满治理的低效与发展的滞后，广大农民则为了生存问题苦苦挣扎，普通百姓对精英和政府的腐败感到愤怒，而莫迪领导下的印人党似乎成为上述所有群体的希望，而这恰恰成为印人党迎合不同社会群体、争取政治支持的"分化"策略的基础。印人党与民众的互动方式，决定了其吸纳和整合的巨大社会资源是服务于政党执政的狭隘目标的，执政后的政策也是以"回报"资源提供者为导向的，其所声称代表的"人民"、底层、农民对其而言只是"选票库"。选举导向的资源整合与"分化"导向的政治动员，不仅难以突破印度政党政治的"符号化政治参与"，而且更进一步加剧了印度社会的分化，不利于国族的整合与国家的长远发展，更不能真正改变社会不同阶层的"无助"与"不满"的处境。

（本文刊发于《南亚研究》2020 年第 4 期）

---

① ［美］西摩·马丁·李普塞特：《政治人——政治的社会基础》，郭为桂、林娜译，江苏人民出版社 2013 年版。

东亚新兴工业化中的混合型统合主义

——考察新加坡工会运动与劳资政三方代表协商机制

郑振清

1970 年以来,韩国、新加坡和中国台湾地区的工会组织在工业化进程中不断壮大,虽然承受着来自政府/政权(state)和市场(market)的双重压力,但也推动着政治经济变化。这些变化不断累积,到 1990 年形成发展道路的大分岔:韩国和中国台湾地区工业化之后走向竞争性多党制民主政治——这看起来符合西方政治发展理论的预期。但是,新加坡却同时保持长期快速经济增长与人民行动党长期稳定执政。究竟工会组织如何影响东亚政治经济发展道路?对这个问题的探讨在以往东亚发展研究文献中比较薄弱,但在社会力量迅速崛起的今天,理应得到更多关注。[1]

新加坡全国职工总会(National Trades Union Congress, NTUC,新加坡华文界简称"职总")领导的工会运动,不仅是人民行动党长期执政的社会基础,也是推动工业化及产业升级的重要力量,同时也在不断增强自

---

[1] 对于泛东亚地区工运与发展的国别实证性学术研究为数不多,关于日本的研究参见 Sheldon Garon, *The State and Labor in Modern Japan*, Berkeley: University of California Press, 1987;关于韩国的研究参见 Jang Jip Choi, *Labor and the Authoritarian State: Labor Unions in South Korean Manufacturing Industries, 1961–1980*, Seoul: Korea University Press, 1989;以及[韩]具海根(Hagen Koo)《韩国工人:阶级形成的文化与政治》,梁光严译,社会科学文献出版社 2004 年版;关于印尼的研究参见 Vedi R. Hadiz, *Workers and the State in New Order Indonesia*, London: Routledge, 1997。

身经济实力和劳方利益代表能力。职总之所以能够发挥重要的政治经济影响力，与人民行动党的支持和劳资政三方代表协商机制（tripartism）的运作密切相关。1980年，美国社会学家戴约（Frederic Deyo）把新加坡当作边缘国家依附发展（dependent development）的典型案例，研究新加坡统合主义体制与世界市场导向工业化战略之间的关系，发现新加坡工会运动同时存在"政治化"（politization）与"去政治化"（de‐politization）现象——人民行动党政府通过扶持职总来保证经济政策的有效推行，职总则引导劳工雇员支持人民行动党政府（政治化过程）；同时，职总成为政府的附属机构，造成一部分劳工雇员对职总和政府产生疏离感和冷漠症（去政治化过程）。[1] 不过，戴约的著作对劳资政三方代表协商机制的实际运作缺乏足够的分析，对职总参与劳资政三方代表协商机制所产生的长期政治经济效应重视不够。另外，近年来东亚很多国家和地区的社会组织迅速发展，特别是中国的社会建设得到前所未有的重视。因此，新加坡有利于政治经济稳定发展的工会运动经验，特别是职总与三方代表协商机制的关系，值得重点研究。

　　本文根据作者在新加坡国立大学新马特藏（Singapore‐Malaysia Collection）和新加坡全国职工总会的调研，分析职总在新加坡劳资政三方代表协商机制建立与运作中的作用，探讨新加坡工会运动与经济发展的关系，概括源自欧洲工业化经验的统合主义模式在新加坡的发展形态。

一　新加坡全国职工总会的工运路线

　　新加坡全国职工总会是1961年新加坡职工总会（Singapore Trades Union Congress, STUC）分裂后成立的，主张劳资集体谈判而非阶级对抗。1963年以后，人民行动党政府支持职总发展成新加坡最大的工会联合组织。目前，职总拥有63个下属工会，总会员数约47万人，占新加坡工会

---

[1] 参见 Frederic Deyo, *Dependent Development and Industrial Order: An Asian Case Study*, New York: Praeger Publishers, 1981; Frederic Deyo, *Beneath the Miracle: Labor Subordination in the New Asian Industrialization*, Berkeley: University of California Press, 1989.

会员总数的90%，超过新加坡总人口的10%。

（一）劳资政合作与威权统合主义

1960年初，职总的工运路线是"民主工运"，要求自由劳资集体谈判，充分保障劳工权益。1965年新加坡脱离马来西亚独立后，面临严峻的生存危机，急需发展劳动力密集型工业以解决迫在眉睫的失业问题。因此人民行动党政府要求职总约束下属工会的集体谈判行动，保证劳资政三方合作发展生产力，推进工业化。在此背景下，职总中央调整了工运路线，职总秘书长蒂凡那（Devan Nair）提出职总的宗旨固然是保护劳工基本权益，但是"（由于）新加坡经济停滞或衰落将首先给民主工运带来灾难性影响，职总全力支持新加坡（人民行动党政府的）工业化计划"①。

1965年，在新加坡内阁总理李光耀的主导下，职总与新加坡制造商协会及新加坡雇主联合会协商签署《工业进步宪章》（*The Charter for Industrial Progress*）。根据该宪章，职总赞成"通过劳资合作、公正与和谐达成工业进步"，并与新加坡制造商协会、新加坡雇主联合会支持政府成立"国家经济咨询委员会"（State Economic Consultative Council）。在此委员会中，劳资政三方各有平等的代表权，在制定与推行经济社会政策方面密切沟通、团结协作。职总从此被人民行动党拉入劳资政三方合作促进经济发展的产业关系框架中。

1968年，在人民行动党垄断新加坡国会席位的背景下，②新加坡国会通过《雇佣法》和《工业关系（修正）法》进一步约束工会的集体谈判功能，保障资方的管理权限，以便规训劳动力队伍和稳定劳动力成本。由此，职总的劳方利益代表职能（主要是集体谈判）遭到实质性削弱，而人民行动党政府对庞大劳工/雇员队伍的控制能力得到加强。同时，原来以集体谈判为基础、工业仲裁为纠纷处理机制的新加坡产业关系体系

---

① National Trades Union Congress, "Secretary – General's Report and Annual Delegate Conference", Singapore: NTUC, 1965, p. 13.
② 1968年2月，人民行动党在新加坡国会选举中一举包揽全部58个议席，新任人民行动党内阁成员全部兼任国会议员。40年来，人民行动党一直稳居新加坡国会议席的绝对多数。

出现变化——新加坡工业仲裁法庭不再裁决雇主管理越权问题和劳资谈判争议问题,而由新加坡劳工部加强对劳资关系的干预。

整个 20 世纪 60 年代,新加坡人民行动党政府与职总工会体系的关系具有明显的威权统合主义(authoritarian corporatism)色彩,体现为当时一党独大的人民行动党与职总保持着密切的政治联系和人事关系,职总发展成等级体制严格的排他性工运中心,辅助人民行动党政府推行产业政策和劳工政策。

(二)"工运现代化"路线

20 世纪 60 年代末到 70 年代初是新加坡工会运动适应快速工业化的调整期。在出口导向工业化成为新加坡城市国家生存和发展战略的时候,人民行动党主张的民主社会主义路线,实质是实用主义的混合型经济政策——在尊重自由贸易和自由企业制度的基础上,认为政府应驾驭市场和干预经济发展,为此需要工会的合作。[①] 与此相适应,1969 年,职总提出"工运现代化"新路线,不再提原来政治色彩较浓的"民主工运"。

"工运现代化"主要指,劳方集体利益应服从国家经济利益,加强劳资政合作,同时发展工会合作社事业,增加工人福利。职总对"工运现代化"有一系列论述,可以概括为三点:(1)"现代化"意味着必须先有国家财富的稳定增长,才可能有工人份额的增加;(2)"现代化"要求建立劳资政三方合作机制;(3)"现代化"是劳工运动奠定自身经济基础、扩大社会影响的过程。同时,在职总工会体系之外还存在少数左翼激进工会,它们则提出针锋相对的三个观点:(1)"现代化"是人民行动党控制力渗透工会与工人的阴谋;(2)"现代化"逃避资产阶级与工人阶级之间真正的对抗;(3)"现代化"是一种进一步奴隶新加坡工人的图

[①] 曾任新加坡财政部长的吴庆瑞(Goh Keng Swee)说明:"(在经济发展问题上)我们不得不实行一种更加积极的干预措施(a more activist and interventionist approach)。民主社会主义经济政策涉及的范围很广,从直接参与产业到通过法定机构提供基础设施,再到为私营部门制定清楚的指导原则。这些政策能否成功推行,取决于人民的接受程度,特别是有组织的劳工能否积极合作。"参见 Goh Keng Swee, "A Socialist Economy that Works", in Devan Nair, ed., *Socialism That Works: The Singapore Way*, Singapore: Federal Publications, 1976, p. 84.

谋，只会把新加坡工人置于反动派和帝国主义者的怜悯之下。[①] 1971—1972年，新加坡社会学学者诺琳·海泽（Noeleen Heyzer）和魏玉心（Wee Gek Sim）以此六项为访问内容，调查新加坡各类工会对职总"工运现代化"的认同程度。根据调查统计结果，制成如下量表（见表1）。

表1　　　　关于职总"工运现代化"理念的分析量表　　　（单位：%）

评分	6—9分	10—13分	14—17分	18分	19—22分	23—26分	27—30分
职总中央委员会（决策者，7个）	0	0	0	0	0	43	57
职总中央代表工会（13个）	0	0	0	0	15	31	54
职总一般附属工会（22个）	0	0	0	9	23	27	41
有意加入职总的工会（20个）	5	0	0	10	55	20	10
无意加入职总的工会（31个）	9	3	37	7	36	8	0

注：该表各档评分由六项评分相加而成。对于职总主张的正面项目而言，评分标准分为5级，按正序排列，即"强烈同意"（5分），"同意"（4分），"无意见"（3分），"不同意"（2分），"强烈不同意"（1分）；对于左翼激进工会的负面项目而言，评分标准则反过来，即"强烈不同意"（5分），"不同意"（4分），以此类推，"强烈同意"（1分）。这种访问调查和评分统计方法可以了解新加坡各类工会对职总工运路线的大致认同程度。本表分为7个评分档，表中"评分"为正反六项的得分总和，最高为27—30分数档（最高分30），最低为6—9分数档（最低分6），中间档是18分。

资料来源：Noeleen Heyzer and Wee Gek Sim, *Trade Union Leaders in Singapore*, Department of Sociology University of Singapore, 1972, p. 69.

表1是对职总"工运现代化"理念认同程度的调查。表中显示100%的职总中央委员会（决策者）和职总中央代表工会得分在19—30分的分数档上，91%的职总一般附属工会也在此得分档上，可见职总工会体系自身对"工运现代化"概念有极高的认同感。在有意加入职总的工会中，有95%得分在18分中间档（含18分）以上，而在无意加入职总的工会

[①] Noeleen Heyzer and Wee Gek Sim, *Trade Union Leaders in Singapore*, Department of Sociology University of Singapore, 1972, p. 68.

中，也有51%得分在中间档（含18分）以上，可见在当时新加坡工业化快速推进的大背景下，后两者对职总提出的"工运现代化"也有相当广泛的认同，而有意加入职总的工会认同度甚至接近于职总一般附属工会。由于此前人民行动党政府和职总高层一直在宣导"现代化"思想，因此可以说到了20世纪70年代初，新加坡各类工会在"工运现代化"问题上开始趋同，"现代化"成了新加坡工运的主流概念。

在"工运现代化"的口号下，职总大力发展工会合作社。① 1980年，职总下属的职总英康保险合作社（NTUC Income）、职总康福出租车公司（原职总康福交通工友合作社）（NTUC Comfort）、职总平价合作超市（NTUC Fairprice）、职总牙科保健合作社（NTUC Denticare），成为新加坡经济发展中闪亮的经济组织。1990年，职总合作社由4个扩展到9个，涉及消费、交通、保险、保健、托儿、老龄服务、教材文具、住房、娱乐等领域，且发展成为各领域的重要企业。目前，职总平价合作超市已经发展成为新加坡最大的超市连锁店，职总英康保险合作社则发展成为新加坡保险业排行第三、投保人数第一的保险企业，职总康福出租车公司属下则有1200多辆出租车穿行在新加坡大街小巷。这些合作社在创建阶段虽然享有政府免税和场地使用优惠，但都依照现代企业制度进行管理，职总中央只在合作社的董事层进行决策。各家合作社为工会会员提供各种优惠措施和福利待遇，职总也可从合作社企业中获得利润分红、股息以及赞助费等收入。

总的来说，"工运现代化"是职总在威权统合主义结构下扭转工会发展困境的努力，其效果是增强了工会的财政自主能力，改变了过分注重劳资谈判的工会形象，扩大了职总的规模和社会影响力。

---

① 作为互助型经济合作组织，现代社会的"合作社"（co-operative）源自19世纪中期的英国。1844年10月，受英国空想社会主义者罗伯特·欧文合作思想的影响，在英格兰纺织工业重镇曼彻斯特市的小镇罗斯代尔，28名失业纺织工人创立了世界上第一个成功的工人合作社——"罗斯代尔公平先锋社"（The Rochdale Society of Equitable Pioneers），其办社准则后被称为国际合作社的基本原则——"罗斯代尔原则"。"二战"以后，各种生产、消费、金融合作社得到了广泛的发展。

二 职总与劳资政三方代表制

职总的"工运现代化"与人民行动党的"民主社会主义"路线在新加坡互相配合,为新加坡劳资政三方代表协商机制的建立奠定了政治基础。

1976年6月,国际劳工组织通过《三方协商促进履行国际劳工标准公约》(又称"第144号公约"),规定批准该公约的国际劳工组织会员国应履行劳资政三方代表平等协商制度。三方代表平等协商制度(我国又称"劳动关系三方机制",本文简称"三方代表制")一般有两种类型:一类是设立全面覆盖劳动关系各个方向所有议题的综合性三方代表协商机构;另一类是针对重要专门事项,设立专业性的三方代表协商机构。新加坡按照后一类发展三方代表制,有关的机构设置甚至早于第144号公约,主要有1966年成立的国家生产力中心(National Productivity Centre)、1972年成立的全国工资理事会(National Wage Council)以及1979年成立的技能发展委员会(Skills Development Council)等。在劳资政三方代表机构中,职总在政府支持下担任唯一劳方代表,一方面与雇主代表及政府代表协商,争取加薪、福利、车间管理等权益;另一方面也通过职总工会体系促成劳资政三方共识,维持劳资关系稳定和社会稳定。

1973年,新加坡财政部部长韩瑞生在政府年度预算报告中提出了促进高附加值工业的十点计划,其中包括:中高等技术工业的工资必须具有国际竞争力;推进工业培训、开发人力资源;开放吸引外国技术人才、熟练工人、高精尖企业;对达到理想技术水平的工业给予特别税收优惠等。[1] 这些政府计划和随之完善的政策重点体现了技术进步和工资增长两大主题,与此相关的三方代表协商机构——国家生产力中心与全国工资理事会,值得我们重点考察。

---

[1] Hon Sui Sen, *Economic Pattern in the Seventies* (Budget Speech), Singapore: Ministry of Culture, 1972. 参见[英]戴安·K. 莫齐主编《东盟国家政治》,季国兴等译,中国社会科学出版社1990年版,第260—261页。

(一) 职总与国家生产力中心

根据《工业进步宪章》和《生产力规则》规定的促进生产力增长的原则,新加坡政府于1966年成立了国家生产力中心,目的是协调劳资双方意见,规划提高生产力。1966年12月,职总代表大会提名职总研究所(NTUC Research Unit)主席担任国家生产力中心咨询委员会主席。该咨询委员会的新加坡政府代表来自经济发展局和劳工部,劳方代表来自职总,资方代表来自新加坡雇主联合会(SEF)。国家生产力中心名义上是一个专门研究和规划促进生产力发展的独立的三方代表协商机构,但由经济发展局和劳工部提供运作经费、配备秘书处并任命咨询委员会成员。

20世纪60年代后期,人民行动党政府注重发展纺织、电子元件装配、食品和原料轻加工等劳动密集型工业,重视劳动力投入而非技术革新。在这种形势下,国家生产力中心工作陷于停顿,咨询委员会连续两年(1967—1969年)没有举行一次会议,职总中央委员会对此提出正式批评。①

1972年以后,新加坡失业率保持在3%—5%,甚至出现劳工短缺,新加坡政府开始重视发展生产力以促进产业升级到技术和资本密集型,并于1972年设立更有职权的法定部门——国家生产力局(National Productivity Board, NPB),取代国家生产力中心的部分职能。在职总的配合和帮助下,国家生产力局大力推广"全面生产力"(total productivity)观念——包括生产管理、技术引进、产品质量、弹性工资制、工人培训、援助中小企业发展等有关企业层次技术进步和国家层次生产力发展的综合概念。② 此外,国家生产力局推动各企业建立"生产力委员会"(Productivity Committees),并与另外一个三方代表协商机构"全国工业关系委员会"(NIRC)联合制定生产力委员会的章程模板,为各企业的生产力委员会提供工作范围和程序的指导方针,试图促进劳资双方合作提高生

---

① "The Secretary General's Report", NTUC Annual Delegates' Conference, April 1970, p. 10.
② http://www.country-data.com/cgi-bin/query/r-11833.html.

产技能和工作效率,提高新加坡出口产品的国际竞争力。

职总中央为配合国家生产力中心和国家生产力局的工作,专门成立"职总生产力服务处"(NTUC Productivity Services Department),通过开办劳工培训课程、研讨会和展览会提高劳工的生产技术水平和工作效率。1975 年,新加坡国家生产力局启动"全国生产力运动"(National Productivity Campaign)后,职总秘书长蒂凡那和职总主席兼新加坡工业职工联合会(SILO)及新兴工业工友联合会(PIEU)秘书长彭由国声明职总及其附属工会将全力支持生产力运动。① 这种支持主要体现在,职总帮助降低制造业的劳动力流动率,1978 年以后还支持实行按技能评分的工资制度(merit – demerit wage scheme)。②

此外,与发展生产力相关的劳资政三方代表协商机构还有根据 1979 年《新加坡技能发展课税条例》(*Skills Development Levy Act*)设立的技能发展委员会。该委员会负责管理"技能发展基金",资助企业和工会开展各类劳工培训。职总同样作为唯一劳方代表直接参与技能发展委员会,管理技能发展基金。

(二)职总与全国工资理事会

1. 全国工资理事会的组成

在 1960 年《工业关系法令》、1968 年《工业关系(修正)法》和《雇佣法》的法律框架中,新加坡的劳动力价格更多的是在劳动力市场中自然形成和调整,主要由企业层次的劳资集体谈判来决定。

随着 1969 年以后外国直接投资大量涌入,新加坡实现了充分就业,工资上涨成为必然趋势。职总秘书长蒂凡那意识到推行新工资政策的必要性,呼吁劳资政三方合作成立一个专门规划工资增长原则的三方代表协商机构。③ 1971 年,财政部部长韩瑞生响应并提出成立一个体现三方代表制的工资论坛来规划工资政策,其目的是既要让工资水平有秩序地提

---

① *The Straits Times*, April 12, 1975.
② Frederic C. Deyo, *Dependent Development and Industrial Order: An Asian Case*, New York: Praeger Publishers, 1981, p. 47.
③ "The Secretary General's Report", NTUC Annual Delegates' Conference, April 1970, p. 10.

升，也要让工资增长水平适应生产力发展水平，确保新加坡出口商品的国际竞争力。[1] 1972年2月成立的全国工资理事会（NWC）就是这样一个工资论坛，主要工作就是研究每年加薪原则和幅度。如此，新加坡虽然没有正式的收入政策（income policy）[2] 以调节社会再分配，但是全国工资理事会每年一度的加薪建议实际上起到了准收入政策的作用。

1970年全国工资理事会有9名理事会成员，1980年增加到12名，1981年又增加到15名，劳资政三方人数相同。1983年以来，资方代表和劳方代表分别保持为5名，政府代表则为4名，此外还有1名独立于三方的理事会主席。资方和劳方代表的具体人选由各自组织决定，并经劳工部部长任命。

（1）资方代表

全国工资理事会的资方代表来源比较复杂，既要代表美、日、英、德等流动性强的外资，又要代表新加坡本地企业，很难形成完全一致的利益共同体。资方代表最早由代表大型外资企业和合资企业的新加坡雇主联合会（Singapore Employers' Federation，SEF）、代表本地企业的全国雇主理事会（National Employers' Council，NEC）和新加坡制造商协会（Singapore Manufacturers' Association，SMA）的高层领导担任。1980年，SMA的代表由新加坡工商联合会（Singapore Federation of Chambers of Commerce and Industry，SFCCI）的两名代表取代。1981年，SEF和NEC合并成新加坡全国雇主联合会（Singapore National Employers' Federation，SNEF）。SNEF包括了新加坡内外资商业机构，具有广泛的代表性，因此1981年以后全国工资理事会的资方代表就由SNEF和SFCCI的5名高层领导组成。

根据职总在20世纪70年代中期的调查，来自不同国家的企业对劳资关系、工资福利等问题看法往往不一致。例如，德国企业习惯通过"劳资联合委员会"（Work Councils）和劳资直接谈判处理劳资关系，而英、

---

[1] "Alert on Rising Wage Costs", *The Straits Times*, 19 June, 1971.
[2] "收入政策"一般指政府推行的旨在影响工资或物价变化，最终实现对收入分配进行有效调节的宏观性强制或非强制政策。

美企业则对劳资联合委员会持怀疑态度而不愿尝试，日本雇主则对新加坡雇员过多的要求和不顺从的态度很不满，至于新加坡本地企业则缺少现代劳资关系的观念，企业中的家长制作风浓厚。①

(2) 劳方代表——全国职总

劳方代表的组成则充分体现职总作为唯一工运中心的权威和集权体制。自1972年起，劳方代表一直由职总秘书长、主席、职总研究所执行主任组成。1977年，职总工业事务委员会（Industrial Affairs Council）主席取代职总研究所执行主任的代表名额。1980年，职总最大的合作社职总英康（NTUC Income）保险合作社的总经理加入劳方代表。1982年，职总工业关系处（Industrial Relations）主任助理加入劳方代表，此后经由职总秘书长任命的劳方代表一直保持在5名。值得注意的是，全国工资理事会中的劳方代表都来自职总，而职总只代表职总附属工会工人的利益，不代表未加入工会的工人和非职总附属工会的工人的利益。② 这种情况不仅在全国工资理事会中是这样，在新加坡的其他三方代表机构中也是如此。例如，职总在经济发展局、住屋发展局等法定部门以及国家生产力委员会等三方代表制的咨询机构中都只代表职总工会体系成员的利益。至于到20世纪70年代中期还没有参加职总附属工会的大约5000名工人（主要分布在传统行业的独立职业工会），只能靠自己的力量和雇主谈判，或者寄希望于能分享职总对雇主施压所带来的好处。因此，由于职总体系到60年代末已发展成政策执行能力很强的集权组织，而且参加全国工资理事会的劳方代表都是职总中央委员会高层，都要经职总秘书长提名和劳工部部长任命，职总在全国工资理事会中的代表具有高度的凝聚力和政策一致性。这与资方代表的分散性和异质性刚好形成反差，有利于提高职总的谈判能力，增强对资方的有效压力。这样，在与职总高层关系稳定且密切的政府代表的支持下，全国工

---

① C. V. Devan Nair, *Inlook and Outlook: Secretary General's Report to the Ordinary Delegates Conference of the NTUC*, Singapore: NTUC, October 1977, pp. 12 – 13.

② Chew Soon Beng and Rosalind Chew, "Tripartism in Singapore: The National Wages Council", in Lim Chong Yah and Rosalind, eds., *Wages and Wages Policies: Tripartism in Singapore*, Singapore: World Scientific Publishing, 1998, p. 98.

资理事会可以在不影响国家经济发展的前提下更多考虑如何对经济增长成果进行适当、渐进的分配。

(3) 政府代表

新加坡政府在全国工资理事会的代表有三重身份：既是公务员的最大雇主，也是劳工事务管理者，还是国家发展计划的制定者。政府代表起先是财政部和劳工部的常任秘书（Permanent Secretary）以及经济发展局主席。这种安排体现了新加坡政府对全国工资理事会工作范围的设定：与国家财政问题相关的工资增长水平、劳工集体谈判事务以及外来直接投资事务。1979年，贸工部常任秘书加入政府代表，1981年和1982年，住屋发展局常任秘书也加入政府代表，这反映出当时住房建设和中央公积金在与工资增长相关的经济问题中的重要性。1983年以后，政府在全国工资理事会的4名代表固定为劳工部、财政部、贸工部的3名常任秘书再加上经济发展局主席。在包括全国工资理事会在内的三方代表制中，新加坡政府代表虽然从理论上保持客观中立，但由于要承担政治责任，所以会尽量从国家整体利益和宏观经济发展的角度参与三方协商，促成三方共识。[1]

2. 全国工资理事会的运作

全国工资理事会得到人民行动党政府的重视与支持，规定劳资政三方权责平等，每个理事会成员都有平等的发言权。每年7月1日到次年6月30日为"NWC年"，理事会就加薪问题（1980年以后还涉及提高生产率、工作绩效、人力资源开发、年终花红福利等问题）进行一系列闭门会议，通过三方代表平等协商达成共识，并将协商结果形成年度"加薪指南"（wage increase guidelines）等相关议题建议书提交新加坡总理办公室。总理办公室无权更改加薪建议，但可以暂存不议。一旦总理接受这些建议，内阁即为这些建议背书并向全国公布，使之成为各行各业开展

---

[1] Chew Soon Beng and Rosalind Chew, "Tripartism in Singapore: The National Wages Council", in Lim Chong Yah and Rosalind, eds., *Wages and Wages Policies: Tripartism in Singapore*, Singapore: World Scientific Publishing, 1998, pp. 98 – 99.

劳资集体谈判的重要参考。[1]

由于拥有政府的背书和支持，全国工资理事会规划出的加薪指导原则虽然不具有法律效力，但具备相当的权威性。大多数雇主同意根据这些共识和建议与工会开展集体谈判，而下属工会也听从职总中央的号召，在全国工资理事会的建议框架内争取有序的工资增长。如此，自1960年新加坡颁布《工业关系法令》以来形成的以劳资集体谈判为基础的产业关系虽然得到维护，但同时受限于政府主导的三方合作框架。

全国工资理事会对稳定劳资关系和促进经济发展的作用体现在其加薪指导原则的应用上。图1显示，劳资关系集体谈判、调解、裁决和认证（图中加"*"处）这四个关键环节都可以以全国工资理事会加薪指导原则为重要的参考。这就保证，自由集体谈判不至于漫无边际，而且在协议失败的情况下劳工部调解和法庭裁决都有据可依。或者，在达成集体协议之后，工业仲裁法庭也能依据加薪指导原则审查和认证协议。

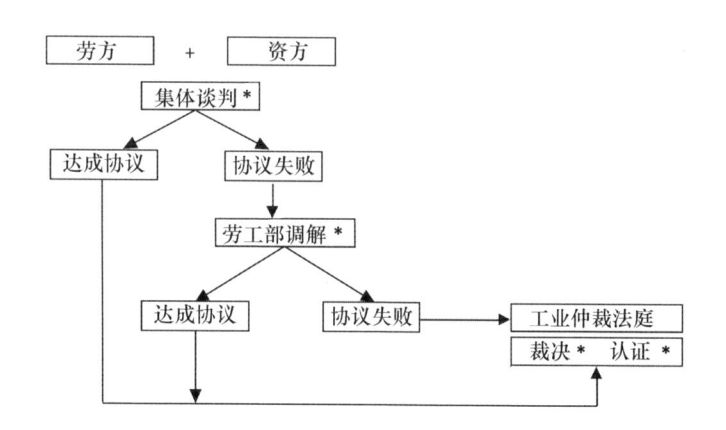

图1 NWC加薪指导原则在新加坡劳资关系中的应用

资料来源：Tan Wee Liang, "A Legal Perspective of the National Wages Council", in Lim Chong Yah and Rosalind Chew, eds., *Wages and Wages Policies: Tripartism in Singapore*. Singapore: World Scientific Publishing, 2001, p. 79.

---

[1] Lim Chong Yah, "The NWC as I See It", in S. Jayakumar, ed., *Our Heritage and Beyond*, Singapore: National Trades Union Congress, 1982.

(三) 职总的作用

职总在工资增长规划中扮演了关键角色，保证全国工资理事会的运作和加薪政策的实行，不过在国家利益和劳方利益发生冲突时常常倾向于前者。

1974—1975 年，新加坡制造业出现外来投资减少、产量下降、失业率上升的问题，并且在出口贸易上面临与中国台湾、韩国、中国香港等经济体的激烈竞争。为此，人民行动党呼吁职总带头与政府合作，在劳资集体谈判中控制工资增长幅度。1976 年 2 月，职总秘书长蒂凡那响应政府要求，号召广大劳工"勒紧裤腰带"："我们新战略的一个基本要素是更严格地约束工资增长……如果我们不愿意迅速调整好自己，降低工资水平，只会吓跑投资者，造成失业问题进一步恶化。"① 职总下属的新加坡工业职工联合会和新兴工业工友联合会等大型产业工会行动起来，赞同职总中央约束加薪的建议，号召工会会员不要要求过多的花红福利，② 由此保证了全国工资理事会有限加薪建议的有效实施。1985—1986 年，受新一轮国际石油危机的影响，新加坡经济陷入衰退，全国工资理事会建议全面冻结 1986 年的工资增长，大幅削减雇主对雇员的公积金负担。这次冻结建议得到了政府的支持。职总内部虽然对此存在意见分歧，但是在工运路线和政治路线一致的背景下，只好配合政府安抚劳工，承诺危机过后会要求加薪和恢复公积金额度。新加坡因此确保各项投资稳定和生产发展，平稳度过了衰退期，到 1988 年以后才逐步恢复加薪和雇主的公积金额度。这些说明，全国工资理事会虽然实行三方代表制，也重视劳方要求工资增长的要求，但在人民行动党政府主导的政治经济发展中，更重视经济发展和政治稳定的国家利益。

纵观 1972—1986 年全国工资理事会的加薪指导原则（见表 2），并结合同时期新加坡通货膨胀率（20 世纪 70 年代平均为 5.8%）分析，雇员得到的实际加薪幅度其实并不大。人民行动党政府承认 1973—1978 年的

---

① *The Straits Times*, Feb. 29, 1976.
② *The Straits Times*, April 30, 1976.

工资年均只提高了1.7%，远远落后于新加坡经济增长率。[①]

表2　　1972—1986年新加坡全国工资理事会加薪指导原则

年份	私人部门	公营部门
1972	(1) 13个月给薪+花红（奖金）； (2) 13个月给薪+每年薪金调整6%（不抵销常年加薪）	
1973	9%（不同薪金有不同的抵销率）	9%（不抵销常年加薪）
1974	40新元+6%（不抵销常年加薪） 40新元+10%（未获常年加薪者）	40新元+6%（薪金在1000新元以下者） 40新元+10%（薪金在1000新元以上者）
1975	6%（群体抵销各种加薪）	
1976	7%（抵销各种加薪）	
1977	6%（抵销各种加薪）	
1978	12新元+6%（抵销各种加薪）	
1979	32新元+7%（抵销各种形式加薪），另中央公积金（CPF）增4%，技能发展基金（SDF）增加2%—5%	
1980	(1) 33新元+7.5%； (2) 另加3%（只限工作表现中等以上者）	
1981	(1) 32新元+（6%—10%）； (2) 另加2%（工作表现优异者）	
1982	15新元+（2.5%—6.5%）	
1983	10新元+（2%—6%）	
1984	27新元+（4%—8%）	
1985	3%—7%（抵销各种形式加薪）	
1986	因1985—1986年经济衰退全面冻结工资增长，削减15%的雇主公积金份额	

资料来源：王勤《新加坡经济发展研究》，厦门大学出版社1995年版，第46—47页。

职总一味支持政府主导的工资政策，逐渐脱离劳工的实际需求，工会内部不满的声音一直存在。到1980年，得到李光耀支持的职总新秘书长林子安没有意识到基层工运的不满，支持全国工资理事会"区别性双

[①] W. G. Huff, "What Is the Singapore Model of Economic Development?", *Cambridge Journal of Economics*, Vol. 19, 1995, p. 737.

层花红"加薪建议（参见表2）。但实践证明这种双层花红制并不可行，1981年以后即遭放弃。

1987年以后，全国工资理事会觉察到1972—1984年加薪指导原则和1985—1986年冻结加薪指导原则中存在刚性的量化指标，导致劳资双方的矛盾不断积累。因此从1988年起，全国工资理事会不再确定普遍适用的工资指导原则，只提出非量化的加薪建议，以保证各行各业工资制度的灵活性。近几年，新加坡已有80%的企业实行了灵活工资制度。

尽管1980年以来职总和全国工资理事会重视政府的要求甚于劳方利益，但新加坡并未形成新的劳资对抗问题。这是因为，全国工资理事会达成的有序工资增长建议，既部分满足了劳方的期待，也得到政府的肯定。1995年，李光耀评价说："全国工资理事会是新加坡发展的一项关键性制度，没有它，我们不可能走到今天的地位。"[①] 1980年以后，对于新加坡劳资关系新矛盾，《工业关系（修正）法》和《雇佣法》修正条款、劳工部的调解以及工业仲裁法庭的裁决这个三方面构成一整套行之有效的劳资关系处理程序，即便出现敏感的加薪问题，也没有产生大的劳资纠纷。

三 劳资关系新问题与职总体制改革

随着工业化的推进，新加坡劳资合作面临不少新问题，基层劳工雇员要求职总实施改革，有效保障劳方利益。首先，人民行动党政府为促进出口而实施的劳工法规和政策对雇主比对雇员有利，同时雇主组织往往以重视发展生产力和加强工作纪律为由限制雇员的合理权益，引起雇员反弹。其次，作为1960年工业关系稳定之法律保障的工业仲裁法庭出现运转障碍，工业仲裁案件屡屡悬而未决（参见表3），基层工会不愿意把劳资争议问题提交法庭仲裁。

[①] E. B. Lee and W. S. Loh, "NWC: A Unique Singapore Mechanism", in *NTUC News*, No. 23, 16 June, 1995.

表3　　　　　　　　工业仲裁法庭悬决案件（1969—1976年）

年份	新兴工业工友联合会（PIEU）	新加坡工业职工联合会（SILO）	CATEX公司	食品饮料联合工会（FDAWU）	新加坡手工业工人工会（SMMWU）	总计	超过6个月的悬决案件
1969	—	—	—	—	2	2	2
1970	—	—	—	1	1	2	2
1971	—	—	—	—	—	—	—
1972	—	—	—	1	2	3	3
1973	—	1	—	—	4	5	5
1974	1	1	1	—	1	4	4
1975	4	6	—	6	1	17	12
1976	2	4	—	1	2	9	—
总计	7	11	2	9	13	42	28

注：PIEU、SILO等为申请法庭仲裁的职总附属工会。

资料来源：新加坡工业仲裁法庭，转引自C. V. Devan Nair, *Tomorrow*: *The Peril and the Promise*, *Secretary General's Report to the 2nd Triennial Delegates' Conference of the NTUC*, Singapore：NTUC, 1976, xxii – xxiii.

职总高层逐渐认识到劳资和解与合作无法自发产生。因此，一方面需要在政府主导下建立稳定的劳资互动关系，另一方面应重视基层劳工雇员的意见，建立新的机制促进劳资关系稳定发展。[1] 基于此，20世纪70年代中后期，职总进行大规模的组织调整。

（一）组织结构上的内部整合

1975年2月，职总秘书长蒂凡那改组职总秘书处，新设工业事务委员会（Industrial Affairs Council）取代工业纠纷理事会（Industrial Disputes Committee），以处理更广泛的劳资关系事务，包括：向雇主提出利润分配的指导原则；培训工会谈判专家，帮助基层工会参与工业仲裁法庭；在

---

[1] Kenneth Mok, "Education for Tripartism", in C. V. Devan Nair, *Tomorrow*: *The Peril and the Promise*, *Secretary General's Report to the 2nd Triennial Delegates' Conference of the NTUC*, Singapore：NTUC, 1976, pp. 122 – 123.

工作场所推广生产力委员会、安全委员会等工业民主制。[①] 职总主席、职总中央委员会成员担任各委员会主席和秘书等要职,[②] 职总秘书长、副秘书长依职权为委员会当然委员。此外,职总研究处、职总组织理事会、职业卫生与安全理事会的主要执行人员均加入工业事务委员会,使得该委员会足以全面有效地代表职总处理劳资关系的多方面内容。1975年9月起,工业事务委员会招募和培训了大批拥有大学学士学位或工商管理硕士(MBA)学位的工业关系专员(Industrial Relations Officers, IRO),再分派到职总附属工会的基层支部,协助基层工会官员开展劳资谈判、申请劳工部调解和工业仲裁。这种机制很好地利用专业人才带动工会工作,克服了大部分出身"草根"的基层工会干部学历低、专业能力不足的缺陷,对新加坡工业关系体系的顺利运作起了很大的作用。

(二)加强对法定部门的决策参与

自1964年起,每年由职总中央派出的工会代表都成为新加坡各法定部门(statutory boards)和公共机构的唯一劳方代表,参与决策和执行监督。各公共部门在社会经济发展中地位越重要,职总代表的级别也越高。1965年,职总代表参与的法定部门和公共机构只有11个,包括经济发展局(蒂凡那为劳方代表)、成人教育局(佘美国为劳方代表)、公共设施管理局(佘美国为劳方代表)、中央公积金管理局(Aziz Karim为劳方代表)、新加坡海港局(甘达三美为劳方代表),工业仲裁法庭(A. Ramanujan、佘美国等7人为劳方代表)以及国家经济咨询委员会(何思明、蒂凡那、甘达三美等8人为劳方代表)等。1969年,"工运现代化"研讨会以后10年,拥有职总代表的法定部门逐年增加到24个。

---

① G. Kandasamy, "Report of the Industrial Affairs Council", in C. V. Devan Nair, *Tomorrow: The Peril and the Promise*, Secretary General's Report to the 2nd Triennial Delegates' Conference of the NTUC, Singapore: NTUC, 1976, p. 29.

② 1975年2月工业事务委员会执行主席由彭由国担任,当年8月该委员会人事调整后改由甘达三美担任,彭由国转任执行秘书。参见 G. Kandasamy, "Report of the Industrial Affairs Council", in C. V. Devan Nair, *Tomorrow: The Peril and the Promise*, Secretary General's Report to the 2nd Triennial Delegates' Conference of the NTUC, Singapore: NTUC, 1976, pp. 30 – 31.

1973—1976 年的这一届职总中央委员会 26 名成员中的 24 名（另 2 名去世）担任上述法定部门的劳方代表。职总秘书长蒂凡那一个人就兼任经济发展局、中央公积金管理局、住屋发展局、工业关系委员会国家生产力局、全国工资理事会以及新加坡航空有限公司 6 个重要机构的劳方代表。职总主席彭由国则兼任裕廊镇管理局、工业关系委员会国家生产力局、全国工资理事会 3 个重要机构的劳方代表。通过这些重量级的劳方代表，职总在法定部门关于人力资源开发、工资增长、工业培训、技能与生产力发展等方面的决策过程中扮演关键角色。[①]

（三）改组职总工会体系，改善对基层工会的管理

自 1967 年新加坡劳工部第一次改组工会体系以来，综合工会和产业工会迅速发展，在会员数方面占职总乃至全部新加坡工会的主体，综合工会更是实力强大到职总中央难以控制的地步。1976 年，新加坡规模最大的前 3 家附属于职总的综合工会——新加坡工业职工联合会（SILO）、公共雇员联合工会（AUPE）和新兴工业工友联合会（PIEU）的会员总数达到 120000 人，约占同期新加坡工人和雇员总数的 15%，占职总会员总数的 60%，可谓盛极一时。[②] 职总附属综合工会的强盛势力既威胁到资方的利益，也不利于政府和职总中央的管理。1979 年，身兼 SILO 和 PIEU 秘书长等职于一身的职总主席彭由国由于滥用职权和财务问题遭到起诉并逃离新加坡，李光耀趁机扶持年轻的国会议员林子安当选职总秘书长，以便改组工会体系，改变综合工会尾大不掉的状况。

林子安在秘书长任内（1979—1983 年）成立专门的任务小组将 SILO 和 PIEU 这两家巨无霸型的综合工会拆解为 9 家中型产业工会，制定加快发展公司工会的政策，安排兼具人民行动党和职总双重干部身份的官员担任

---

① "NTUC Representation at Statutory Boards and Other Organisation", in C. V. Devan Nair, *Tomorrow: the Peril and the Promise, Secretary General's Report to the 2nd Triennial Delegates' Conference of the NTUC*, Singapore: NTUC, 1976, pp. 107 – 108.

② 根据职总 1980 年常年代表大会秘书长报告中的数字进行比例估算。参见 "NTUC 1980 Ordinary Delegates Conference, Work and Excel for an Even Better Quality of Life", Singapore: NTUC, p. 85.

新工会的执行秘书，并且直接委任各附属工会的劳资关系谈判专员。这些措施改组了新加坡工会体系，逐步实现一个工厂、一个公司、一个产业只能有一个代表性工会组织的目标，提高了劳资谈判的效率和集体协议的合理性。不过，林子安这些大刀阔斧的改革举措也招致了老一辈工运人士的强硬抵抗，职总内部出现基层工运出身的老一辈领袖和高学历技术官僚之间的矛盾。在这种情况下，李光耀为稳妥起见，不得不安排换将。1984年，新加坡国会议员、内阁第二副总理王鼎昌接替林子安担任职总秘书长。王鼎昌善于协调，得到新加坡工运界的普遍接受，主要功绩是大力推动各类职总合作社蓬勃发展，使职总作为超级合作社企业集团名扬国际。

表4显示新加坡各类工会数目随着工业化的推进而不断发生变化。1970年以来不断有新的公司工会注册，到20世纪80年代末，公司工会发展成为新加坡工会体系中数目最多的工会类型；职业工会（craft union）作为新加坡传统的工会类型，在1960年以后的30年中新注册6家，基本保持稳定；产业工会（industry union）则随着工业化的推进由1959年之前的5家增加到1989年的20家，发展比较快；至于综合工会或一般工会（general union），1970年以来只新注册一家，即成立于1970年的新加坡工业职工联合会（SILO），但于1980年被拆解。这些变化既是新加坡工运适应工业化深入发展的结果——各类新兴产业工会的扩展和传统职业工会的相对萎缩；也是政府和职总重组工会体系的结果——公司工会的迅速发展和综合工会的拆解。

表4　　　　　　　　新加坡工会类别的变化（1946—1989）　　　　　（单位：家）

注册年份	公司工会	职业工会	产业工会	综合工会	总计
1946—1959	6	17	5	2	30
1960—1969	8	2	3	1	14
1970—1979	7	3	4	1	15
1980—1989	16	1	8	0	25
总计	37	23	20	4	84

资料来源：新加坡劳工部历年劳工统计资料，转引自 Chris Leggett, "Corporatist Trade Unionism in Singapore", in Stephen Frenkel, ed., *Organized Labor in the Asia - Pacific Region: A Comparative Study of Trade Unionism in Nine Countries.* Ithaca, New York: ILR Press, 1993, p. 227.

总的来说，20世纪70年代后期职总的组织调整与决策参与是与"工运现代化"同步发展的，是在劳工雇员利益代表问题上的改进。其结果是提高了工会处理劳资关系争议的能力，并提升了决策参与地位，建立了小而灵活的公司工会。在新加坡经济发展局、住屋发展局、中央公积金管理局等重要法定部门中，职总扮演唯一合法劳方代表的身份，参与和监督外资引进、房屋建设与分配、公积金政策等经济社会政策的制定与实行。这时候，新加坡原有的威权统合主义政治社会关系出现新变化：职总经济实力和制度内政治影响力都大为增强，能够有效汇聚劳方利益并参与重要劳资事务决策，在促进经济发展的同时保障广大劳工雇员群体的利益。这些工运新特征与新加坡国家主导的混合型经济政策相适应，和很多发展中国家/地区威权体制下的"花瓶式"工会有相当大的区别。[①]

四　新加坡经验的理论透视：一种混合型统合主义

新加坡促进产业升级和经济社会稳定发展的成功经验，从政治—社会关系理论类型上看是一种独特的混合型统合主义政治社会关系：一方面，职总作为新加坡工运中心，坚持"工运现代化"路线，主张劳资合作协商而非竞争对抗；另一方面，职总参与各种专业性劳资政三方代表协商机构，同时建立起灵活、有效的劳资关系处理机制，积极参与政府决策咨询与监督。在这种混合型统合主义体制下，以职总为代表的工会与政府和资方在工资增长、生产力发展、教育培训、工作安全与卫生等方面达成共识，兼顾劳方利益和新加坡国家发展利益。

一般认为，统合主义政治社会—结构存在着强大的国家政权和有序的社会组织。20世纪30年代，意大利法西斯主义国家曾建立起对各类社会部门的垂直控制，一般视为早期统合主义的典型。"二战"后，亚非拉第三世界地区盛行统合主义政治—社会结构，最常见的特征是资方和劳

[①] 在同时期的东亚，中国台湾地区的"全国总工会"完全受制于国民党的组织策略和经费支持，韩国工会联合机构"大韩劳总"（FKTU）完全由国家政权通过情报和安全机关进行控制。在同时期的非洲，加纳总统恩克鲁玛指出执政党是"大树的根"，工会和其他社会组织则只是"枝和叶"，形象地说明了20世纪60—80年代工会在非洲政治发展中的附属地位。

方两大社会部门被包容进一个精英主导的、国家控制的政治过程之中,推行由上至下组织严密、有机整合的集权政治体系。20世纪中后期,统合主义盛行于第三世界现代化进程,成为堪与北美的自由民主主义、苏联东欧地区的马克思—列宁主义相争衡的政治意识形态,施密特(Phillipe Schmitter)、威亚尔达(Howard Wiarda)等学者对此有过系统阐述。[①] 威廉姆森(Peter Williamson)进一步将统合主义分为"共识—授权型"(consensual - licenced)和"威权—授权型"(authoritarian - licenced)。[②] 前者特点是社会组织由下到上整合社会力量、营造社会共识并得到国家政权的授权和承认,后者接近于"威权统合主义",特点是国家政权通过特定领域内的垄断性社会组织,控制社会力量。

1960年以来,职总作为新加坡政府认可的劳方利益代表体系,其体制具有非竞争性和等级秩序特点,很大程度上乃是一党独大体制在工运事务上的反映,具有统合主义的一般特征。1970年以后,职总通过劳资政三方代表协商机制广泛参与工资增长、生产力发展、劳资关系等方面的决策。同时,职总下属工会组织的活力增强,工会合作社经济实力也不断增加。由此,职总的劳方利益代表职能在产业层次和企业层次都得到发展,有能力与资方组织在劳动力市场中谈判,并在与人民行动党政府的合作中争取劳方利益。

因此,1970年以后,新加坡的统合主义其实兼具威廉姆森所划分的两种类型:在产业政策上,职总工会体系受到政府压力,由上而下控制劳工雇员并动员他们支持产业升级所需的政策;在劳方利益代表过程中,职总汇集基层劳方利益并通过三方代表协商机构和法定部门表达出来。

这样的混合型统合主义形态虽然超越了20世纪60年代新加坡一党独大和严刑峻法体制下的威权统合主义(这也是20世纪60—80年代东亚

---

① Phillipe Schmitter, "Still the Century of Corporatism?", in Schmitter, P. C. and Lehmbruch, G., eds., *Trends toward Corporatist Intermediation*, Beverly Hills: Sage Publications, 1974. 又见〔美〕霍华德·威亚尔达(Howard Wiarda)《非西方发展理论:地区模式与全球趋势》,董正华、昝涛、郑振清译,北京大学出版社2006年版,第四章。

② Peter Williamson, *Varities of Corporatism: A Conceptual Discussion*, London: Cambridge University Press, 1985, pp. 11 - 12.

新兴工业化经济体的普遍特点），但也不同于西欧国家以完全自主的社会组织为基础的社会统合主义形态。它反映了新加坡人民行动党政府积极整合多方面社会力量、推进混合型经济政策的治理方式，乃是新加坡乃至东亚政治经济发展的重要环节。

（本文刊发于《中国非营利评论》，清华大学出版社2010年版）

亚洲民主化中的"拉莫斯现象"

房 宁

由于缺少自己的观察与研究，中国人从外部获取的国际政治知识许多是不可靠的。比如，人们普遍地认为20世纪80年代以来出现的民主化浪潮的"第三波"，使一个个"威权体制"垮台并代之以"民主体制"。近年来在亚洲多国所做的政治发展调研中，我们发现了一个有意思的现象，在亚洲民主化浪潮中，"威权体制"瓦解后，国家政权并未如人们想象的那样"理所当然"地为"民主派"所掌握。实际情况是亚洲多国的独裁政权垮台后，脱掉军装的军人经过选举重新掌握了政权。换言之，民主化的果实往往落入了军人集团手中。这种现象在菲律宾民主化进程中十分典型地表现在军政强人拉莫斯将军身上，我们称其为"拉莫斯现象"。

1986年，菲律宾发生了"人民力量运动"，推翻了马科斯总统，从此掀开了新的一轮东亚民主化的序幕。菲律宾实现民主化后，遭暗杀身亡的菲律宾民主运动英雄阿基诺参议员的遗孀科拉松·阿基诺夫人当选总统。民选总统阿基诺夫人虽有民主斗士的光环，但她的执政之路却极其艰难坎坷。科拉松·阿基诺执政期间菲律宾的经济、社会状况低迷混乱，民选政府遭到了马科斯残余势力和菲律宾军内势力的抵制和反对，科拉松·阿基诺执政的6年里发生了7次军事政变，是在"人民力量运动"的中坚人物拉莫斯将军支持下，科拉松·阿基诺才勉强完成了任期。1992年，菲律宾民主化后第二次大选，拉莫斯将军走到了前台。拉莫斯总统整合了菲律宾军队，稳定了政局，使国家逐步走上了正轨。

在东亚多国的民主化进程中类似菲律宾的现象具有普遍性。韩国紧随菲律宾之后发生了民主运动，1987年"六月抗争"后，全斗焕政权倒台，但韩国民主派却未能掌权，反倒是前军政集团核心人物卢泰愚将军当选了民选总统。印度尼西亚情况也差不多，1998年在金融危机冲击下，长期统治印尼的苏哈托总统黯然辞职，但他把总统权位交给了与其情同父子的副手哈比比，此后军队在印尼政坛上一直扮演重要角色。现任总统苏西洛将军也是军人出身。此外，泰国当代历史上的多次民主改革也都终结于军人政变，军队一直是政权的监护者。

为什么在亚洲民主化进程中会出现这种"拉莫斯现象"？在我们看来，主要原因不外两个。

首先，根据我们的观察与研究，从威权体制到多元体制的"民主化"进程并非如人们从外部和表面上所看到和以为的那样——是一个民众特别是城市"中产阶级"发动和参与的社会运动。以菲律宾"人民力量运动"为例。1986年2月，在当时菲律宾经济危机、社会动荡的形势下，马科斯执政集团内部发生了分裂，国防部部长恩里莱和副总参谋长拉莫斯将军授意其部下与学生"菲律宾武装力量改革运动"领导人霍纳桑上校发动军事政变。政变军人在评估了双方力量对比后，决定邀请远在家乡的科拉松·阿基诺夫人发动市民和学生围堵忠于马科斯总统的部队。在街头群众的配合下，霍纳桑上校率精锐伞兵打垮了马科斯的卫队，马科斯被迫流亡。按霍纳桑的说法，革命军人在人民的帮助下打败了独裁者。2013年初我们到菲律宾调研时，拜访了如今已是著名政治家的霍纳桑参议员，在他赠送给我们的日记里清楚地记载了这段历史。

其次，民主化意味着政治权力的分散化。处于工业化尚未完成阶段的国家，开放权力，实行普选，几乎无一例外导致了各种社会集团的"分配性政治参与"，即通过政治行动、政党活动获取政权以改变社会利益分配格局，结果是社会矛盾骤然上升甚至激化。从组织行为的角度看，数量庞大群体一旦失序，就可以为有序的小群体所控制。社会一旦发生混乱，混乱的程度越高，控制社会的成本反倒越低，有时候一个很小而团结的集团就能控制住社会。东亚国家民主化后，至少在初期发生社会混乱似乎是一个必经阶段，因此，混乱社会中军队或其他具有高度组织化特征的集团接掌政权就不会让人感到意外。

如今埃及上演的这一幕政治戏剧，似乎把亚洲民主化中的"拉莫斯现象"带到了非洲。情况究竟如何？可以继续观察。

（本文刊发于《环球时报》2013年7月12日）

三

理论探讨

亚洲政治发展比较研究的理论性发现

房 宁

2008年以来，中国社会科学院"政治发展比较研究"课题组在亚洲地区的韩国、印度尼西亚、泰国、新加坡、日本、伊朗、越南、菲律宾、印度以及我国台湾地区，相继开展有关政治发展的调查与研究。这项研究的目的是，通过系统考察与中国近现代历史发展起点和发展环境相似的亚洲其他国家工业化、现代化进程中的政治发展状况，综合分析亚洲国家与地区工业化、现代化过程中政治发展的共性与差异，从中探究工业化时代政治发展的规律，以资当代中国社会主义现代化建设和中国特色社会主义民主政治建设借鉴参考。随着对亚洲多个国家与地区调研工作的展开，比较研究自然而然成为这项研究的一个重要方面和重要研究方法。基于这一大规模以经验性研究为主的调查分析，我们力求对于政治发展的一般规律和理论性问题进行探讨，以获得理论性的学术成果。在为期5年的考察、调研和比较研究过程中，我们逐步发现并探讨了一些有关工业化时代政治发展的具有普遍性、规律性的理论问题，初步形成了关于政治体系、政治发展等问题新的理论性认识。

一 政治体系结构：政体结构、权力结构、利益结构

研究政治问题尤其是研究政治体系的发展变迁，首先遇到的就是方法问题，即如何描述和认识一个政治体系的性质与特点。什么是政治体

系以及如何简洁地说明它,这成为人们观察与了解一个政治体系的重要理论前提。

(一) 传统宪政体制政治观的局限性

在我国,关于这一问题已有的政治学知识主要来自两个方面:一是由梁启超为主开辟的,以宪法、法律与机构为着眼点的政治体系的宪政学说;二是马克思主义的国家与法的理论,特别是其中的"国体—政体"学说。二者有一定关联又有一定的认识上的递进关系。

梁启超是我国最早的政治学家之一,他根据在国外多年考察游历所获得的政治知识及亲身从事政治活动的经验,对中外政治体制进行了梳理、概括与介绍,尤其是依据宪法、法律和政治机构三大要素,对近现代西方政治体系进行描述与概括。[①] 梁启超关于政治体系的宪政学说因其具有初始性、开创性而对后世影响深远,至今依然是中国政治学教科书介绍政治体系的基本范式。如教科书上对美国政治体制的介绍不外是:美国是一个联邦制的国家,是按照三权分立原则建立起的总统制、两党制、普选制和司法独立的国家。

宪政学说依据宪法、法律和机构从规范意义上描述政治体系,是对政治体制现象与外观层面的揭示,具有基础性的认识意义。但政治体系实际运行毕竟与法律规定和文字描述有很大区别。马克思主义的国家与法的学说以"国体"与"政体"概念揭示了政治体系中阶级统治的实质。宪政学说隐含着一个关于政体性质的命题,即政治体系是一个以自由与平等为基本价值的整合与分配社会利益的体系,所有的宪法和法律都是以自由、平等为原则的。但马克思主义的无产阶级专政学说认为,政治体系内部的阶级关系是不平等的,政治权力的实质是统治阶级对被统治阶级的压迫。因此,马克思主义将法律上平等的政治关系与实际上不平等的政治关系的事实抽象和概括为一对概念范畴:国体与政体。按毛泽

---

① 梁启超在《饮冰室合集》第3册、第4册中,结合自己的见闻与阅读,广泛地介绍了欧美国家的近代政治体制,进一步讨论了中国政治制度建设的众多问题,形成了中国近现代历史上具有广泛和深远影响的、比较系统的政治学知识(参见梁启超《饮冰室合集》第3、4册,中华书局1989年版)。

东的解释,政体是国家的形式,而国体是国家的实质,即谁统治谁、谁压迫谁的实质性的政治关系。① 马克思主义的"国体"与"政体"概念超越了传统宪政学说的认识水平,把政治学关于政治体系的认识从规范性、表面化层面推进到了实际政治关系、政治实践的层面。

国体与政体概念虽然推进了关于政治以及政治体系的认识,但这个概念是论断性的,是一个政治哲学层面的分析性的概念,它没有具体地揭示出政治体系中宪法、法律、机构与实际政治权力的表现形态和相互关系。确切地讲,"国体—政体"学说没有说明国体存在的具体形态以及国体实现统治阶级意志的具体机制。因此,这一理论还需要进一步的阐发和深化。

在对亚洲国家与地区的政治发展的调研和比较研究中,我们逐渐发现和意识到政治体系的内部结构问题,并提出这样的问题:现实中的政治体系是以何种形态存在?宪法、法律等规范的政治制度与实际权力运行、与政治实践是怎样发生关系的?即政治体系运行的实际形态是怎样的。②

在多国和多地区的调研与考察过程中,我们注意到这些国家或地区的法律体系是基本相同或相似的,但政治体系的实际情况、实际运行却有很大差别。在有些情况下,一些国家的主要社会集团可以超越或操弄宪法、法律,控制社会的实际政治进程。随着调研的深入,我们发现:在貌似相同或相似的主要以宪法、法律、机构组成的政体结构之下,还有一个实际上决定着国家或地区政治进程以及重大决策的政治权力结构,即存在掌握和控制着实际政治权力的政治精英阶层或集团。我们进一步发现,掌握和控制政治权力的精英阶层与社会的利益结构又有着必然的、密切的关系。一些掌握主要社会资源的社会集团掌控和影响着掌握政治权力的政治精英,重要社会集团之间的差别、矛盾影响着权力结构中政治精英的关系,即社会利益结构在一定程度上决定和影响着政治权力

---

① 《毛泽东选集》第 2 卷,人民出版社 1991 年版,第 676—677 页。
② 房宁等:《自由·威权·多元——东亚政治发展研究报告》,社会科学文献出版社 2011 年版,第 339—340 页。

结构。

(二) 政治体系内部的三重结构

政体结构、权力结构和利益结构是构成政治体系的基本结构。政体结构、权力结构和利益结构三者之间具有相互决定与影响的复杂关系,三者关系的综合决定着特定政治体系的特征,决定着特定政治体系运行的特点与表现。

政体结构是指,一个国家由宪法等法律体系规定的基本政治制度和正式机构。从民主政治的角度看,政体结构是一个国家民主政治所采取的形式,包括涉及国民权利的相关制度和涉及国家权力的相关制度,如议会制度、选举制度、政党制度等,以及正式权力机构,如政府、议会、法院等。亚洲地区的民主政治进程一般都经历了政体改革,如日本的明治维新、泰国的朱拉隆功改革等。其中东亚,包括东北亚和东南亚的国家和地区的政治发展,在政体结构层面上,一般经历了从威权体制到多元体制的发展演变。亚洲威权型的政体结构一般特征为:一方面,规定和保障了国民的基本权利;另一方面,按照分权制衡和多数决定原则规定了国家政权的结构形式和运行规则,同时实行有限的政治参与,但没有或限制涉及国家政治权力的竞争性制度安排。韩国的"维新体制"就是一个比较典型的威权政体。[①]

权力结构是指,掌握政治权力的精英阶层及其内部不同集团所处的地位以及相互关系。在相同或相似的政体结构之下,不同政治体系的实际运作与表现是有很大差别的。造成这种现象的直接原因,是各个政治体系的权力结构上的差别。如日本的政体结构下政党制度是多党制,但日本在"二战"后相当长的时间里国家政权始终掌握在自由民主党一党手中,日本是一党独大的权力结构。又如泰国的政体结构与日本以及许多西方国家并无本质差别,但泰国实际上并没有形成西方意义上的政党

---

① 房宁等:《自由·威权·多元——东亚政治发展研究报告》,社会科学文献出版社2011年版,第119页。

政治，政党在国家政治生活中作用不大。① 日本和泰国的政治权力实际上长期被一个稳定的政治精英阶层所掌握。而在我国台湾地区和韩国，权力结构与日本、泰国完全不同，基本上形成两大政治精英集团。在我国台湾地区是国民党与民进党，在韩国是保守派与进步派，两大政治精英集团相互竞争。政治体系的权力结构决定着政权由谁实际控制，以及它们按照何种方式相处、按照何种规则控制和行使政治权力。相对于公开、规范、成文的政体结构，权力结构的形成和运行具有传统性、习惯性的特征。

利益结构是指，拥有政治资源和社会影响力的利益集团及其相互关系。工业化进程使原有社会结构不断变化瓦解，新的社会阶级、阶层和群体不断产生。随着工业化完成，各阶级、阶层和群体的社会地位相对固定下来，相互之间形成比较稳定的关系。社会阶级、阶层和群体的利益诉求具有寻求政治解决的倾向，需要在权力结构中寻找利益代表，需要影响政治权力的运行和政策走向。具有政治参与行为的阶级、阶层和群体，相对于权力结构构成了具有不同利益诉求的利益集团。利益集团不是孤立地存在和发挥作用的，多种利益集团之间具有博弈、交换、妥协、制约的关系，利益集团对于权力结构的影响是在此关系基础上发生的。由利益集团组成的整体利益结构是权力结构产生和运行的社会基础。

（三）政治体系内部结构关系

政治体系的运行及其特性是政体结构、权力结构和利益结构三者综合的结果。政体结构、权力结构和利益结构三者之间存在复杂关系，具体的关系形态决定一个政治体系的性质与特点。我们以权力结构为中心，从两个方面分析认识政体结构、权力结构和利益结构的相互关系。

第一，政体结构对于权力结构具有规制作用，而权力结构对于政体结构具有适应和变通的功能。

政体结构作为公开的政治制度，对于权力结构的产生和运行方式有

---

① 周方冶：《泰国政党格局的转型与泰爱泰党的亲民务实路线》，《当代亚太》2005 年第 5 期。

着基本的规范，权力精英需要遵守政体结构，接受政体结构的规范和约束。但权力结构的实际形态和权力精英的实际行为，并不是刻板地为政体结构所规制，相反，权力精英根据自身的需要和能力对政体结构进行了大量的变通和改造，使其适应自身的需要。上述各国或地区的宪政体制都具有很大的制度空间与弹性，权力精英在长期的政治活动中，不断适应政体结构的规制，寻找和扩大适合自身存在和活动需要的制度空间，以制造自身的合法性。在特殊情况下，权力精英集团也可以采取超越政体结构的手段保护权力结构和维护自身利益。如韩国朴正熙创立"维新体制"[1]，在国会以外另组新机构选举国家最高领导人；泰国具有军事政变的传统，在特殊情况下中断宪法，以维护权力结构、保护权力精英集团利益。[2]

第二，利益结构对权力结构具有建构作用，而权力结构对利益结构具有制约、调控的功能。

利益结构是权力结构的基础。政治是社会利益的权威性分配，[3] 政治权力的形成和运行要反映社会的基本利益结构的需求，权力精英在本质上是社会的统治阶级和主流利益集团的政治代表。但是，权力结构并不是利益结构简单的复制，权力结构既反映利益结构，代表集团利益，又具有一定独立性，权力精英也具有自身利益。基于这种独立性和特殊利益，权力结构会形成自主性倾向，权力精英的自身利益也会影响政治权力的运行，影响权力精英与利益集团的关系。

我们在研究中发现，不同国家和地区的利益结构与权力结构的关系有所区别，如韩国、我国台湾地区的利益结构与权力结构的关系较为紧密，利益结构与权力结构具有对应和嵌入关系。由于利益结构相对简单，

---

[1] 朴正熙为韩国第5—9任总统。1961年发动"5·16军事政变"成功夺取政权，担任总统长达18年之久。在任期间，韩国政治的实质是以军人专政和个人独裁为特征的威权政治，经济上则开启了韩国经济起飞的"汉江奇迹"，故其"维新体制"也被称为"维新独裁体制"。

[2] 任一雄：《东亚模式中的威权政治：泰国个案研究》，北京大学出版社2002年版，第2页。

[3] [美]戴维·伊斯顿：《政治生活的系统分析》，王浦劬主译，人民出版社2012年版，第20页。

形成了两极化格局,韩国为"保守"和"进步"两大阵营,我国台湾地区则表现为"蓝""绿"两大阵营。相应地,在权力结构上也形成了两极格局,分别由代表两大阵营的党派轮流执政,我国台湾地区形成了比较稳定的两党制。但在泰国、印尼以及日本、新加坡情况就大不相同。特别是在泰国,其权力结构的独立性十分明显,权力精英集团地位相当稳固,形成了所谓"政治与经济分离"现象。[1] 在泰国,利益集团特别是重要的新兴利益集团,在政治生活中很少有发言权,几乎不存在现代意义上的政党政治。[2] 这在西方式的政体结构下是少有的政治现象。泰国"政治与经济分离"是权力结构独立性及其对于利益结构制约、调控功能的突出表现。此外,日本、新加坡的政体结构规定了多党政治的政党制度,但长期以来,日本、新加坡的权力结构是一党执政,是事实上的"一党制"。这也表现了权力结构和利益结构的特定关系。

我们提出政治体系的内部结构问题,将政治体系划分为政体结构、权力结构和利益结构三个层面,是一种合理的抽象,目的在于为认识政治体系提供有效的分析框架:第一,从这三个基本层面及其相互关系中认识和解释政治体系的性质、特性和功能,可以比较全面和深刻地而不是表面和片面地把握和理解政治体系;第二,三个层面的立体认识可以提供一个对于不同政治体系进行比较的框架,而传统的从单一宪政体制层面的比较无法得出有价值的认识;第三,三个层面的综合有利于对政治体系的发展变动趋势做出预测。

二 新兴社会集团:政治发展的主要动力

亚洲政治发展研究,帮助我们在政治发展原因、动力及进程等方面获得了新的理论认识。其中,我们的核心发现是:工业化、现代化进程中新出现的社会阶层、利益集团是现代社会政治发展的主要动力,新兴

---

[1] 房宁等:《自由·威权·多元——东亚政治发展研究报告》,社会科学文献出版社2011年版,第280页。

[2] 周方冶:《泰国政治转型中的政商关系演化:过程、条件与前景》,《东南亚研究》2012年第4期。

社会集团获取政治参与和政治权力的努力导致政治体系的变化。新兴社会集团是政治发展的主要动力。

（一）工业化及其导致的社会结构变化是当代政治发展的基础性原因

政治发展是政治体系的结构性变动，既可以是政治体系内部权力结构、宪政体制的变化，也可以是体系的更替，旧制度、旧体系被新制度、新体系所代替。政治发展的原理反映了政治体系结构性变动以及政治体系更替的发生机制，即政治发展的原因、动力及一般进程。马克思主义认为，社会发展进程中经济基础决定上层建筑。我们所发现的政治发展动因在一定程度上具体说明，在工业化、现代化进程中，经济基础发生了怎样的变化以及经济基础是如何"决定"上层建筑的。

亚洲各国的政治发展，即政治体系、政治制度的改变，国家政权的更迭，从根本上讲是工业化、城市化进程中社会利益结构变化的结果。工业化时代政治发展的相关因素如下。

第一，工业化导致新社会集团出现。工业化进程带来了广泛而深刻的社会流动、身份改变、财富增加和社会集团关系变化，其中最为重要和最具影响力的变化是，新的社会阶级、阶层和利益集团的出现，即社会学所说"巨型社会聚集体"的出现。我们称之为"新兴社会集团"。

第二，新兴社会集团政治参与引发政治体系权力结构变动。新兴社会集团是政治体系的"陌生人""后来者"，不具备特定的法律地位，缺乏政治权力，在利益分配中处于不利位置，由此产生新兴社会集团政治参与的意愿和动力。

第三，政治体系中的政体结构与权力结构吸纳政治参与存在相悖作用。一般情况下，政体结构具有开放性，而政治权力结构具有封闭性，政体结构一般在法律意义上平等对待各个社会集团及其利益诉求，通过平等竞争分配利益和权力。但政治权力结构为既定精英集团所掌握，既定精英集团具有排斥权力分享倾向，导致新兴社会集团对于政治权力结构的参与，以争取分享权力。

第四，新兴社会集团通过政治参与进入政治权力结构，进而改变权力结构和政体结构，导致政治体系变化及政治发展。政治体系变化与政治发展同时也取决于既定权力精英集团的适应性，既定权力精英集团自身调整能力和对于新兴集团的制约与整合能力决定着政治权力结构及政体结构变动的方式和程度。

概括地说，政治发展的动因是工业化阶段社会利益结构变动产生的新兴社会集团的政治参与，政治发展的内在机制是新兴集团参与和其与既定权力精英围绕政治权力的博弈，新兴集团的参与意志和能力、既定权力精英的制约和整合能力两方面的因素，决定着政治发展的最终进程。

（二）新兴社会集团政治参与的三种能力

新兴社会集团政治参与的意愿和行动能力取决于三个因素，我们将之概括为三种能力：思想能力、组织能力和经济能力。思想能力反映了新兴社会集团自我意识发育的水平，表现为反映集团利益的意识形态、话语体系。如韩国民主化运动中自由民主思想的传播，我国台湾地区政党轮替中的民进党的"台独"论述，伊朗伊斯兰革命中现代伊斯兰思想的复兴，等等。组织能力反映了新兴社会集团内部的联系和组织程度，表现为政治团体、政党的出现和活动水平。经济能力是所有集体行动的基础，提供了新兴社会集团政治参与的发动和维持机制——奖励与惩罚。新兴社会集团的政治参与以及政治发展的进程，从发生学意义上讲，主要取决于这三个因素的综合。不同的新兴社会集团三种能力有所差别，新兴社会集团在政治发展进程的不同阶段的能力表现也有所差异。一般说来，只有同时具备三种能力的新兴社会集团才具有全面的政治参与和改变政治进程的能力。

上述关于政治发展的相关认识是在亚洲政治发展研究中获得的，同时也为政治发展的进一步观察与研究所证实，是对于经验性研究成果所做的一种理论性抽象和总结。

（三）亚洲政治发展中的两种类型

在亚洲工业化进程的政治发展和制度变迁中，韩国、中国台湾地区的政治发展基本属于同一类型，而日本、新加坡似乎属于另一种类型。前者的政治发展，基本上属于工业化进程中的新兴社会集团改变了原有政治制度，即改变了原有的权力结构和政体结构。而后者则在开放、多元的宪政体制下，长期保持了政治权力结构不变，由一个相对稳定、封闭的精英集团掌握政权。

韩国工业化进程中涌现出三大新兴社会集团——新工人阶级、城市中产阶级、财阀集团。而韩国的政治权力为军政集团所掌握。在工业化初期，韩国新工人阶级，其中包括从农村进入城市和工厂的工人群体和部分知识分子，反抗军政集团的统治，要求变革。城市中产阶级基本上保持中立，置身于阶级斗争、政治斗争之外。财阀集团则站在军政集团一边。这时，原来的军政集团主导的所谓威权体制是稳固的。但随着新工人阶级反对的加剧，城市中产阶级转向了同情甚至是支持工人运动，更重要的是财阀集团与军政集团的关系也发生了变化，部分财阀转向中立，甚至以追求民主的名义向军政集团施加压力，要求分享权力。这时，在包括国际因素在内的其他环境因素的共同作用下，既定的由军政集团掌控的权力结构发生了动摇和分裂，最终出现了政体瓦解和转变。

在中国台湾地区的工业化进程中，出现了一个以本土族群为主体，依靠外向型经济获取资源和经济地位，以中小企业为骨干的"本土—草根"集团。与之相对的，是以国民党为核心，以"军、工、教"集团为主体，以"国营"、党营企事业为经济基础的上层集团。随着台湾工业化、城市化进程的发展，新兴"本土—草根"集团不断成长壮大，而国民党上层集团不断分化，加之台湾外部形势的变化，以民进党为首的"本土—草根"集团实现了台湾的"政党轮替"，实现了政治权力结构和宪政体制的转型。

在"二战"后日本、新加坡的工业化进程中，都出现了工人阶级、城市中产阶级等新兴社会集团。但是，经过一系列博弈和调整，日本的政、官、财"铁三角"，即职业政客、专业官僚和财团形成的权力精英集团广泛吸纳政治参与，同时实施广泛而深入的社会分化和政治管控，将绝大多数的政治参与纳入既定的制度体制之中，同时制约了颠覆性的政治参与，长期维系一党政权，垄断政治权力，维持了既定的权力结构。新加坡也经历了相似的进程，具有相似的体制机制。

（四）亚洲政治发展中的特例

亚洲政治发展在普遍性中也有特殊性，与东亚多国政治发展中的规律性现象相对照，地处东南亚的越南政治改革具有明显的特殊性。越南实行革新开放的时间较短，从总体上看，越南尚处于工业化的初级阶段，相应地，社会分化以及经济社会结构变动尚属初期，尚未出现多数东亚国家工业化进程中出现的社会结构性变动，在工业化进程中形成的新兴社会集团尚不稳定，无论集团意识还是集团组织性都处在萌发状态。在社会结构变动和新兴社会集团发育程度远不及其他国家的情况下，越南却出现了明显的以扩大竞争选举为特征的所谓"民主化"改革。越南上层建筑的变革超前于经济基础的原因何在？难道越南的政治体制改革是"无源之水"吗？

我们认为，越南实行的包括扩大党内民主举措在内的政治体制改革的动因主要来自上层，是权力结构内部的原因所导致的。这与东亚政治发展中普遍存在的"自下而上""由外及里"的改革路径截然不同。越南"自上而下"改革的根本原因在于，党的最高领导层中缺乏领袖人物，即最高领导层没有"核心"。具体来说，越南最高领导层，比如在政治局里面，具有平等地位的领导集体成员及其所主管的部门，由于工作主动性、积极性导致了扩张权力的倾向；但由于没有领导"核心"，各个领导集体成员及其所代表部门的权力扩张倾向无法得到抑制和平衡。这种局面的客观后果是，各个权力主体的扩张行为逐步演化为权力主体之间相互竞争、相互制约和弱化他人权力的趋向，最终在整体上导致了原来集中统一权力的分散和弱化。[①] 近年来，越南政治改革的实践已经导致了上述结果。从国会和祖国阵线[②]与党和政府的关系上，已经出现了"争权"与"限权"的明显争斗。

[①] 房宁、潘金娥、郭静：《越南式政治变革》，《文化纵横》2012年第6期。
[②] 越南祖国阵线是越南共产党领导下的统一战线和政治协商组织，其领导人基本都处于越南政治决策圈的核心。越南祖国阵线现有44个成员组织，包括越南共产党、越南人民军、胡志明共产主义青年团、越南劳动总联合会、越南妇女联合会等，各成员的组织活动原则是：自愿、民主协商、相互配合和统一行动。

三 政治发展策略：权利与权力"对冲"

通过对亚洲多国和地区政治发展的现场调研与理论研究，我们发现政治发展比较研究的核心方法是：在差异性中发现问题，在重复性中发现规律。自欧美先行进入工业化发展阶段以及资本主义社会后，亚洲便陷入了历史的被动与"落后挨打"的境地。殖民主义以及殖民主义威胁是自近代以来亚洲国家的共同历史遭遇与经历。独立建国是亚洲国家走上工业化、现代化发展道路的政治前提，但如何找到符合本国和本地区实际、切实可行的发展道路却是艰难和曲折的。亚洲地区是在欧美先期实现了工业化，世界经济政治体系已经形成，国际经济政治秩序已经不再适于后发展国家实现发展的时代条件下，走上发展之路的。后发展的条件与环境迫使亚洲国家必须进行新的探索，必须找到一条适合于时代条件和本国环境的独特发展道路。

（一）权利与权力"对冲"

所谓权利与权力的"对冲"，是相对美国经验以及美国政治发展模式而言的。美国过去和现在都被不少人奉为现代化的"普世"模本。美国在18世纪七八十年代经过独立战争建国，首先在社会领域奉行自由平等，当然那时公民范围十分有限，但保障人民社会权利的原则是确定无疑的。独立十年后，1787年根据建国初期的实践形成了美国宪法。美国早期的政治制度便形成了两个要点，即保障人民的权利和开放国家的权力。这种权利与权力双重开放的体制是美国的特色，更被奉为自由民主政治的圭臬。

然而，包括亚洲政治发展研究所发现的大量经验性事实证明，后世现代化道路上的成功者却鲜有实施美国双重开放模式者。在第二次世界大战结束后，亚洲国家，特别是东亚国家及地区在实现工业化的进程中，都建立了一种保障民众权利与集中国家权力的政治与社会体制，即实行开放"权利"与关闭"权力"的对冲体制。一方面，在经济社会领域，一定程度上开放经济社会权利，扩大社会自由，通过保障人民的权利，建立起普遍的发展预期,以刺激全社会的生产积极性、主动性,为国家的工业化和经济发展提供了巨大动力;另一方面,在政治领域,集中权力于政治精英阶层,强化国家政权,依靠政权力量推动国家工业化的战略性发展。我们称这种体制为:亚洲的威权体制。

亚洲的威权体制首现于日本。近代以来,日本两次出现过这样的体制。1868年日本开始了旨在富国强兵的明治维新。日本一方面提出"官武一途以至庶民,各遂其志,使人心不倦"[①],开放经济,实行"四民平等",鼓励士农工商从事生产经营活动;另一方面建立天皇体制,集中权力于中央政府,实现举国一致体制,加速了国家工业化进程。日本在短短30年里因这一体制而迅速崛起,并在19世纪末一举击败清末旧中国,拿到了19世纪亚洲工业化的最后一张"船票",跻身西方列强。第二次世界大战以后,日本建立起"55年体制"[②],形成了与明治时期类似的政治与社会机制,在实行市场经济和宪政体制开放的条件下,长期保持了政治权力结构的关闭,自民党长期一党执政,形成了权利开放和权力集中的"准威权体制"。

从20世纪五六十年代之交至八九十年代之交,是包括日本、韩国、新加坡、泰国、印度尼西亚、伊朗以及我国台湾地区在内的亚洲多个国家和地区实行"威权体制"时期,平均存在时间约为30年。韩国实行了长达27年的军政体制,新加坡从1959年建立人民行动党一党执政的体制至今已逾半个世纪,印度尼西亚的苏哈托体制长达32年。伊朗在战后恢复了君主制,但在当时的国际与国内环境下,伊朗君主制只能是"开明专制",特别是在实行"白色革命"时期,伊朗实行比较全面的经济社会改革,开放经济、扩大自由,基本上形成了"准威权体制"。

---

① 引自〔日〕吉田茂《激荡的百年史——我们的果断措施和奇迹般的转变》,李杜译,陕西师范大学出版社2006年版,第17页。

② 1955年是日本政党政治进入一个新阶段的显著标志。从这时起,多党纷争的局面被为数不多的、比较固定的政党所代替,其中自民党和社会党占据了国会80%以上的议席,且自民党在国会中始终占据多数。这种政党体制既不同于多党制,又不同于当时的各种一党制,具有其独特性,通常被称为"55年体制"。在此体制下,政权更替不是在政党之间,而是在自民党内各派之间进行;政府首脑也不是从各政党领袖中竞选产生,而是由自民党内各派协调产生。

这一时期也是这些国家及地区实现快速工业化的时期。其中，日本从1954年至1989年的36年间，即实施"55年体制"的主要时期，经济增长10.36倍，年均经济增长率为6.7%。韩国从1962年至1987年的26年间，即所谓"军政体制"时期，经济增长9.18倍，年均经济增长率为8.9%。新加坡从1960年至1997年，即人民行动党一党执政的"59年体制"建立后到亚洲金融危机爆发的38年间，经济增长23倍，年均经济增长率为8.6%。泰国从1976年至1996年，即实行所谓"国王领导下的民主"体制到亚洲金融危机爆发的21年间，经济保持持续快速增长，年均增长率为7.9%。伊朗从1968年至1978年，即实行"白色革命"的高潮期，年均经济增长率达到16%以上，人均国民生产总值从"白色革命"前1961年的160美元，增至1978年"伊斯兰革命"前的2250美元。我国台湾地区从1950年至2000年首次终结国民党一党统治，实现"政党轮替"，50年间的年均经济增长率为8.6%。[①]

（二）"对冲"机制分析

为什么后世难以实施美国模式，而纷纷采取开放权利与封闭权力的"对冲"发展策略和模式？

工业化进程既是物质生产进程，也是社会关系发展的进程，推动了传统社会向现代化方向发展的"社会转型"。所谓"社会转型"一般具有四项主要表现：社会大流动、身份大改变、财富大增加、关系大变化。工业化、现代化将所有社会成员卷入其中，人们渴望实现流动、改变身份、拥有财富，而途径大致有两条：一是经济途径，即通过生产、经营活动实现其追求；二是政治途径，即通过政治活动、集体行动，通过争取政治权力对社会价值进行"权威性分配"来获取利益。

如果在社会急剧变动的时代开放政治权力，无疑就是开放社会流动的政治途径，必然吸引社会集团通过政治参与获取利益，由此导致各个社会群体和集团的政治斗争和权力争夺。而社会进程主题转向政治参与、

---

① 根据Angus Maddison，"Historical Statistics of the World Economy：1 – 2008AD"相关数据计算。

政治斗争，其结果往往是社会动荡，严重的情况下甚至会中断工业化的进程，使社会陷入混乱。这一点已为亚洲政治发展的普遍事实所验证。如韩国李承晚执政和张勉执政的"民主失败"时期，因实行所谓美国式的自由民主体制而陷入由社会广泛政治参与引发的社会混乱和动荡。新加坡建国后，也出现了所谓高喊"默迪卡"（自由）时代的政治混乱。泰国从 20 世纪 30 年代到 80 年代，权力分散与集中的转换经历了三个周期，其中凡实行权力开放的所谓"自由民主"时期，都是国家动荡和混乱的"多事之秋"。大量的经验事实表明，在工业化进程中权利与权力双重开放，能够刺激社会集团通过政治活动改变法律、政策，即直接改变社会利益分配规则和利益格局来获取有利地位和更多利益，但这种分配性激励的结果是将社会引向广泛的集团斗争和社会冲突，最终导致社会动荡，严重情况下则会阻断和断送工业化和现代化进程。

纵观亚洲多国及地区工业化的历史，在较短时期内成功实现国家工业化的部分亚洲国家和地区（主要是东亚国家和地区），在开放权利通道的同时，关闭了权力通道，其关键效应在于防止和阻断了工业化阶段和社会矛盾多发期社会集团通过政治活动和政治参与直接争夺国家政权，进而直接改变利益分配规则的活动，从而将社会参与的潮流导向了生产活动、导向了经济领域，引导社会群体与集团通过经济行为、经营活动，而不是通过政治性活动争取社会流动、身份改变和占有财富的机会。这种特殊的发展策略激励和促进了社会各个阶级阶层和集团通过经济活动获取利益，从而推动了工业化和国民经济的快速发展。我们将"对冲"体制所产生的这种效应称为：生产性激励。应当说，这是在特定历史阶段和条件下的一种特殊的发展策略与体制，具有一定的普遍和可重复性，是亚洲政治发展中一种值得关注的规律性现象。

四 "快亚洲"与"慢亚洲"：传统社会结构的阻滞效应

当代的政治发展是在工业化、城市化和现代化的时代背景下进行的，当代亚洲政治总体上属于工业化时代的政治。研究亚洲诸国及地区政治发展,最终会形成"两个亚洲"的印象,即一个是以日本以及韩国、新加坡和中国台湾、香港地区"亚洲四小龙"等为代表的,实现了快速工业化的"快亚洲",另一个是以菲律宾、印度为代表的,尚处于缓慢工业化发展的"慢亚洲"。因此,探究"快慢亚洲"的差别,特别是探究菲律宾、印度缓慢停滞的工业化进程的原因,就成为亚洲政治发展比较研究中必须关注的焦点问题之一。

经过实地调研和分析比较,我们认为:亚洲国家和地区间发展差异性最基本的相关因素是社会结构问题。在亚洲主要是东亚成功实现了工业化的国家或地区,因战争、革命、改革等因素,传统社会结构瓦解程度高。如韩国、越南、日本等国,传统社会结构被比较彻底地消除了,从而为工业化、现代化创造了条件。而在亚洲其他发展迟缓的国家,比较典型的如印度和菲律宾,虽然独立时间较早,早期工业化起步阶段发展也较为顺利,但工业化进程发展极其缓慢,甚至走向了相对落伍的状态。因此,传统社会结构是否消除成为决定新兴国家工业化、现代化发展的基本因素。

(一) 机会平等与非整体性社会进程

日本、韩国以及我国台湾地区实现工业化、现代化的起点是国民经济、社会权利的保障,是广泛地给予国民平等待遇,制造国民在经济社会权利方面的机会平等。这一点是工业化、现代化发展获得成功的共同的制度特征和发展策略,也是社会改革成功推进的核心取向。

日本是亚洲工业化的"领头羊",明治维新是亚洲最早的最为重要的社会改革。当年明治政府的中枢人物木户孝允、井上馨等意识到:为了对付日益激化的社会矛盾,如果不"向人民自由与四民平等前进一步,中央政府和藩都不能存在"[①]。于是,明治政府实行以"四民平等"为核心的一系列重大举措,废除封建特权,保障社会权利,扩大社会自由。保障人民权利之于社会发展进步的功效,正如美国学者赖肖尔所说:明

---

① [日] 井上清:《日本现代史》第1卷"明治维新",吕明译,生活·读书·新知三联书店1956年版,第353页。

治维新把日本从一个以世袭为主决定地位的社会，变成了一个以受教育程度和个人成就为主决定地位的社会。国民法律地位的变化和社会权利的平等，意味着社会基本价值的改变，这是一个社会最深刻、最根本的变化，它是社会行为的"指挥棒"，内在地激发了国民的主动性和积极性。

在最初的改革和社会权利平等开放的法律与政策影响下，亚洲的成功国家和地区在工业化早期普遍出现了广泛社会动员的效应。"明治维新"时代，下层武士和普通商人、市民、农民获得了从事经济、社会以及政治活动的权利与自由。据记载，当年一个普通的农妇可以畅通往来于京都与东京经商做买卖。韩国工业化造就了韩国大批的企业，"新村运动"[①]支持了祖祖辈辈贫苦的农民逐渐步入现代农业。我国台湾地区工业化中外向型的加工业，不仅带动了台湾本地中小企业发展，而且推动了台湾社会结构的变化，并最终为改变台湾的政治格局准备了条件。

但是，在菲律宾等国调研时，我们明显感受到，在亚洲工业化比较迟缓的国家，其工业化以及经济社会发展不是整体性的社会进程，即工业化初始阶段和进程当中没有广泛的社会动员和参与，大量社会成员游离于工业化和经济社会发展进程之外，表现为从始至终巨大的社会鸿沟和贫富差别，表现为狭小的国内就业市场，工业化把国家与社会分裂为工业化的部分和传统的部分。菲律宾权威民意调查机构"社会气象站"的数据显示，2011年菲律宾失业率高达24%，不充分就业率亦达34%，约有970万人失业，占全国人口的1/9。按照年龄群分布，18岁至24岁的年轻人失业率最高，为55.9%；其次为24岁至34岁，失业率为45.4%；35岁至44岁的失业率为21.7%；45岁以上的失业率为30.8%。国内就业困难是菲律宾劳务输出持续迅猛增长的主要原因。2011年菲律宾有800多万人（即将近1/10的人口）在海外就业，海外劳务汇款成为国民经济的重要支柱。如此之高的失业率和大量外劳输出表明，菲律宾

[①] 20世纪70年代初，韩国朴正熙政府开始在全国开展"新村运动"，目的是动员农民共同建设"安乐窝"，政府向全国所有3.3万个行政村和居民区无偿提供水泥，用以修房、修路等基础设施建设。

相当比例的人口不能参与本国经济发展,从而形成"体外循环"。印度的情况也十分类似,相比于菲律宾则规模更大。印度独立近70年,至今仍有53%的劳动力从事农业劳动,印度工业仅仅吸纳了19%的劳动力,服务业吸纳了28%的劳动力。同时失业率长期居高不下,近年总体失业率为8.5%。

(二) 社会结构的阻滞效应

应该说,菲律宾、印度等国在亚洲政治独立和工业化起步阶段并非落后者。在20世纪五六十年代,菲律宾一度走在亚洲国家工业化的前列,经济发展水平仅次于日本。印度独立后较长时间里处于相对稳定的国际和国内环境中,经济发展一直比较平稳,没有受到外来的破坏和影响。但与东亚国家相比,菲律宾和印度的工业化、城市化、现代化发展却相当缓慢。1951—1980年,印度年均GDP增速为3.5%,人均收入平均每年仅增长1%多一点,远逊于同时期"亚洲四小龙"和东亚其他发展中国家的发展速度,印度的经济增长速度也被讽刺为印度教徒的增长速度。因发展缓慢,失业、半失业和贫困问题长期得不到解决,到20世纪80年代末期,印度还有近40%的人口生活在贫困线以下。[①]

在亚洲工业化时代政治发展的大视野中,很容易发现菲律宾、印度缓慢发展的主要原因。这就是:"慢亚洲"在工业化起步阶段,传统社会结构没有像东亚地区那样被革命、内战和改革所打破。菲律宾和印度是在原有的社会结构基础上,开始工业化进程的。由于传统社会结构的束缚,无论采取什么样的宪政体制,其实际的政治权力结构依然是保守的、封闭的。表面上看,菲律宾和印度的宪政体制在亚洲整体范围内属于最"先进"行列,尤其与东亚所谓"威权体制"相比,菲律宾、印度两国直接仿照美国和英国两国宪政体制建立了本国的宪法、法律体系和政治机构。菲律宾的总统制甚至还保留着美国1800年时的总统制形式,总统与副总统分属不同党派,是政治上的对手。

传统社会结构对菲律宾、印度两国工业化和政治发展进程的阻滞作

[①] 孙士海:《中国与印度的经济改革比较》,《南亚研究》1998年第1期。

用主要表现在两个层面。

第一，传统社会结构限制国民的平等权利，进而妨碍了国民进入工业化经济进程的机会，抑制了社会的积极性、主动性。在这方面，印度社会的情况更为典型，也更为严重。时至今日，印度一直保留着事实上的种姓制度。1978年，当时印度的人民党政府指派了以曼达尔为首的调查团，调查是否需要为其他低种姓制定保留政策的问题。曼达尔报告指出，印度有3743个种姓属于低种姓，占全印度人口的52%。无论政治体制如何改革、法律如何变革，印度社会中的种姓制度根深蒂固，这大大限制了占人口大多数国民的平等权利，从而消除了因权利平等而带来的社会发展动力。而权利平等导致社会动力勃发是东亚工业化的原始动力和成功的关键因素。此外，宗教信仰和乡土社会结构也将教徒和农民束缚于传统生活的桎梏之中。

第二，在工业化进程中，由于传统社会结构的存在，易于形成垄断性的分利集团，进而妨碍工业化的进一步发展。在这方面，菲律宾的情况尤为典型。据菲律宾学者估计，在菲律宾至少有160个大家族控制着菲律宾的政治、经济和社会活动。这些大家族不仅垄断菲律宾的政治权力，固守既得利益，而且利用掌握的政治权力控制经济和商业活动，甚至拥有私人军队。在菲律宾工业化初期，传统的以拥有土地和以农业、养殖业为生的家族也加入工业化进程，通过工业活动赚取更多利润和财富。随着经济发展和家族企业的壮大，家族经济很快转向垄断经营以赚取高额利润，并窒息了菲律宾经济的发展活力。我们在菲律宾实地调研时，菲律宾知名政治家霍纳桑参议员就感慨地说道："菲律宾的政治就是生意，生意也是政治。"[①]

五 统筹兼顾：政治的基本问题

亚洲政治发展研究首先是经验性研究，但随着研究的深入，一些涉

[①] 根据2013年1月21日中午，课题组在马尼拉菲律宾国会参议院访问霍纳桑参议员的谈话记录。

及政治活动本质的理论性问题浮现了出来。在西亚，伊朗伊斯兰政治体制的独特性，启发我们探求政治活动以及政体的基本价值问题。

什么是"政治"？这是政治学理论一个最初始、最简单，但又存在众多答案的问题。孙中山先生说过："政就是众人的事，治就是管理，管理众人的事便是政治。"① 孙中山先生的定义是从社会管理角度提出的，其中隐含的潜在前提是社会管理在全体社会成员间公平进行。与孙中山的"管理说"相对的是马克思主义的"统治说"。马克思主义的政治理论以阶级斗争和阶级专政学说为基础，认为政治是一种阶级统治，是占统治地位的阶级实施的社会统治。马克思主义揭示了政治活动的实质。

现代西方主流的民主理论不是从"管理说"或"统治说"的功能意义上定义政治，而是从政治活动的主体角度定义政治。在西方主流政治学看来，民主与专制是划分政治活动和政体类型的基本标准。民主，意味着国家的治权来自民众；专制，意味着国家的治权来自某种权威而非民众。结合上面的"管理说"或"统治说"的功能层面，民主就是"多数人管理"或"多数人统治"，专制则表现为"少数人管理"或"少数人统治"。

（一）"教义"与"民意"：伊朗伊斯兰政体的二重性问题

然而，当我们考察、研究伊朗伊斯兰政体时，上述概念似乎不再能找到对应物。如何认定伊朗伊斯兰共和国的政体属性，是管理还是统治？是民主抑或专制？是兼而有之还是二者皆非？伊朗政体生于伊斯兰教义和人民选举，是"教义"和"民意"两个基本价值的制度化、体制化，是两种价值的载体，是实现两种价值的政治形式，其中包括了两种价值在社会实践中的自我表达和相互协调。

透过伊朗伊斯兰政体的内在机制，即双重价值的实现与协调，促使我们重新思考那个似乎早已回答过的问题：政体的价值究竟是什么？抑或说，政体究竟是用来干什么的？政治是什么？政治家平常在做什么？进而言之，评判一个政体优劣的标准是什么？

---

① 《孙中山选集》下册，人民出版社2011年版，第719页。

在伊朗政体中，国家权力的一端是最高领袖及宪监会，代表着伊斯兰，是伊朗伊斯兰国家与社会信奉的核心价值的体现者和维护者，其从事政治活动的出发点是《古兰经》。最高领袖及宪监会的职责是监督和评判伊朗一切法律和政策是否符合伊斯兰教义，是否与伊朗信奉的核心价值保持一致。按照我们熟悉的话语来说，最高领袖及宪监会对伊朗国家与社会的根本利益、长远利益和整体利益负责，负责把握社会发展的方向。同时，国家权力的另一端是总统和议会。二者经过人民选举产生，体现着经选举和公决表达出来的"民意"，即伊朗各阶层人民的现实愿望和诉求。这代表了伊朗的另一种价值。也就是说，直接来自民间、来自选举和公决的民意更多地反映了人民群众的个别利益、眼前利益和局部利益。总统、政府和议会的行为更多地表现出务实的一面，肩负着人民现实的愿望和诉求，并受到选举的约束。

伊朗的政治权力既基于《古兰经》的教义，又来自经人民投票和公决表现出的民意，伊朗的政治实践及国家的法律、政策既要符合教义又要符合民意。这十分清晰和典型地反映出伊朗政体的双源性，反映出伊朗政体所具有的双重价值。但问题是，在实践中教义与民意、理想与现实之间总会有差距，总会有矛盾。试想，如果在一个政体下，永远是"教义"先于"民意"，理想优于现实，以教义衡量一切、要求一切，为社会理想可以牺牲和排斥现实利益，"水至清则无鱼"，这样的社会恐怕是难以维持的。反过来讲，如果在一个政体下，"民意"总是先于"教义"，只顾现实，没有理想、没有目标、不考虑未来，民众的个别利益、眼前利益、局部利益高于一切，结果必然是竭泽而渔、吃光花净，这样的社会同样是难以为继的。

（二）政治实践的核心内容是统筹兼顾

人们一般认为，政体的功能在于维护法制与秩序，进行社会管理；在社会管理的背后是阶级与集团的统治。而在深层次的意义上，无论是"管理"还是"统治"，从实际政治运作看，政治实践活动的核心内容以及政体的功能，在于将社会的基本价值、发展目标与现实利益的实现结合起来。"管理"是如此，"统治"更是如此，要实现统治阶级的长治久安，实现统治阶级的根本利益，也是要把这一目标与当下的现实问题结合起来，顾及眼前才能达致长远。管理并非日常事务，统治更非独断专行。

可见，政体的价值乃至于政治的价值在于把理想目标与现实条件结合起来，把"教义"与"民意"协调起来，统筹兼顾社会的根本利益、长远利益、整体利益与社会各阶层群体的个别利益、眼前利益和局部利益。功能良好的政体，是那些能在一定历史阶段和社会条件下统筹不同阶级、阶层、集团的利益，兼顾眼前与长远、整体与局部，把"教义"与"民意"结合得比较好的政体。只有做到统筹兼顾，国家才能稳定和谐，社会才能不断进步。这对于任何政体来说都是不容回避的带有根本性的问题。

也许我们不应该总是停留在"管理说"和"统治说"笼统政治活动的定义上，而应具体地揭示政治活动实际处理的问题；也许我们不应该再按照西方政治学说的流行观点，用所谓专制和民主作为区分不同政体类型的标准；也许民主只是一个政治哲学的概念，而不是一个可以按其定义在现实中找到纯粹对应物的政治科学概念。伊朗的政体结构是"教义"与"民意"的综合体，而不是单一原则的构筑物。伊朗伊斯兰政体下的国家权力具有双重属性。如果权力二重性是普遍的，也就是说，世界上所有的政体都具有这样内在的权力二重性，那么就不能用权力的单一来源假设来定性权力，即将权力分为民主的和专制的。如果权力的基本价值在于协调与处理任何一个国家和社会内部都具有的"教义"与"民意"、理想目标与现实需求之间的矛盾与关系的话，那么不同政体间的区别就只能存在于权力集中程度上的差异，即权力比较分散的政体和权力比较集中的政体。

根据我们的观察，如果用权力集中度的标准分析和定性不同政体，在多国比较中不难发现：一个权力集中程度较高的政体更易于倾向"教义"而忽视"民意"，甚至"力排众议""一意孤行"，优先推进社会理想目标的实现；而一个分散程度较高的政体则更倾向于"民意"，更顾及民众的现实利益诉求，相对缺乏对于"教义"、对于社会发展的理想目标的追求。从对多国工业化进程的观察与比较中，还可以看到，处于工业化进程中的国家与社会更易于选择集中程度比较高的政体，权力集中度高的政体似乎更适合于发展中国家。完成工业化的西方发达国家则更多采用权力比较分散的政体，分权政体似乎更适合于完成工业化的发达国家。

（本文刊发于《中国社会科学》2014年第2期）

东亚政治发展研究形成的基本概念

房 宁

东亚政治发展的经验研究表明，东亚国家与地区的现代化进程具有明显相似性，反映出东亚社会的工业化进程中政治制度发展演变的某些规律性。我们将调研发现的东亚政治发展的若干规律性现象初步归纳、提炼为以下基本概念：原生型民主与后发型民主、发展压力与民族振兴意识、权利与权力对冲、威权体制与多元体制、分配性激励与生产性激励、战略性发展、威权体制向多元体制转变条件、竞争型多元体制与协商型多元体制、行政性腐败与政治性腐败等。

一 原生型民主与后发型民主

政治发展，主要是政治民主化进程，是东亚现代化的重要方面，也是本课题研究的重点之一。目前，我们所选择的东亚五个具有一定典型意义的国家和地区都已经实现了民主化，建立起了多元的民主政体。

从东亚政治发展的历程看，东亚民主政治与西方相比有其自身特点，二者重要区别在于：以英、美为代表的西方政治制度及民主是原生型的，而东亚则是后发型的。西方的原生型民主（Locality Democracy），是在相对独立的社会环境中，主要缘起于自身政治矛盾而出现和形成的民主政治。东亚的后发型民主（Late - mover Democracy），是在因应外来冲击和压力过程中建构起的民主政治。

西方原生型民主，因其产生和发展的历史条件和环境等方面的原因，在民主政治形成之初有的就形成了多元民主政体，如英、美两国。东亚后发型民主，因其产生和发展的历史过程中始终面临巨大的外部压力和影响，呈现出由威权体制到多元体制的两阶段的民主政治发展进程。开端包含目的性，后发展的条件和环境构成了深刻持久影响东亚政治发展的一种历史结构，在东亚政治发展的各个方面打下了深刻的烙印，是人们认识东亚政治发展及民主政治的一种重要视角。

二 发展压力与民族振兴意识

发展压力与民族振兴意识，是产生于东亚后发展的历史结构中的重要历史现象。发展压力和民族振兴意识，对于东亚现代化进程发生、发展以及特性产生了深刻持久的影响，是贯穿于东亚国家和地区现代化全过程的两个基本要素，是理解东亚政治发展规律性的两把"钥匙"。

后发展的历史环境使东亚现代化进程从一开始就面临巨大而持续的生存和发展压力，甚至东亚现代化本身就是这种压力的产物，这种压力一直伴随着东亚国家和地区的现代化进程。

发展压力，是西方率先进入工业化时代，西方崛起对于东亚国家和地区带来的民族生存危机。由于生存危机而造成东亚社会的冲突和问题，最终形成了推动发展、救亡图存的压力。发展压力在东亚各国与地区的现代化进程中呈现出明显的普遍性、相似性，而在东亚各国和地区现代化的不同时期、不同阶段则有不同的表现形式。在各国与地区现代化的初始阶段，发展压力表现为经济社会陷入贫困、落后的停滞状态以及由此带来的外来威胁和生存危机。贫困、落后是现代化初始阶段东亚国家与地区最显著的社会特征。在东亚国家和地区现代化初步实现之后，发展压力依然存在，表现为社会对于经济发展的渴望和对发展优先主张的认同。这也是东亚一些国家如韩国，在多元体制下，威权体制时期的保守主义、发展主义型政党以及意识形态能够"卷土重来"的重要原因。

民族振兴意识，是发展压力在东亚国家和地区社会精英与民众思想意识领域中的反映，表现为寻求民族独立、寻求现代化路径、寻求现代化制度建构的意识形态、思想理论和大众心理、社会认同等。

在19世纪，东亚国家相继遭受了西方殖民主义的入侵，东亚国家传统文明遭遇了前所未有的冲击，在严重的生存危机压力下，东亚国家特别是其中具有悠久历史文化传统和文明的中国、日本、朝鲜等国家，形成了强烈的民族振兴意识。民族振兴意识为东亚社会的现代化进程提供了重要的思想动力，东亚各国的民族振兴意识都将社会制度变革，实行民主政治，确认为救亡图存、振兴国家的基本手段。民族振兴意识不仅在东亚实现工业化、现代化，采纳民主政治的起点上产生了作用，也对东亚民主政治发展道路产生了深远影响。这主要表现为东亚政治发展的另一个特点——民主政治发展普遍经历威权政体阶段，民族振兴意识提供了社会认同和民众支持。民族振兴意识不仅为东亚国家的精英阶层所拥有，同时在很大程度上也为民众所接受。

三 权利与权力对冲

东亚政治发展的经验，进一步显现了民主作为一种政治实践，是在两个基本的层面上存在的：一方面，民主政治表现为对国民社会权利的保障和自由的扩大；另一方面，民主政治表现为国家权力的开放和多元共治。东亚的经验进一步表明：权利保障和权力开放，民主政治的这两方面功能，并非同步协调实现的。在东亚后发型民主政治进程中，权利保障和权力开放表现出规律性的"对冲"现象，即权利扩大和权力集中的并行现象。东亚民主政治双重功能及"对冲"现象，丰富甚至更新了关于民主的知识。

"对冲"现象，在我们研究的东亚地区平均存在的时间约为30年，而这正好也是这些国家及地区实现快速工业化的时期。如日本两次出现这样的时期，即19世纪后期的"明治维新"时期和战后的"55年体制"时期，此外还有韩国的军政体制时代、印度尼西亚的苏哈托时代等。日本明治时代，一方面提出："官武一途以至庶民，各遂其志，使人心不倦"，开放经济，鼓励士农工商从事生产经营活动；另一方面，建立天皇体制，集中权力于中央政府，实现举国一致体制，加速了国家的工业化进程。日本在短短三十年里因这一体制而迅速崛起，一举击败中国，拿到了 19 世纪亚洲工业化的最后一张"船票"，跻身西方列强。明治体制是一个典型的"对冲"体制，战后韩国、中国台湾、印度尼西亚、新加坡、泰国等工业化时期的政治体制都在不同程度上复制了明治体制蕴含的那种"对冲"机制。

进一步讲，所谓权利与权力的"对冲"，很大程度上是相对美国政治发展模式而言的。美国过去和现在都被不少人奉为现代化的"普世"模本。美国在 18 世纪经过独立战争建国，首先在社会领域奉行自由平等，当然那时公民范围十分有限，但保障人民社会权利的原则是确定无疑的。建国十年后，经过美国先贤们的设计和"联邦党人"的反复讨论，最终通过和确立了美国宪法。建国初年，美国政治制度便形成了两个要点，即保障人民的权利和开放国家的权力。这种权利与权力双重开放的体制是美国的特色，更被奉为自由民主政治的圭臬。然而，包括我们研究所认识到的大量经验性事实证明，后世现代化道路上鲜有因实施美国双重开放模式而成功者。

四 威权体制与多元体制

在东亚国家实现民族独立、建立民族国家之初，大都经历了民粹主义的参与和混乱，出现了体制危机。在这一背景下，威权体制作为对于民粹主义混乱的制度救济，登上了东亚现代化进程的历史舞台。而在这一过程中，长期存在于东亚社会的民族振兴意识，为威权政体提供了重要的合法性、正当性来源，使威权政体能够长期为东亚社会所接受。

威权体制是保障扩大国民权利和集中国家权力"对冲"的政治体制。一方面，威权体制一般具有宪政体制，保护国民的基本经济、政治、社会权利，实行改革为国民经济发展创造制度及政策条件，从而对社会形成生产性激励，调动人民的生产积极性、主动性和创造性，为国家的工业化、现代化发展提供动力。另一方面，威权体制下国家权力相对集中，有利于实行有效的社会治理和管制，避免民粹主义趋向，维护社会秩序。同时，集中权力有利于整合社会资源，集中民智民力，实现国家的战略性发展。威权体制具有民主因素，是东亚民主化进程的初始阶段。

多元体制是具有多元权力主体和竞争性制度安排的体制。多元体制是工业化、现代化发展必然形成的多元社会结构在政治上层建筑中的一种表现。东亚国家和地区在工业化、现代化进程中，经济社会结构发生了广泛而深刻的变化，出现了大量新兴阶级、阶层和利益集团以及相应的利益分化、冲突，由此形成了新的政治参与，形成了反映新兴阶级、集团利益诉求的民主运动。民主运动在东亚地区最终导致了原有威权体制的瓦解和新型民主政体的出现。东亚地区的新型民主政体具有多元的权力主体，国家权力由相互竞争的社会主要阶级和集团的政治精英阶层控制和分享。多元体制一般实行多党制、议会制和普选制。

五　分配性激励与生产性激励

分配性激励与生产性激励是在东亚现代化转型中形成的不同制度下所生成的重要社会机制，在东亚现代化转型中发挥了深刻而重要的影响，是左右东亚国家与地区政治发展的重要的深层因素。

分配性激励，表现为促使社会阶级、集团通过控制政治权力获得新的社会地位和更多利益的社会机制。东亚国家与地区在现代化之初，大都经历过一段民主混乱时期，如韩国20世纪60年代初的"民主失败"时期等。之所以出现"民主混乱"，是因为在现代化新的社会结构、法制条件和社会意识尚未形成的条件下，政治权力开放导致了社会集团通过争夺权力获取新的社会地位和利益的激烈竞争。权力开放是分配性激励的制度前提，分配性激励与多元体制紧密相连，但在现代化转型完成之前，由于缺乏相应条件，由此产生的社会问题更加突出和明显。

生产性激励，是在威权体制下形成的一种社会激励机制。由于威权体制的二重性抑制了社会集团对于政治权力的觊觎和争夺，同时保障国民权利，直接引发和推动了社会集团和民众对于财富和经济利益的追求，导致了东亚社会生产力的迅速发展。

六 战略性发展

在后发展的历史环境中,在巨大的发展压力之下,东亚地区的工业化、现代化无法重复西方国家的自然发展的历史路径,而纷纷寻求跨越性发展,以追赶世界。东亚成功实现工业化、现代化的国家和地区均采取了国家主导经济社会发展规划和组织的发展方式,我们称为战略性发展。

东亚地区的战略性发展的方式因不同国家和不同时期而有所不同,但大致包含以下几个主要方面:第一,制定发展战略,对经济社会发展进行科学规划并组织实施。第二,提供初始资本,以国家及中央政府的产业、金融、财政政策以及对外开放等为政策手段启动工业化,或由政府直接投资推进工业化、城市化。第三,规划和建设基础设施,提供工业化所需的公共产品和公共服务。第四,为工业化提供"软实力",如发展教育、文化事业,营造有利于经济发展的法制环境等。

七 威权体制向多元体制转变条件

20世纪80年代以来,东亚政治发展纷纷进入了从威权体制向多元体制转变的阶段。确认威权体制向多元体制转变的条件是研究与认识东亚现代化转型的一个具有重要理论和现实意义的问题。在工业化、城市化背景下,新型社会结构的形成、新社会精英阶层的形成与整合及新社会保守意识的形成,是从威权体制向多元体制转变的三大基本条件。

第一,新型社会结构的形成。所谓新型社会结构的形成,即工业化、城市化带来的社会流动和社会成员身份、地位的改变,逐步稳定、固化新的利益关系,进而形成新的社会结构,形成新的阶级、阶层、利益集团。这种新结构一旦形成,政治参与乃至政治权力对于各个阶级、阶层、利益集团的社会身份、地位改变的作用便大大降低。政治参与和分享权力的努力,对于处于不同地位的社会群体而言,至多带来某种利益的改善,而不会改变基本的利益格局,更不会带来身份、地位的改变。在这种基础性因素改变的条件下，开放政治权力和实行竞争性的制度安排，政治参与和分享权力动力会有所下降，基本社会秩序、政治秩序就有可能得到保障。再配合以其他条件，多元体制才有建立和巩固的可能。

第二，新社会精英阶层的形成与整合。东亚政治发展的经验表明，在工业化、城市化进程中以及与之相应的政治发展中，社会精英阶层也在随之变动，不断分化、组合，旧的精英消失或转型，新的精英出现，不同精英集团之间建立新联系、形成新的关系，并最终达成一定的共识与默契。这种共识与默契意味着，不同精英集团之间就基本社会制度、政治秩序以及某些政治、社会理念达成一致；在共识与默契的基础上，不同的精英集团对各自所代表的群体、群众有所引导和约束。不同精英集团对不同的利益群体、群众的引导与约束，是权力开放和竞争体制下社会秩序基本稳定和政治参与的有序性的重要保障。与此同时，精英阶层中不同集团的整合与协调关系形成，也有利于政治参与和政治过程的有效性。

第三，新社会保守意识的形成。伴随着工业化、城市化进程，社会思想文化以及人们的心理状态也在发生巨大而深刻的变化，其基本倾向是在新的社会结构基础上，新的社会主体，即占人口多数并拥有经济、社会优势地位的群体，形成新的社会保守意识，即对于现行社会制度和现有秩序的认同。新的社会保守意识，改变了社会氛围，进而抑制了"民粹主义"以及各种反体制的激进社会思潮和社会运动的产生、发展的思想条件。新保守意识为体制转型提供了社会心理条件与保障。在日本、韩国、新加坡的工业化、现代化进程中，人们目睹了左翼思潮的衰落。而1998年以来，印度尼西亚较为平稳地实现政治转型的重要思想文化条件则是当地伊斯兰的温和化。这些都显现了社会保守意识与多元体制转型的关联。

东亚政治发展的经验表明，只有在工业化、城市化初步完成，新型社会结构、新社会精英阶层和新社会保守意识形成三项条件具备的情况下，东亚的威权体制向多元体制的转化才获得了成功。

八　竞争型多元体制与协商型多元体制

东亚政治发展表现出的共同规律性现象是从威权体制逐步走向多元体制。这是工业化、城市化带来的利益多元化和新社会结构、新的利益结构形成后难以避免发生的现象。但在东亚政治发展实际进程中，不同国家、地区进入多元体制后，出现了不同类型：一部分国家、地区，如韩国、中国台湾地区形成了竞争型的多元体制；一部分国家，如日本、新加坡形成了协商型的多元体制，二者具有明显区别和差异。有的国家，如印度尼西亚、泰国仍处于转变过程中，两种可能性都存在。

竞争型多元体制，是指政治权力结构中具有相互竞争的权力精英集团，掌握政治权力的精英没有稳定的地位，需要经过竞争性选举取得核心政治权力。竞争型多元体制的表征是两党制与多党制。

协商型多元体制，是指政治权力结构中具有一个稳定的权力精英集团，其长期掌握核心政治权力。长期执政的权力精英集团通过广泛吸纳社会精英、广泛吸收政治参与和通过协商方式，整合利益诉求，平衡社会利益，维护自身的执政地位。协商型多元体制的表征是一党制或一党多派制。

竞争型多元体制与协商型多元体制是多元体制下政治权力结构的两种变形，其实质是权力精英阶层的内部关系，即反映了两种类型的权力精英阶层的内部关系——相互竞争的和协商妥协的。

九　行政性腐败与政治性腐败

腐败问题是东亚政治发展中的一个重要问题，一方面，腐败是东亚工业化、现代化进程的一个伴生现象，具有一定普遍性，对于东亚国家与地区的社会发展产生了一定的影响，是一个值得关注和研究的问题。另一方面，腐败问题在不同程度上都成为东亚国家与地区民主进程中的一个议题，在东亚民主进程中产生了一定作用。东亚政治发展中腐败现象呈现了一定规律性的发展，即在威权体制阶段较多表现为行政性腐败，而在多元体制阶段更多表现为政治性腐败。

行政性腐败，是指公务人员利用公共权力和其他公共资源为个人及小集团谋取私利的行为，主要表现为贪污、受贿等。行政性腐败在威权体制下有较多发生，且在公众中产生深刻印象和强烈反感。一方面，由于威权体制下政府等公共权力机关拥有较多公共资源分配和管理职能，为利用公共权力特别是行政权力谋取私利的腐败行为发生提供了较多客观条件。这一阶段经济迅速发展，社会财富急剧增加，社会差距迅速加大，掌握公共资源与权力的公务人员普遍出现心理失衡现象，这是造成威权体制下行政性腐败现象大量发生的主观原因。另一方面，由于行政性腐败大多发生于公务人员特别是政府官员与企业和居民打交道的过程中，易为社会感知，所以造成的社会印象特别深刻，引发的社会反感亦十分强烈。

在威权体制下，约束行政性腐败的力量和机制主要来自政权本身，特别是掌握最高政治权力的核心集团，其一般情况下对于腐败现象有强烈的危机感，往往建立严密的内部监控体制，采取严厉措施惩处腐败现象，对于腐败现象具有一定的约束和限制。这种情况在韩国和中国台湾地区威权体制时期比较典型。在东亚威权体制瓦解和向多元体制转型过程中，腐败均没有构成政治转变的主要原因。但在印度尼西亚，长期掌握国家政权的苏哈托集团腐败行为十分突出，且缺乏自上而下的有力监控与防范。这是一个比较例外的情况。

在多元体制下，在一些国家和地区，如韩国和中国台湾地区，行政性腐败得到了相对于威权体制下更有效的约束和治理。这主要得益于进一步的公开化和相应得到加强的社会监督，特别是媒体的监督。在韩国，十分有效的国会监察与调查制度起到了重要作用。但在向多元体制转型过程中以及多元体制建立的初期，行政性腐败在一些国家，如印度尼西亚和泰国，却出现了进一步加剧的现象。其中的重要原因是行政性腐败与政治性腐败的纠集，使社会进入了腐败严重泛滥的时期。

政治性腐败，是指与政治行为，特别是与选举相关的政治行为引发的腐败现象。主要表现是，因选举等政治需要，政治家、政党等政治精英与经济界结成利益联盟，经济界向政治精英提供资金，政治精英则利用政治权力，通过有偏好的政策、法律回报经济界的政治支持。

政治性腐败主要是发生于多元体制下的腐败现象。相对于行政性腐败，政治性腐败主要发生于政商两界之间，其手段大多是通过政策、法律制定，以特许经营以及垄断等形式进行"权钱交易"，因与公众距离较远，不易引起社会关注，是更加隐蔽的腐败。但由于政治性腐败涉及的利益巨大，一旦严重发展并经暴露，又会形成巨大的社会危机，如韩国几任总统的腐败案件调查都引发了社会震荡和冲突对立。

政治性腐败也因其政治性而更加难以防治。政治性腐败涉及政治利益，因此，政治性腐败会受到政治保护，即相关政党和利益集团会为本方成员提供政治庇护，往往以政治迫害为由，将腐败问题政治化，以政治妥协代替和避免法律制裁。这种现象普遍存在于东亚各个政治体系之中，尤以印度尼西亚、泰国为甚。

（本文部分刊发于《中国社会科学报》2011年9月23日）

东亚民主转型的理论解释

课题组

东亚政治发展研究的整个过程充满了魅力。从始至终，我们为这项研究工作所深深地吸引。无论是在选题、立意和研究方法上，还是从调查与研究的实际效果看，这项研究都具有很高价值，在相关领域取得了具有探索性的，甚至是开创性的有益成果。

东亚政治发展进程的规律性特征

东亚五国一区政治发展进程具有明显相似性，呈现出从"自由民主体制"到"威权体制"再到"多元体制"发展的规律性特征。这是东亚政治发展研究所获得的核心发现。

我们所说的政治发展是指：一个国家或政体的制度、体制的变迁。如君主制转变为共和制，威权体制转变为多元体制。

东亚五国一区政治发展呈现出的具有普遍性、规律性的特征是：五国一区在实现工业化、现代化进程中，其政治制度及体制都先后经历了效仿西方政体的"自由民主体制"阶段、"威权体制"阶段和"多元体制"阶段。

从"自由民主体制"到"威权体制"再到"多元体制"，是东亚五国一区政治发展的基本线索与共同规律，但在不同国家和地区的表现亦有所差别，其中以日本、韩国、印度尼西亚最为典型，中国台湾因特殊的政治环境，"自由民主体制"不典型，而新加坡经历了典型的"自由民主体制"和"威权体制"，但尚未完全过渡到"多元体制"，泰国正处于由"威权体制"向"多元体制"过渡的时期。

有关政治发展和民主政治的理论一般认为，政治发展抑或民主政治存在于两个基本层面：一方面是对国民权利的保障和自由的扩大；另一方面，则是国家权力的开放和多元共治。而东亚的历史事实与经验则显示，权利保障和权力开放并非同步协调实现的。在东亚政治发展进程中，权利保障和权力开放表现出有规律性的"对冲"现象，即权利扩大和权力集中并行的现象。

在东亚国家实现民族独立、建立民族国家之初，大都经历了效仿西方建立以追求自由民主为目标的宪政的阶段。我们称之为"自由民主体制"。然而，在这一时期，东亚国家大多出现了民粹主义的参与混乱，纷纷出现了体制危机。在这一背景下，"威权体制"作为对于民粹主义混乱的制度救济，登上了东亚的历史舞台。在东亚五国一区，"威权体制"无一例外地起到了迅速地稳定社会、开启快速工业化、改变社会面貌的作用。在经历了一个阶段的"威权体制"之后，随着工业化的完成、社会结构的变化，东亚五国一区的各个"威权体制"又以不同形式和路径向"多元体制"演化转变，有的发生了激烈的社会对抗与冲突，被称为"民主化"或"民主革命"。

（一）自由民主体制：高喊"默迪卡"的年代

自由民主体制下的东亚社会的共同性特征是：效仿西方建立民主宪政体制，社会自由扩大，思想活跃；但社会动荡，腐败盛行；经济有所发展或恢复，但起伏不定。

东亚五国一区中的日本、韩国、新加坡和印度尼西亚都经历了比较典型的自由民主体制阶段。

日本在明治维新后出现了"民权论"与"国权论"的争论和斗争，民权论者希望效仿英国建立议会制度，以自由民主的政治模式带动经济社会革新和发展。但民权论最终被国权论所取代，民权论者被从权力阶层中放逐，日本走上了日式君主立宪制的发展道路。战后，日本在美国主导下参照西方制度建立了民主宪政体制。最初的 10 年，日本经历了政治上比较活跃的时期，左翼思潮和社会民主主义思潮泛起，工潮与社会运动不断。1955 年体制建立后，日本社会形势逐步平稳，开启了重建与发展的黄金期，迅速重新跻身于最发达资本主义国家之列。

韩国"二战"后仿效美国建立了民主宪政体制，但在长达十多年时间里，社会纷争不断，发展迟缓，最终导致了"民主失败"。在这一社会形势下，朴正熙军政集团迅速崛起，夺取政权，建立起威权体制，从而开始了韩国快速工业化的历史进程。

印度尼西亚建国后的十多年，在苏加诺总统领导下，建立了民主宪政制度，但自由有余、秩序不足，社会分歧加深，经济裹足不前，最终被苏哈托军人集团发动的政变所推翻。在苏哈托的威权体制下，印尼进入快速发展时期。

新加坡从"二战"后到 1960 年初，被称为高喊"默迪卡"（自由）的年代，直到新加坡人民行动党执政后，新加坡进入一党长期执政的威权体制，同时取得了经济社会发展的突出成就。

（二）威权体制：实现工业化的年代

东亚五国一区中，尽管表现形式并不完全相同，但均无例外地经历了威权体制时期。威权体制下的东亚社会的共同性特征是：人民经济社会权利有所保障和扩大，政治权力集中，经济发展迅速，初步完成工业化。

"威权主义"是西方学界创造的概念，用以概括部分发展中国家的一种政治体制。我们部分地借用了这个概念，用以形容东亚五国一区在快速实现工业化、现代化阶段普遍实行的具有共同特征的政治体制。但我们只是部分地借用西方学界的概念，一来是不准备制造更多的，让人感到陌生的概念；二来也赋予了威权体制以经过深入观察和研究后所得到的新内容，应当说，它在一定程度和意义上是一个新的概念。

根据我们的观察与研究，东亚的威权体制具有保障扩大国民权利和集中国家权力的双重功能。一方面，东亚的威权体制，在法律形式上一般具有宪政体制，而在实际社会政策与功能层面具有保障人民的基本经济、社会权利的特征;在威权体制下,实行改革为国民经济发展创造制度及政策条件,从而对社会形成了生产性激励,调动了人民的生产积极性,为国家的工业化、现代化发展提供了动力。另一方面,威权体制下国家权力相对集中,有利于实行有效的社会治理和管制,阻止了这一历史时期经常出现的强烈的政治参与趋向,保持了保守的社会秩序。同时,由于权力集中,威权体制的政权,倾向强力整合社会资源,集中民智民力,对工业化实施规划,促使工业化战略性发展的实现。威权体制下,公民的政治权利受到限制,个人自由受到限制,政治权力不开放,具有垄断性。

(三) 多元体制:竞选的年代

随着工业化的实现,东亚五国一区的政治领域纷纷发生变化,逐步实现从威权体制向多元体制的转型。东亚多元体制的共同特征也十分明显:开放政治权力,普遍实现竞争性选举,选举为最重要的社会议题和社会景观;人民的政治权利有所扩大,社会自由度增加,社会福利也有所增加。一般情况下,行政性腐败有所遏制,而政治性腐败增加。

在实现工业化、现代化的进程中,东亚国家与地区的经济、社会结构随之发生广泛而深刻的变化,新的社会阶级、利益集团不断涌现、成长,社会利益结构日趋多元化。在此基础之上,五国一区的政治体制纷纷向多元体制转化。多元体制与威权体制的根本区别在于权力的开放。多元体制下,有竞争性的制度安排,不同的政治主体可以通过竞选获取政治权力。

在东亚政治发展的实际过程中,多元体制演化为两种亚型:竞争型多元体制和协商型多元体制,韩国、中国台湾、印度尼西亚属于前者,日本、新加坡、泰国属于后者。

竞争型多元体制,是指政治权力结构中存在相互竞争的精英集团,通过权力斗争获取执政地位。竞争型多元体制的表征是两党制与多党制。

协商型多元体制,是指政治权力结构中具有一个稳定的权力精英集团,其长期掌握核心政治权力。长期执政的权力精英集团通过吸收社会精英、吸纳政治参与,通过协商方式,整合利益诉求,平衡利益关系,维护自身的执政地位。协商型多元体制的表征是一党制或一党多派制。

协商型多元体制是一种比较复杂的政体形式。在现实中，协商型多元体制，在宪政体制层面具有竞争性的制度安排，具有多元性质，即在理论上和法律上，各种政治主体可以参与权力竞争。但在实际的权力结构中，依然是单一主体长期处于执政地位。如日本"55年体制"和新加坡的政治模式。在客观上，协商型多元体制是介于威权体制与竞争型多元体制之间的一种政治体制。

自由民主体制向威权体制转变的原因与条件

对于自由民主体制向威权体制转变的原因与条件的探讨以及发现，是东亚政治发展研究课题组获得的第二方面重要收获，"分配性激励"与"生产性激励"的归纳是其中的重要内容。

（一）自由民主体制向威权体制转变的原因

从自由民主体制转化为威权体制是东亚政治发展的普遍现象。这种转化的主要原因是，自由民主体制所产生的社会利益集团争夺政治权力分配的激励作用。工业化进程带来了经济发展和财富增加，带来了社会关系、社会结构的大变动，带来了新的社会流动与社会成员身份的大变化，也带来了大量新的社会问题与矛盾。在工业化初始阶段新的社会环境中，获取新的社会地位与身份，进而获得更多财富的捷径是政治参与及掌握政治权力。而自由民主体制下的权力开放和竞争性的制度安排，正好为政治权力的争夺提供了条件，对全社会形成了一种"分配性激励"，即产生了通过争取政治权力获得社会流动和身份改变机会的激励机制。政治权力的开放与争夺，带来了混乱与不稳定，严重影响工业化进程，导致发展停滞，加剧了社会矛盾，进而刺激和促使精英集团选择威权体制以集中权力，同样的原因也促使民众在很大程度上接受了威权体制。

东亚政治发展早期转型的实例，在日本"明治维新"后，是"明治十四年政变"，战后的"55年体制"应当说也具有某种类似的效应。韩国 1962 年的军事政变以及朴正熙军政体制的建立，印度尼西亚 1965 年的军事政变以及苏哈托军政体制的建立都属于自由民主体制转变为威权体制的典型实例。

由于威权体制下政治权力的垄断，抑制了利益集团对于政治权力的觊觎和争夺，又由于威权体制对于民众经济社会权利一定程度的保障，其总体的社会效果是引导和推动全社会对于经济利益与财富的追求，从而导致了另一种社会机制——"生产性激励"的形成，有力地促进了工业化、现代化的发展。

（二）威权体制存在、发展的条件

东亚五国一区的威权体制都伴随着工业化的迅速发展，大多维持了20—30 年，甚至更长的时间。从表面上看，不少威权体制采取了高压政策，对于社会实施严厉的控制和管理。然而，能在长时间内保持社会的基本稳定和发展，威权体制主要依据下列四项条件。

第一，维持高速经济发展，不断改善总体生活水平。

给予、保障民众的经济社会权利和集中国家权力用以战略性发展，从两方面为工业化提供了动力与条件，东亚五国一区在威权体制下出现了工业化高速发展的"黄金期"。日本在进入"55 年体制"后，创造了连续 19 年国民经济超过两位数增长的奇迹；韩国建立军政体制后进入经济高速发展阶段，连续 25 年国内生产总值平均增长率超过 9%；印度尼西亚自苏哈托政变后连续 25 年国内生产总值平均增长率超过 7%；新加坡建立"59 年体制"后，连续 35 年国内生产总值平均增长率超过 8%。随着经济高速发展，社会普遍生活水平有所提高，社会面貌有了很大改观，出现了目睹城市景观线改变的一代人，从而赋予了威权体制以选举以外的功能合法性。

第二，拥有具有统一意志和较严密组织形态的统治集团。

威权体制权力集中，呈现为典型的一种小规模集团对大规模社会成员的控制系统。统一意志和严密组织以形成内部交易低成本，从而构成小集团控制大群体的条件与能力。在自由民主体制对社会意识和组织的离散效应作用下，军人集团是社会里相对易于集中意志和具有组织资源的群体。东亚五国一区的威权体制的权力精英集团，除中国台湾、新加坡以外，均以军人集团为主体并非偶然。

第三，集中和汲取社会资源的能力。

威权体制以推进发展为合法性来源，集中和汲取资源的能力就成为前提性条件。经济学界一般将东亚威权体制下的经济发展模式概括为"国家资本主义"模式，而从政治角度观察，国家资本主义模式的机制就在于中央决策机构对社会资源的掌控。因此，威权体制下集权的经济动机和效果均为保障经济快速发展，进而提供体制合法性。

第四，控制社会利益冲突、平衡社会利益关系的能力。

威权体制具有集中资源实现经济发展的能力，但这样的体制同样具有集中社会矛盾的体制机制。威权体制下，国家政权往往成为工业化时期频发的各种社会矛盾的聚集焦点。因此，威权体制还必须具备调节社会矛盾、平衡利益关系的功能。威权体制的寿命在很大程度上取决于这方面的体制功能。从东亚五国一区的威权体制发展的实况看，调节社会矛盾与平衡利益关系的核心问题是处理好在工业化进程中出现和成长的两大社会集团的关系，即新兴城市工人集团和新兴工商业集团。处理、协调对立的两大集团关系，是威权体制控制社会利益冲突、平衡社会利益关系的核心和关键。这在新加坡被执政党概括为"亲商"关系与"亲民"关系。

威权体制向多元体制转变的动因与条件

20世纪80年代以来，东亚政治发展纷纷进入了从威权体制向多元体制转变的阶段。认识威权体制向多元体制转变的动因与条件，尤其是确认威权体制向多元体制转变的条件，是研究与认识东亚政治发展中的一个最为重要和最具价值的问题。

（一）威权体制向多元体制转变的动因

从威权体制向多元体制转变、过渡是东亚五国一区政治发展的普遍趋势。这种历史转变的深刻根源在于工业化、现代化带来的经济社会结构的变化，特别是其中社会利益结构的变化，新的社会阶级、阶层、利益集团的出现以及由此产生的政治参与及在社会意识、社会心理上带来的相应变化。

第一，社会利益结构的变化。工业化以及经济社会结构的变化当中出现了大型的新社会集团，如韩国的新工人阶级与财阀集团，中国台湾的本土新兴工商集团等。新兴阶级与利益集团政治参与和分享政治权力的要求，对于威权体制形成了强大的压力和冲击。韩国军政体制瓦解、中国台湾政党轮替、泰国近年来的政治动荡的主要原因都在于此。

第二，社会心理的变化。随着工业化进程中市场经济的发展，新社会阶级、阶层、利益集团出现和成长过程中，大众心理、社会意识亦随之改变，主要表现为权利意识的增长，尤其是逐渐在经济、社会权利之外要求更多政治权利。在权力集中的威权体制之下，民众的利益诉求集中指向政权，日益形成对政权的压力，即多种社会矛盾发生向"官民矛盾"集中转化的趋势，最终推动政治参与和社会运动。这种情况在东亚五国一区威权体制向多元体制转变进程中普遍存在。

第三，精英集团分裂。作为威权体制存在的条件与基础的政治精英集团，在新的社会环境里也在发生分化；在新的社会形势下，精英集团内部分化始于政策分歧。在一定的诱发条件下，这些分化与分歧导致了精英集团公开的分裂。在存在外部压力乃至社会运动的环境下，精英分裂往往直接导致体制的转变。东亚威权体制向多元体制的转变过程中，中国台湾国民党的分裂、印度尼西亚苏哈托政权的垮台，属于最为典型的事例。韩国朴正熙总统遇刺带来的军政体制衰弱的直接原因也是军政高层精英的分裂。日本"55年体制"终结以及自民党最终下台的直接原因也是因为内部派系的分裂。

（二）威权体制向多元体制转变的条件

东亚威权体制向多元体制的转变并非偶然发生的，但这种转变也绝非易事。在由威权体制多元体制的转变中出现了许多动荡和曲折。从多个国家与地区转变的实际过程和经验看，只有当工业化、现代化初步完成，新的社会结构形成，与此同时，新的社会精英形成，并形成一定程度的整合与默契,在社会心理文化层面出现和形成新的社会保守意识的时候,多元体制转型才能成功,才能形成比较稳定的多元体制,即开放权力并不会导致社会的分配性激励与混乱。应当说,新社会结构形成、新社会精英阶层形成与整合以及新社会保守意识形成,是威权体制向多元体制转变的三大条件。

第一,新型社会结构形成。所谓新型社会结构形成,即工业化、现代化带来的社会流动和社会成员身份、地位的改变,逐步稳定、固化新的利益关系,进而形成新的社会结构,形成新的阶级、阶层、利益集团。这种新结构一旦形成,政治参与乃至政治权力对于各个阶级、阶层、利益集团的社会身份、地位改变的作用便大大降低。政治参与和分享权力的努力,对于处于不同地位的社会群体而言,至多带来某种利益的改善,而不会改变基本的利益格局,更不会带来身份、地位的改变。在这种基础性因素改变的条件下,开放政治权力和实行竞争性的制度安排,政治参与和分享权力的动力会有所下降,基本社会秩序、政治秩序就有可能得到保障。再配合以其他条件,多元体制才有建立和巩固的可能。

第二,新社会精英阶层形成与整合。东亚政治发展的经验表明,在工业化、现代化进程中以及与之相应的政治发展中,社会精英阶层也在随之变动,不断分化、组合,旧的精英消失或转型,新的精英出现,不同精英集团之间建立新联系,形成新的关系,并最终达成一定的共识与默契。这种共识与默契意味着,不同精英集团之间就基本社会制度、政治秩序以及某些政治、社会理念达成一致;在共识与默契的基础上,不同的精英集团对各自所代表的群体、群众有所引导和约束。不同精英集团对不同的利益群体、群众的引导与约束,是权力开放和竞争体制下社会秩序基本稳定和政治参与的有序性的重要保障。与此同时,精英阶层中不同集团的整合与协调关系形成,也有利于政治参与和政治过程的有效性。

第三,新社会保守意识形成。伴随着工业化、现代化进程,社会思想文化以及人们的心理状态也在发生巨大而深刻的变化,其基本倾向是在新的社会结构基础上,新的社会主体,即占人口多数并拥有经济、社会优势地位的群体,形成新的社会保守意识,即对于现行社会制度和现有秩序的认同。新的社会保守意识，改变了社会氛围，进而抑制了"民粹主义"以及各种反体制的激进社会思潮和社会运动产生发展的思想条件。新保守意识为体制转型提供了社会心理条件与保障。在日本、韩国、新加坡的工业化、现代化进程中，人们目睹了左翼思潮的衰落。而1998年以来，印度尼西亚较为平稳地实现政治转型的重要思想文化条件则是当地伊斯兰的温和化。这些都显现了社会保守意识与多元体制转型的关联。

东亚社会变迁的理论解释

适应工业化、现代化发展的历史要求，是决定和影响东亚政治发展的内在因素。这是我们对东亚近现代以来社会发展变迁的一个基本的理论性解释。

随着对于东亚工业化、现代化进程以及政治发展脉络认识的深化，我们逐步意识到，东亚特殊的历史环境下的发展压力，以及由此产生的强烈的民族振兴意识和经济发展要求，是长期影响东亚社会历史进程及政治发展的根本因素。

以往有关现代化的理论以及有关民主政治的认识对于民主及民主政治发展的基本解释是：随着工业化、现代化进程，传统社会结构发生变化并最终被多元化的现代社会结构所取代，传统社会中的权威以及精英阶层也随之瓦解、消失或转变。与此同时，社会大众的权利意识不断增长，新的社会阶级、阶层和集团的参与意识和行动不断增长，最终导致以权利保障、分权制衡、多数决定为基本特征的新的多元民主体制形成。这类认识与论述，可以称为关于民主化的一般理论。

民主化的一般理论在一个很大的时空范围内，高度抽象地阐述了人类社会自近代以来民主政治产生发展的一般现象。虽然这类理论具有一定说明和解释力，但却是一种十分笼统的认知系统，对于揭示人类政治发展及民主政治发展规律来说，显得过于粗略了。因为，根据这样的理论，第一，无法解释为什么在政治发展的过程中形成的民主政体是有所差别的；第二，无法解释为什么同样的民主理念和近似的制度安排在不同的国家其效果与结果有很大差别,有的成功有的失败;第三,无法解释为什么同一国家在不同的发展阶段上民主政体也有所不同。当然,也有人将民主政体的差别和特殊性归因于不同国家的国情及历史文化传统,但这同样是过于笼统而不确切、不具体的解释。

由于存在着这些疑问,关于民主的认识就有深化的必要和余地。在东亚研究中,与上述问题相关,我们有以下新的发现与认识。

东亚国家和地区现代化与民主政治进程的规律性特征明显地表现为历史起点和发展路径的相同与相似。东亚国家与民族进入工业化、现代化的背景和动因是外部殖民主义威胁及民族生存危机。作为对外来压力与刺激的反应,东亚国家和民族被迫选择了工业化、现代化对抗生存危机。东亚政治体制的建构与选择是围绕着实现工业化、现代化而进行的,实质上是在西方崛起与东方面临殖民主义威胁的时代,这一地区的国家与民族寻求生存与发展、独立富强的社会解决方案。

在东亚政治的选择与建构、发展与反复现象背后的因素是,东亚国家与民族在近代以来面临的历史条件、主要问题和需要完成的历史性任务,集中起来说,就是国家与民族发展的主题。我们发现,这些国家与地区在近现代历史过程中,包括思想现象在内的各种复杂纷繁的社会现象都是围绕民族独立与生存、发展的主题出现的;各种社会力量、政治势力伴随着寻求民族独立与国家富强的斗争进程而枯荣起伏、此消彼长;各种社会制度与政治体制的兴盛与衰落也是由其与工业化、现代化的关系决定着的,有利于工业化、现代化的进程则兴盛,不利于工业化、现代化则衰亡。

发展的压力,改变落后面貌、追赶世界的历史性任务,好似一只看不见的手在拨弄着东亚近现代历史的时钟,拨弄着东亚人民的命运,深远地影响着东亚的社会制度、民主政体的形成、发展与变迁。

实现工业化、现代化是中华民族面临的历史任务。近代的历史迫使中华民族在寻求民族独立、国家富强的道路上,在追赶世界的道路上,艰苦奋斗、艰难探索。正是因为这样的历史、这样的原因,中国人对于外面的世界格外地关注。

自20世纪八九十年代以来,中国学术界开始关注和研究国外的现代化问题，国别研究则更多。那时的研究带有开创和摸索的性质。然而，由于中国的工业化、现代化进程刚刚开始，自身的经验不多，加之其他条件的限制，那个阶段的研究基本是在文本层面上的，介绍进来的观点、学说虽不少，但无从验证，难于判断。

新中国 60 多年的探索和建设，特别是改革开放 30 多年来快速工业化、现代化的进程彻底改变了中国的面貌。当今中国已经进入了工业化的中后期阶段，伴随着经济社会发展，中国的社会结构、经济制度、政治体制以及人们的思想意识都发生了广泛而深刻的变化。中国人开始有了自己的工业化、城市化和现代化的经历与经验，有了社会变革与转型的经历与经验。在这样的时代背景下，中国人再来观察和研究外面的世界，其意义就非同以往了。根据东亚政治发展研究的体验，我们对东亚五国一区的研究，实际上是基于中国经验的，是在具有了一定的工业化、现代化经历后，对于国内外工业化、现代化进程的观察与研究。中国的经历、中国的经验，使我们更容易看懂国内外的历史与现实，更容易分辨现象与本质，更容易发现问题和解读意义。总之，中国的经验帮助我们超越了"观景"阶段，中国的经验给予我们分析和判断能力。

我们的研究还是初步的，但取得的成果是扎实可靠的。因为，这是中国人用自己的眼睛观察、用自己的头脑思考、用自己的经验判断所获得的认识。它有新知识的发现，也有旧知识的验证。今后，我们应当沿着这样的道路继续走下去。

（本文刊发于《文化纵横》2010 年第 5 期）

权利与权力的对冲:发现东亚模式

房 宁

为什么一些国家会成功?为什么一些国家会失败?这个现代化进程中的重大问题,一直为学术界以及所有关心社会发展进步的人们所瞩目。

中国正处于现代化建设的关键期。在取得巨大成就的同时,中国也面临许多问题,特别是政治发展问题在中国整个现代化进程中愈显突出。中国的发展具有独特性,但中国的发展并不会脱离人类文明大道,中国以外的经验对中国无疑具有重要的意义。带着这样的思考,由中国社会科学院政治学研究所牵头组织的一批专家学者,在孙冶方经济科学基金会和北京修远经济社会研究基金会的支持下,开展了为期三年的"东亚政治发展研究"项目。

这项研究选择了日本、韩国、泰国、印度尼西亚、新加坡等与中国现代化的历史起点与发展环境相近的东亚国家,此外还有我国的台湾地区,对其工业化、现代化进程中的政治发展与转型进行了一次前所未有的经验性研究。这项研究没有走过去以文本研究、主观推论为主的老路,而是以实地调研为基础,注重对历史过程与社会现实的考察,寻访了大量当事人,获得了大量直观认识和第一手材料,并进行了比较研究,获得了许多原创性的新认识、新知识。

一 权利与权力的"对冲"现象

东亚政治发展研究最主要的发现之一是：权利与权力的"对冲"现象。尽管历史与文化传统各有不同，我们所选择的东亚五国一区都是实现了工业化的现代国家，我们发现：这些具有不同背景的国家与地区实现工业化的道路竟然十分相似，它们在实现工业化的进程中，无一例外地采取了一种保障民众权利与集中国家权力的体制，即一方面，在经济社会领域的很大程度上保障人民的权利，开放资源、扩大自由，从而极大刺激了人民的生产积极性、主动性，为国家的工业化和经济发展提供了巨大动力；另一方面，在政治领域集中权力于政治精英阶层，强化国家政权，依靠政权力量推动国家工业化的战略性发展。

这种保障人民权利与集中国家权力的体制，在东亚五国一区平均存在的时间约为30年，而这正好也是这些国家及地区实现快速工业化的时期。如日本两次出现这样的时期，即19世纪后期的"明治维新"时期和战后的"55年体制"时期，此外还有韩国的军政体制时代、印度尼西亚的苏哈托时代等。日本明治时代，一方面提出："官武一途以至庶民，各遂其志，使人心不倦"，开放经济，鼓励士农工商从事生产经营活动；另一方面，建立天皇体制，集中权力于中央政府，实现举国一致体制，加速了国家的工业化进程。日本在短短30年里因这一体制而迅速崛起，一举击败中国，拿到了19世纪亚洲工业化的最后一张"船票"，跻身西方列强。明治体制是一个典型的"对冲"体制，战后韩国、中国台湾、印度尼西亚、新加坡、泰国等工业化时期的政治体制都在不同程度上复制了明治体制蕴含的那种"对冲"机制。

所谓权利与权力的"对冲"，是相对美国政治发展模式而言的。美国过去和现在都被不少人奉为现代化的"普世"模本。美国在18世纪经过独立战争建国，首先在社会领域奉行自由平等，当然那时公民范围十分有限，但保障人民社会权利的原则是确定无疑的。建国10年后，经过美国先贤们的设计和"联邦党人"的反复讨论，最终通过和确立了美国宪法。建国初年，美国政治制度便形成了两个要点，即保障人民的权利和开放国家的权力。这种权利与权力双重开放的体制是美国的特色，更被奉为自由民主政治的圭臬。

然而，包括我们研究所认识的大量经验性事实证明，后世现代化道路上的成功者却鲜有实施美国双重开放模式者。

二　生产性激励与分配性激励

为什么后世难以实施美国模式，而纷纷采取开放权利与封闭权力的那种我们所称的"对冲"模式？

工业化进程既是物质生产进程，也是社会关系发展的进程，即人们常说的"社会转型"。根据我们观察，所谓"社会转型"一般具有四项主要表现：社会大流动、身份大改变、财富大增加、关系大变化。工业化、现代化将所有社会成员卷入其中，人们渴望实现流动、改变身份、拥有财富，而途径大致有两条：一是经济途径，即通过生产、经营活动实现其追求；另一条是政治途径，即通过政治活动、集体行动争取政治权力，通过政治权力对社会价值进行"权威性分配"来获取利益。

如果在工业化进程中社会急剧变动的时代，开放政治权力，无疑就是开放社会流动的政治途径，必然吸引社会集团通过政治参与获取利益，由此必然导致各个社会群体和集团的政治斗争和权力争夺，社会进程主题转向政治参与、政治斗争，而其结果往往是社会动荡，严重的情况下甚至会中断工业化的进程，使社会陷入混乱。根据东亚经验，我们将工业化进程中权利与权力双重开放所引起的政治争夺效应称为：分配性激励。

分配性激励现象及引发的社会混乱在东亚工业化进程中屡见不鲜。如韩国20世纪60年代初张勉政权的"民主失败"、印尼苏加诺时期的政局动荡、泰国20世纪70年代初期的多党政争，都曾是比较典型的因分配性激励引起的社会动荡。

"对冲"体制的功效就在于：在工业化进程中开放权利通道，而关闭权力通道，其效果就是把社会参与的潮流导向了生产活动、导向了经济领域，引导社会群体与集团通过经济行为、经营活动争取社会流动、身份改变和占有财富的机会，而不是通过政治性活动。我们将"对冲"体制所产生的这种效应称为：生产性激励。

三 开放权力的历史条件

东亚五国一区依靠"对冲"体制实现了工业化，进入了现代化国家行列。在后工业化时代，这些国家与地区出现的又一普遍现象是结束原有体制，逐步开放政治权力，实行竞争性选举，渐次过渡到多元化政治体制。这被舆论界称为"民主化"进程。

从"对冲"到多元，是东亚政治发展的又一普遍现象。在对这一历史现象的观察与研究当中，我们的主要发现是这一历史进程转变的条件，即在什么样的条件下，可以发生这样的转变及这样的转变可以成功。我们发现了三个要素，即新型社会结构、新社会精英阶层和新社会保守意识。当这三项重要因素出现的时候，东亚社会向多元转型的历史条件就基本形成了，东亚国家和地区正是在这三项历史条件具备的情况下实现政治转型的。

第一，新型社会结构形成。所谓新型社会结构形成，即工业化、现代化带来的社会流动和社会成员身份、地位的改变，逐步稳定、固化新的利益关系，进而形成新的社会结构，形成新的阶级、阶层、利益集团。这种新结构一旦形成，政治参与乃至政治权力对于各个阶级、阶层、利益集团的社会身份、地位改变的作用便大大降低。政治参与和分享权力的努力，对于处于不同地位的社会群体而言，至多带来某种利益的改善，而不会改变基本的利益格局，更不会带来身份、地位的改变。在这种基础性因素改变的条件下，开放政治权力和实行竞争性的制度安排，政治参与和分享权力的动力会有所下降，基本社会秩序、政治秩序就有可能得到保障。再配合以其他条件，多元体制才有建立和巩固的可能。

第二，新社会精英阶层形成与整合。东亚政治发展的经验表明，在工业化、现代化进程中以及与之相应的政治发展中，社会精英阶层也在随之变动，不断分化、组合，旧的精英消失或转型，新的精英出现，不同精英集团之间建立新联系，形成新的关系，并最终达成一定的共识与默契。这种共识与默契意味着，不同精英集团之间就基本社会制度、政治秩序以及某些政治、社会理念达成一致；在共识与默契的基础上，不同的精英集团对各自所代表的群体、群众有所引导和约束。不同精英集团对不同的利益群体、群众的引导与约束，是权力开放和竞争体制下社会秩序基本稳定和政治参与的有序性的重要保障。与此同时，精英阶层中不同集团的整合与协调关系形成，也有利于政治参与和政治过程的有效性。

第三，新社会保守意识形成。伴随着工业化、现代化进程，社会思想文化以及人们的心理状态也在发生巨大而深刻的变化，其基本倾向是在新的社会结构基础上，新的社会主体，即占人口多数并拥有经济、社会优势地位的群体，形成新的社会保守意识，即对于现行社会制度和现有秩序的认同。新的社会保守意识，改变了社会氛围，进而抑制了"民粹主义"以及各种反体制的激进社会思潮和社会运动的产生发展的思想条件。新保守意识为体制转型提供了社会心理条件与保障。在日本、韩国、新加坡的工业化、现代化进程中，人们目睹了左翼思潮的衰落。而1998年以来，印度尼西亚较为平稳地实现政治转型的重要思想文化条件则是当地伊斯兰的温和化。这些都显现了社会保守意识与多元体制转型的关联。

四　用自己的眼睛看世界

自 20 世纪八九十年代以来，中国学术界开始关注和研究国外的现代化问题。那时的研究带有开创和摸索的性质。然而，由于中国的进程刚刚开始，自身经验不多，加之其他条件限制，那个阶段的研究基本停留于文本层面上，介绍进来的观点、学说虽不少，但却无从验证，难于判断。

新中国 60 多年的探索和建设，特别是改革开放 30 多年来快速工业化、现代化的进程彻底改变了中国的面貌。当今中国已经进入了工业化的中后期阶段，伴随着经济社会发展，中国的社会结构、经济制度、政治体制以及人们的思想意识都发生了广泛而深刻的变化。中国人开始有了自己的工业化、城市化和现代化的经历与经验，有了社会变革与转型的经历与经验。在这样的时代背景下，中国人再来观察和研究外面的世界，其意义就非同以往了。从一定意义上说，我们也是"过来人"了。中国的经历、中国的经验，使我们更容易看懂国内外的历史与现实，更容易分辨现象与本质，更容易发现问题和解读意义。总之，中国的经验帮助我们超越了"观景"阶段，中国的经验给予我们分析和判断能力。

我们关于东亚以及世界其他地区的政治发展研究依然是初步的，但我们取得的成果是扎实可靠的。因为，这是中国人用自己的眼睛观察、用自己的头脑思考、用自己的经验判断所获得的认识。它有新知的发现，也有旧识的验证。希望我们的研究能对自己的国家有所帮助，希望社会各界关注我们的研究，让我们一起上下求索，为国家与民族探寻美好的未来。

（本文刊发于《环球时报》2011年8月5日）

新社会集团:政治发展的社会基础

郭 静 周方冶

政治发展有深刻的经济社会基础。马克思主义认为,经济社会基础的发展变化与政治上层建筑的发展变化之间存在着决定和反作用的关系。这种相互作用的历史进程在政治上的表现,即政治发展。

阶级、阶层和利益集团概念是分析政治发展的经济社会基础的主要概念工具,政治学学者们曾运用这些工具得出了丰富的研究成果。在既有理论成果基础上,继续探索政治发展规律的目标和任务之一是,发现经济社会基础与政治上层建筑之间相互作用的主要机制和阶段性特征。对亚洲国家(地区)政治发展进程的经验性研究和比较分析[1]发现,从中观层面来看,在这些国家的政治发展进程中,一种具有相似特性的社会群体,即新社会集团,在发挥着政治发展动力的作用,其形成和政治成长进程与政治发展的阶段和面貌有着直接而紧密的关系。

一 阶级分析解释了政治发展的根源和方向

阶级是马克思主义唯物史观的核心概念。马克思主义剥离社会现象的复杂表象,将生产资料的占有和支配作为阶级的划分标志,建立了阶级概念,即"阶级,就是这样一些集团,由于它们在一定社会结构中所

---

[1] 房宁等:《自由·威权·多元——东亚政治发展研究报告》,社会科学文献出版社2011年版。

处的地位不同，其中一个集团能够占有另一个集团的劳动"①。

马克思主义以阶级概念分析人类历史发展过程，形成了历史唯物主义的基本观点，以阶级概念为核心解释了人类社会的经济社会秩序及政治发展进程。马克思主义认为，"每一历史时代主要的经济生产方式和交换方式以及必然由此产生的社会结构，是该时代政治的和精神的历史所赖以确立的基础，并且只有从这一基础出发，这一历史才能得到说明"②。随着生产力发展水平的提高，阶级之间的利益矛盾在性质和形式上不断发展变化，推动人类社会的政治上层建筑相应发展。阶级社会形态的转换是在新的生产方式中居统治地位的阶级获得了政治统治地位的结果。资本主义社会的阶级斗争将走向无产阶级专政，即通过多数人对少数人专政，创造没有剥削、没有贫困的社会主义社会，③ 经过此社会形态，人类将最终进入无阶级社会。

阶级分析揭示了人类社会政治进程的根源和方向。阶级是马克思主义历史唯物主义的基本概念，它摒弃了众多次要因素，将纷繁复杂的社会政治现象归结到生产方式、归结到生产关系和分配关系，发现了生产方式与政治秩序的内在联系，揭示了生产力发展和生产关系变化将导致政治上层建筑的变化发展，经济基础对包括政治在内的上层建筑具有决定性作用，人类经历的主要社会形态是不同生产力条件与相应政治秩序和政治结构的统一。

进一步研究政治发展现象，需要在历史唯物主义阐明的政治发展根源和方向基础上，解释根本因素在其他因素作用下的各种演化机制。相比其他一些社会科学学科对研究对象的认识深度，政治学关于政治发展的认识较为粗略，尚有诸多未揭开的"黑匣子"。例如，同一种社会形态下不同国家具有不同政治权力结构并发生变化的原因；新生产方式中的社会群体成为推动政治发展力量的条件、主要阶段和形式；其他的经济社会因素和已有的政治力量在政治发展过程中的作用等问题，都需要政

---

① 《列宁全集》第37卷，人民出版社1986年版，第13页。
② 恩格斯：《1888年英文版序言》，《共产党宣言》，人民出版社1997年版，第12页。
③ 《关于无产阶级专政的历史经验》，《人民日报》1956年4月5日。

治发展研究深入思考和探究。

二 阶层分析解释了政治发展的多样性

马克斯·韦伯以来的社会学使用内涵相对阶级来说更为丰富的阶层概念，通过多因素的综合测量和各层次群体的状况评估，反映出社会流动和社会结构变动的状况，及其与政治发展的关联性。

阶层的内涵有两种界定：一种是指不同的经济、政治、社会身份的群体，它不同于马克思主义以生产关系界定的阶级概念，认为阶层起源于人们的"市场状态"不同，具有相似生活方式和社会声望的群体即为同一阶层；另一种是对阶级概念的细化。两种界定有所区别，但都不是单纯从生产关系角度关注不同社会群体的差别，因此两种阶层概念对社会群体的划分结果往往相似。

阶层概念，是综合多种因素的分析工具，可以多方位地展现经济社会矛盾的多样性。依据阶层概念，按照财产收入水平、职业类别、技能水平、社会声望等多元标准划分的社会群体，群体规模较小，群体内部的相似性较高，有利于使用调查统计和数理分析等研究工具，得到不同社会群体的生产和生活状态、社会政治态度和行为等多方面状况，发现不同阶层内部的历时变化和相互差异。

阶层分析，通过较细致观察，发现具体阶层的来源、形成、态度、行为与政治变迁存在联系。例如，观察财产收入水平相同群体的来源和去向，发现处于下层收入水平的人向上层收入水平群体的进入是阶层分解的一种途径，可以缓解阶层冲突，有利于现有政治秩序稳定；但是，社会群体的"社会集群"（social collectivities）行为倾向，即把资源和机会的获得局限于有特别资格的人的范围之内以达到自身报酬的最大化，[1]则限制了代际和代内的社会流动，固化了社会结构，提升了阶层认同。[2]

---

[1] Frank Parkin, *Marxism and Class Theory: A Bourgeois Critique*, New York: Columbia University Press, 1979, p.44.

[2] Anthony Giddens, *The Class Structure of the Advanced Societies*, London: Hutchinson, 1973, pp.107-112.

按照就业行业和地域划分社会群体,发现从农业向工业、农村向城市的社会流动对现有的经济社会管理方式、政府能力和政治秩序形成挑战。在工业化、城市化过程中,需要政治协调和集中统一处理的经济社会事务剧增,政府雇员和其他从事公共事务的群体猛增,形成了新的阶层。这个阶层对于法制的实施和形成基于法治的民主制度,具有核心作用。[①]处于同一生产关系地位,但因就业技能差异而产生的不同阶层,基于不同的经济利益机会对维护现有经济秩序的政府政策、政治制度等,可能持正面、负面、激烈抗击等不同政治态度和政治行为。[②] 摆脱拮据进入相对富足生活水平的中等阶层,在政治心态上不再注重物质利益议题,呈现阶级利益矛盾弱化的后物质主义倾向。[③] 对不同社会中相似阶层的比较发现,历史文化因素对于阶层政治态度和政治行为方式具有明显的塑造作用。

阶层分析长于多方位地细致观察社会群体,反映社会矛盾的多样性,有助于理解政治发展进程和结果多样性。阶层分析的优势,使得一些研究者以阶层分析否定阶级概念和阶级分析方法。他们认为阶层分析的结论更符合现实,而难以理解阶层分析和阶级分析所得的不同结论,在不同程度上质疑甚至否定马克思主义的阶级分析。

事实上,马克思主义阶级分析的主要功能是解释人类历史宏观进程,为此阶级概念的抽象层次较高,需要去除诸多因素而抓住了生产资料的占有和分配关系这一要素。社会现象是纷繁复杂的社会关系的综合表现,解释某一特定阶段或时期政治发展的具体原因和过程,要求使用单一的阶级分析便予以全面解答是违背逻辑的。但是,"市场状态"的客观性不能否定剥削关系的存在;社会属性不平等的人有自然根源但不能掩饰其经济根源;阶层分析研究的许多社会因素甚至文化因素从历史长期看有其经济根源,阶级分析也强调依据生产关系地位而形成阶级意识和行动

[①] Max Weber, "Politics as a Vocation", in H. H. Gerth and C. Wright Mills, eds., *From Max Weber: Essays in Sociology*, London: Routledge, 1948, pp. 94-95.

[②] Ioan Davies, *Social Mobility and Political Change*, London: Praeger Publisher, 1970, p. 54.

[③] Ronald Inglehart, *The Silent Revolution: The Changing Values and Political Styles Among Western Publics*, Princeton: Princeton University Press, 1977.

需要诸多前提。人类生产生活处于复杂的社会关系当中，因此阶级和阶层分析的合理关系是相互补充、相互深化。

三 利益集团分析了西方民主制度的多元社会基础

利益集团概念，以国家和社会两分为前提，将社会成员区分为直接掌握政治权力的政治职业者和不掌握政治权力的社会群体，观察社会群体表达和维护自己利益的组织和方式，及其通过政治职业者对政策和政治制度变动的实际影响。利益集团概念，以相同利益和共同行动为标准划分社会群体，认为处于不同经济社会地位的群体，只要采取共同行动维护自己利益，建立不以掌握政权为目标而"致力于影响国家政策方向的组织"，即为利益集团。

利益集团的政治理论主要来自对美国政治实践的观察。尽管欧洲是工业化的发源地，行业和职业的分化孕育出了各种行会、商会、协会等组织，但正如托克维尔的观察："世界上没有哪个国家比美国更加成功地把协会的原则适用于实现众多的目标。"[1] 利益集团组织成为社会群体影响政治的主要形式，最早出现于19世纪的美国。基于对美国政治的观察，美国政治学学者提出了利益集团的概念，他们认为：社会就是各种集团的组合，集团是政治的"原材料"，政治过程就是集团间相互作用的结果；[2] 利益集团通过调整内部的成员关系和外部与其他组织之间的关系，形成并引导参与者的态度和行为，这样的政治集团在社会迅速变化的时期，有利于社会稳定。[3] 当利益集团能够越来越多的出现，并形成相互博弈规则的时候，民主就产生了。

利益集团概念的提出是政治学的一个突破性成果。利益集团概念的

---

[1] Alexis de Tocqueville, *Democracy in America*, New York: Alfred A. Knopf, Inc., 1956, pp. 1835 – 1836.

[2] Arthur Bentley, *The Process of Government*, Cambridge: Belknap Press of Harvard University Press, 1967, p. 205.

[3] ［美］戴维·杜鲁门：《政治过程——政治利益与公共舆论》，陈尧译，天津人民出版社2005年版，第565—566页。

两个特点使其更适合政治学研究的任务。一是以是否争夺或直接掌握政权为标准区分社会组织和政治组织。利益集团概念聚焦于社会成员如何影响政治的问题，通过观察社会成员如何形成组织和共同行动，促使政府政策为自己的利益服务，揭示国家与各社会群体的关系。二是对利益集团组织不进行差异性和等级方面的区分。利益集团概念以泛化的利益和共同行动为核心内涵，涵盖不同性质和能力的非政治性组织。利益集团理论秉持政治空间论，认为各种利益组织都能凭借自身资源影响政府，影响效果取决于能否充分利用自身资源在相互博弈中实现自己的要求。利益集团概念及其理论，在一定程度上回应了对传统西方民主制度如选举制、政党制等不能落实社会成员平等权利的质疑，完成了西方民主理论的完整理论逻辑。

利益集团概念对政治实践也产生了实际影响。西方学者运用利益集团概念，在分析美欧国家政治现象方面取得了诸多成果，得到相当广泛的接受和认同，在政治实践中促进和指导了社会群体的利益集团化。20世纪70年代以来，利益集团组织在经济发达国家获得了快速发展，多元主义利益集团政治[①]似乎在普遍出现。这一政治现实显著提升了利益集团理论的说服力和影响力，提升了利益集团概念的学术地位，使其成为西方政治学的主要概念，并被经济学、法学、社会学等学科所使用。

基于分析西方政治现象的成功，许多西方学者使用利益集团概念分析发展中国家政治，不是为了丰富和修正利益集团政治理论，而是把现有理论结论作为分析的预设前提，即发展中国家政治发展路径就是通过允许和鼓励建立多元的利益集团组织，形成利益集团政治，最终实现民主化。西方学者虽然认识到，利益集团政治有个别利益优于共同利益的内在倾向和现实贻害，[②] 但仍然只强调利益集团间的相互作用和竞争可以满足社会的多元要求，利益集团政治能够弥补选举制、代议制、政党制

[①] ［美］罗伯特·达尔：《谁统治：一个美国城市的民主和权力》，范春辉译，江苏人民出版社2011年版，第255页。

[②] ［美］诺曼·杰·奥恩斯坦、［美］雪利·埃尔德：《利益集团、院外活动和政策制订》，潘同之等译，世界知识出版社1981年版，第22页；［美］曼瑟·奥尔森：《国家的兴衰：经济增长、滞胀和社会僵化》，李增刚译，世纪出版集团、上海人民出版社2007年版，第47页。

等民主制度之不足，是反映民意、提升民主程度的主要措施；以这一待检验理论指导发展中国家，推动利益集团组织的发展，以建立现代民主制度。①

利益集团理论为西方国家的国际政治战略提供了理论基础，而走上这一民主化道路的发展中国家，得到的结果却是南橘北枳。究其原因在于，利益集团概念作为政治发展研究的工具存在天然缺陷。

一则，弱区分性的利益集团概念，不利于反映政治权力结构变化的社会基础。不同社会群体与政权的关系，是国家政权性质的核心问题。利益集团概念不标明各种利益集团组织内部和组织之间的差异性，仅把利益集团作为社会组织区分于政府组织，却不区分不同利益集团组织与政权的不同关系，如有的组织是政权的核心基础、有的是政权的一般基础，有的是难以影响政权的边缘化社会组织。利益集团理论虽承认在实际政治中，不同利益集团组织在性质和政策影响能力上存在巨大差别，却未对概念和理论作进行切实的丰富和修正。这是因为将所有利益集团组织都视为国家政权的社会基础，可以凸显国家和政府在调和社会矛盾过程中的"中立性"，有助于展现民主制度对各种利益主张的"包容和满足"，从而模糊国家阶级统治的性质。在分析国家政治权力结构变迁时，如果不突破利益集团概念的局限性，就很难反映和解释因实际政治影响力不同而存在的政治结构及其社会基础，不能反映不同国家政权性质、不同民主制度之间的实际差别，也就不能正确说明政治发展研究的核心问题。

二则，利益集团理论对于利益集团与民主制度形成的历史分析不够充分。允许社会成员成立保护自己利益的组织，是否就能自然促成一个非民主国家走向民主？对此，利益集团理论并未深入分析，也没有做出恰当的有说服力的解答。

历史和现实的很多案例表明，促进利益集团组织的发展，并不必然能为建立民主制度提供动力和基础。利益集团多元化往往可能是政权治

---

① David K Ryden, *Representation in Crisis: The Constitution, Interest Groups, and Political Parties*, Albany: State University of New York Press, 1996, p. 73.

理能力低下的表现，不仅无法促进民主制度的建立，而且很可能导致政治混乱、社会动荡，甚至是国家崩溃。许多非民主国家经历政治动荡，推翻原有政权而掌权的新利益集团往往仍然保持非民主制度，而不与其他利益集团共享权力，有的国家即使采用了民主制度形式，也没有实现民主政治的实质。在观察发展中国家政治发展的前景和途径时，使用利益集团概念分析必须慎重。

四 新社会集团概念的现实依据

政治发展，是政治权力结构的变化和重建。观察不同国家的政治发展过程，可以发现，政治发展进程无论长期还是短期、暴力还是和平，无论变化的直接动因何在，新的政治力量和新的政治格局能够改变原有政治权力结构，一定有其经济社会基础作为支撑。这一经济社会基础的现实载体就是新的经济关系、新的社会关系的产物——新社会集团。

政治发展进程的面貌是新社会集团形成和成长过程在政治上的表现。如果没有新社会集团形成和发展，即使原有统治集团被推翻和替代，也无非是人事性的变化，政治制度的实质性变化和发展难以完成。在掌握政治权力的政治力量主动地自上而下改变政治制度的情况下，如果变革没能导致新社会集团的生成，新制度也将无法保持长期、稳固的运行。中国历史上的王朝更迭大多是人事性的变化，而不是政治权力结构的变化；越南和菲律宾的政治变化，到目前为止尚缺少新社会集团的基础，并未发生政治权力结构的实质性变化。

新社会集团，来自原有社会群体的转化或分化。从不同国家的政治实践来看，在政治发展中曾发挥重要作用的社会群体，通常都是异质社会群体的复合，受到多种经济社会矛盾的综合作用。其中包括：（1）依据阶级分野而形成，如组织起来的工人、资本家等。例如，通过"十月革命"推翻资产阶级临时政府、建立了无产阶级政权的就是组织起来的俄国工人阶级和贫农；韩国威权体制的终结源于威权时期新生的财阀和工人联合推翻军人政权。（2）依据阶层分野而出现，如新兴资本家、军人、中等收入群体等。例如，韩国和印度尼西亚的威权体制都是军人掌握政权，泰国正在发生的政治转型是从事新兴产业的资本家与农民结合起来，向传统产业资本家、军队、城市中间阶层等争取政权的过程。（3）传统的宗教、种族、地区性群体的新发展。例如中国台湾地区的民主化是本土的中小企业家、新城市中间阶层和农民联合起来，形成与外省籍军人、公职人员、教师等群体分享政权的政治格局的过程；通过"伊斯兰革命"推翻巴列维王朝的是宗教领袖领导的什叶派穆斯林，建立伊斯兰宗法和西方民主政治形式结合的伊朗伊斯兰共和国。

新社会集团概念，来自对政治发展现象的观察归纳，可与阶级、阶层、利益集团等概念相互配合。在较长历史时期的宏观视野下，特别是社会形态变迁问题，以阶级概念分析是适宜的。在跟踪现实形势变化的微观视野下，以阶层和利益集团概念分析是有利的。在观察政治发展的具体途径和阶段的中观视野下，新社会集团分析是适用的。

五　新社会集团的形成要素

新社会集团，是政治发展进程中经济社会基础变化的社会载体，是以新的经济关系为基础、以某种社会关系作为黏结剂而结成的、具有共同政治立场和目标、能够采取共同政治行动的大型社会聚合体。其形成要素包括以下方面。

（一）新的经济关系是基础

新的经济关系，是新社会集团形成的基础条件。新社会集团的出现有经济前提，即处于新的经济关系中的"新"社会群体。新社会群体的来源有两种方式：一是生产力的发展导致新社会群体的出现。社会生产力的自然发展或者外部输入，使一个社会产生新的经济分工，出现能够容纳大量社会成员的新的经济领域和行业；或者使某些产业和行业对国民经济的贡献率和重要性有大幅提升，改变了从事这些经济活动的社会群体的经济地位，提高了他们的经济能力。二是生产关系的变化、利益分配关系的变化，也可能促使新社会群体的出现。

(二) 能够黏结社会群体的社会关系

随着经济关系变化而生成的自在的新社会群体，最终会形成什么样的社会集团，取决于聚合社会群体的黏结剂。不同国情下的黏结剂不同，例如，在生产关系中所处的相同地位，在市场关系中所处的相同地位，相同的社会地位和社会身份，相同的地域、民族和宗教信仰等。具有相似经济社会发展水平的国家，因黏结剂不同而形成不同的新社会集团。有的国家形成了以阶级关系聚合的新社会集团：工薪劳动者集团、农民集团与资本家集团，例如英、法等欧洲国家；在有的国家，以行业、产业聚合的社会集团的普遍性远远超过了阶级性的社会集团，例如日本；在有的国家，以地域、民族、宗教等传统社会关系聚合的社会集团，在新的生产关系下没有衰败，反而获得新的发展，例如韩国。在美欧等国家，地域和宗教的黏结作用也仍在发挥作用。处于工业化进程中的发展中国家，新社会集团仍在形成之中。从发展中国家的政治现实看，相对而言，能适应新社会群体的传统社会关系的黏结作用似乎更好，经过调适的地域、民族和宗教因素往往能促使新社会集团更快更紧密形成。

(三) 具备思想共识和行动能力

共同的思想观念和统一行动，是新社会集团形成的标志。思想共识的产生，是一个社会群体选择的过程。思想共识的基础是群体的某种共同利益。内部或外部力量依据社会群体的某种共同利益，形成基于共同利益诉求的论述和更广范围的思想认识，以建构和强化社会群体对共同利益的意识。获得社会群体认同的思想观念，可能是对于新生产力、新生产关系中共同利益的论述，也可能是对地域、民族、宗教等传统共同利益的新论述和新认识。

能否采取和保持一致行动是新社会集团形成和独立存在的重要标志。内部联系机制是一致行动的基础，它可以是专门的组织机制如各种协会、俱乐部等；也可以依托于现有的其他联系机制，如生产经营、社区生活、宗教和文化娱乐活动等。内部联系机制的功能在平时是聚合群体、促进共识，面临重大政治事件时则是动员群体采取一致行动。

（四）达到一定规模

新社会集团是大型的社会聚合体。不同于利益集团概念关注能否影响政策，新社会集团概念更关注能否推进政治发展。唯有达到一定规模的社会组织，才会对政治进程具有意义。

在规模要求的前提下，新社会集团往往是多元社会群体的聚合，可以涵盖不同的产业、行业、职业群体，可以是不同地域、民族群体的综合，也可以跨越阶级和阶层，但是较难跨越宗教分野。新社会集团概念注意到社会成员中普遍存在的一种现象，即社会成员处在多种社会关系当中，无论是否有一个专门代表自己特殊利益的组织，他们在政治态度和政治行动上，可能更倾向于认同自己所处的某种社会关系，对其具有更强烈的归属感，往往首先接受这种社会关系的政治动员。社会成员可能利用多种社会关系维护自己的利益，但在面临重大政治选择时，则会较稳定地认同并跟随某种社会关系聚合的社会群体的主张和行动。社会成员的社会集团归属，应以此种态度和行为为标准。

（本文刊发于《探索》2013 年第 12 期）

新兴社会集团是政治发展的主要动力

房 宁

政治转型是当代政治学以及发展政治学中的焦点问题。自20世纪80年代以来，新一轮民主化浪潮在亚洲、非洲以及拉美众多发展中国家兴起，号称民主化的"第三波浪潮"。几年来，"阿拉伯之春"搅动了原来相对平静的中东地区阿拉伯国家的政局。民主化是当代政治转型的主要形式，研究民主化问题也就因此成为当代政治学以及发展政治学研究的重点。

近年来，在我们开展的以亚洲国家为主要观察对象的政治发展比较研究中，亚洲国家，特别是东亚国家和地区的民主化问题是一个关注的重点。我们希望通过对亚洲多国民主化进程进行观察和比较，从中发现、认识现代政治发展的某些规律性。通过近五年来的调查研究，我们在关于政治发展原因、动力及进程等方面问题的研究中有了新的发现和认识。我们的核心发现是：工业化、现代化进程中新出现的社会阶层、利益集团是现代社会政治发展的主要动力，新兴社会集团获取政治参与和获取政治权力的努力导致政治体系的变化。当然，上述发现与认识主要还是基于亚洲地区的政治发展经验。

一 政治体系内部结构问题

认识民主化以及政治发展问题，首先要关注政治体系的内部结构问题。民主化、政治发展属于政治体系的结构性变动,既可以是政治体系内部权力结构、宪政体制的变化,也可以是体系的更替,旧制度、旧体系被新制度、新体系所代替。比如,韩国的民主化、中国台湾地区的政党轮替。政治发展的原理反映了政治体系结构性变动以及政治体系更替的发生机制,即政治发展的原因、动力及一般进程。

马克思主义的唯物史观认为,社会发展进程中经济基础决定上层建筑。我们所发现的政治发展原理也在一定程度上具体说明了,在工业化、现代化进程中经济基础发生了怎样的变化以及经济基础是如何"决定"上层建筑的。

开始于2008年的东亚五国一区的政治发展研究,帮助我们在政治体系结构问题上有所发现,形成了一些新的认识,主要是关于政治体系结构的新认识。我们认为,现代政治体系内部结构具有三个层次:宪政体制、政治权力结构、社会利益结构。宪政体制是被宪法和法律制度规范和表达的基本政治制度,即公开制度;政治权力结构是政治体系内部政治权力发生和实际运行的状况,具体来说即掌握政治权力的精英阶层及其内部不同集团所处的地位及其相互关系,权力结构具有潜在性,在一定程度上按传统、习惯以及潜规则建构;社会利益结构是主要社会阶层以及利益集团所处的地位及其相互关系。政治体系的结构是宪政体制、政治权力结构和社会利益结构三者的综合,只有从这三者综合的角度才能全面准确地把握政治体系,解释和认识政治现象。

根据中国政治学传统习惯,基本上是在宪政体制的层面上解释和认识政治体系,如关于西方政治体系主要讲三权分立、总统制与议会制等;关于中国政治体制主要讲人民代表大会制度等。这个传统是由梁启超开启的,按照我们的观点,可称为政治学研究的"宪政—文本范式"。这个认知范式,注重揭示和比对不同政治体系的结构、功能差别,如"专制"与"民主"政体的差别等。"宪政—文本范式"对于政治发展的研究,贡献在于注重政治发展的结果差异性的认识,但基本上停留于现象层面,其局限性在于缺少对于政治发展客观动因和内在机制的研究与揭示。政治学研究的"宪政—文本范式"至今依然在我国各种政治教科书中占据统治地位。但从政治科学的发展和现实政治研究的需要看,仅从宪政体制上认识政治活动以及政治发展已远远不够了，政治体系的三层次结构的提出应当是政治学研究方法上的一个进展。

在东亚政治发展的观察与研究中，我们发现，东亚诸国的政治发展，即政治体系、政治制度的改变，国家政权的更迭，从根本上看，是工业化、城市化进程中社会利益结构变化的结果。工业化时代政治发展的相关因素如下。

第一，工业化导致新社会集团出现。工业化进程带来了广泛而深刻的社会流动、身份改变、财富增加和社会集团关系变化，其中最为重要和最具影响力的变化是，新的社会阶级、阶层和利益集团的出现，即社会学所说"巨型社会聚集体"的出现。我们将其称为"新兴社会集团"。

第二，新兴社会集团政治参与引发政治体系权力结构变动。新兴社会集团是政治体系的"陌生人""后来者"，不具备特定的法律地位，缺乏政治权力，在利益分配中处于不利位置，由此产生新兴社会集团政治参与的意愿和动力。

第三，政治体系的宪政体制与权力结构吸纳政治参与存在相悖作用。一般情况下，宪政体制具有开放性而政治权力结构具有封闭性，宪政体制一般在法律意义上平等对待各个社会集团及其利益诉求，通过平等竞争分配利益和权力。但政治权力结构为既定精英集团所掌握，既定精英集团具有排斥权力分享倾向，从而导致新兴社会集团对于政治权力结构的参与需求，以争取分享权力。

第四，新兴社会集团通过政治参与进入政治权力结构，进而改变权力结构和宪政体制，导致政治体系变化及政治发展。政治体系变化与政治发展同时也取决于既定权力精英集团的适应性，既定权力精英集团自身调整能力和对于新兴社会集团的制约与整合能力决定着政治权力结构及宪政体制变动的方式和程度。

概括地说，政治发展的动因是工业化阶段社会利益结构变动产生的新兴社会集团的政治参与，政治发展的内在机制是新兴社会集团参与和其与既定权力精英围绕政治权力的博弈，新兴集团的参与意志和能力、既定权力精英的制约和整合能力两方面的因素，决定着政治发展的最终进程。

二 新兴社会集团的行动能力

在东亚政治发展的观察与研究中，我们进一步发现新兴社会集团的政治参与的意愿和行动能力取决于三个因素，我们将之概括为三种能力：思想能力、组织能力和经济能力。

思想能力反映新兴社会集团的自我意识发育的水平，表现为反映集团利益的意识形态、话语体系，中国台湾称为"论述"。能够改变政治体系的权力结构，带来政治发展、民主转型的新兴社会集团，不是一个"自在之物"，它们是历史行动的主体。因此，在亚洲各国民主化进程中，新兴社会集团形成并具备行动能力的第一标志，就是具备了反映本集团价值观和政治意愿的意识形态与理论。韩国民主运动中既有来自西方的自由民主思想，也有源于马克思主义的左翼民主理论，在韩国反抗军政集团统治的斗争中，两种看似对立的意识形态却在现实中浑然一体，共同支撑着韩国的学生运动、工人运动和市民运动。

组织能力反映新兴社会集团内部的联系和组织程度，表现为政治团体、政党的出现和活动水平。在东亚国家以及亚洲其他地区的深入调研使我们逐步意识到了一个有关社会运动的理论问题。在学术界以往有关社会运动以及革命的研究与论述中，对于一场社会运动、革命的论述往往着眼于思想、理论的传播与动员。大量的相关知识逐渐掩盖或冲淡了社会运动实践中组织行为的重要性，至少降低了对这方面的关注。实际上，任何一次社会行动，仅有宣传、鼓动是远远不够的。即使在"互联网时代"，社会运动依然需要"人盯人"式的社会组织行为，作为组织具体社会行动的直接方式。以民主化运动中的重要手段——选举为例，实际上"空中选举"即思想动员、政策宣传与"地面选举"或"组织选举"，即依靠社会关系、社会团体联络、组织选民，是同等重要的。只有"宣传"没有"组织"，就没有社会运动、没有民主化。

经济能力是所有集体行动的基础，经济能力提供了新兴社会集团政治参与活动的发动和维持机制——奖励与惩罚。奥尔森关于"集体行动的逻辑"的发现，堪称当代最重要的政治学原理性的发现。根据我们的研究，包括民主运动在内的所有社会运动，仅有"宣传"与"组织"也仍然是不够的，即使是"宣传"与"组织"本身也需要资源。社会运动是持续性的，社会运动成功的关键是维持。无论发动或维持社会运动，必须拥有经济资源，否则社会运动的发动与维持机制就不存在。根据我们从这一角度的观察，东亚民主运动中，一个经常被忽视、经常被城市中产阶级抢了风头的新兴社会集团，是在工业化、城市化进程中成长起来的企业家阶层。在我们看来，它们才是东亚民主化的"深层原因"、重要动力和关键因素。

新兴社会集团的政治参与以及政治发展的进程，从发生学意义上讲，主要取决于这三个因素的综合。不同的新兴社会集团三种能力有所差别，在政治发展进程不同阶段上新兴社会集团整体上的能力表现也有所差异。一般来说，只有同时具备三种能力的新兴社会集团，才具有全面的政治参与和改变政治进程的能力。

上述关于政治发展的相关认识是在东亚五国一区政治发展研究中获得的，同时也为政治发展的进一步观察与研究所证实。应当说，上述认识是对于经验性研究成果所做的一种理论性抽象和总结。

三 东亚政治发展的两种类型

在关于东亚五国一区工业化进程的政治发展、制度变迁的实际观察和研究中，我们认为，韩国、中国台湾的政治发展基本属于同一类型，而日本、新加坡似乎属于另一种类型。

韩国、中国台湾的政治发展，即一般所说的民主化进程，基本上属于工业化进程中的新兴集团改变了原有政治制度，即改变了原有权力结构和宪政体制。

韩国工业化进程中涌现出三大新兴社会集团——新工人阶级、城市中产阶级、财阀集团。而韩国的政治权力为军政集团所掌握。开始的时候，新工人阶级，其中包括从农村进入城市和工厂的工人群体和部分知识分子，反抗军政集团的统治，要求变革。城市中产阶级基本上保持中立，置身于阶级斗争、政治斗争之外。财阀集团则站在军政集团一边。

这时原来的军政集团主导的所谓威权体制是稳固的。但随着新工人阶级反对的加剧，城市中产阶级转向了同情甚至是支持工人运动，更重要的是财阀集团与军政集团关系也发生了变化，部分财阀转向了中立，甚至通过支持工人运动，向军政集团施加压力，要求分享权力。这时在包括国际因素在内的其他环境因素的共同作用下，既定的由军政集团掌控的权力结构发生了动摇和分裂，最终出现了政体瓦解和转变。

中国台湾工业化进程中出现了一个以本土族群为主体，依靠外向型经济获取资源和经济地位，以中小企业为骨干的"本土—草根"集团。与之相对的，是以国民党为核心，以"军、工、教"集团为主体，以"国营"、党营企事业为经济基础的上层集团。随着台湾工业化、城市化进程的发展，新兴"本土—草根"集团不断成长壮大，而国民党上层集团不断分化，加之台湾外部形势的变化，以民进党为首的"本土—草根"集团实现了台湾的"政党轮替"，实现了政治权力结构和宪政体制的转型。

在"二战"后的工业化进程中，日本和新加坡走过了一条比较特殊的政治发展道路，即在开放的、多元的宪政体制下，长期保持了政治权力结构不变，由一个相对稳定、封闭的精英集团掌握政权。与其他国家一样，日本在战后的再次工业化进程中，新加坡在战后的工业化进程中，都出现了工人阶级、城市中产阶级等新兴社会集团，但经过一系列博弈和调整，日本的政、官、财"铁三角"，即职业政客、专业官僚和财团形成的权力精英集团广泛吸纳政治参与，同时实施广泛而深入的社会分化和政治管控，将绝大多数的政治参与纳入了既定的制度体制之中，同时制约了颠覆性的政治参与，长期维系一党政权，垄断政治权力，维持了既定的权力结构。新加坡也经历了相似的进程，具有相似的体制机制。

东亚国家政治民主化挫折的经验分析

郭 静

东亚①的政治民主化，是西方社会科学界密集关注、长期研究、成果丰硕的一个领域，是西方政治发展理论和比较政治学科建立和发展的基础之一。西方学界关于东亚政治民主化的理论，一方面不乏真知灼见，曾为西方国家政府所采纳，曾在某些阶段引导了东亚地区的政治活动；另一方面，也在不断遭遇政治现实和实践的检验和质疑，又有改善和发展。东亚政治民主化的历程，虽然在一定程度上受到以西方国家为后盾的西方理论观点的左右，然而现实终究是理论的基础，当理论不能解释和满足现实需要的时候，需要重新审视的是理论。

东亚国家（地区）追求政治民主化的挫折经验显示，西方民主制度不是先验性的，建立后就可以自发带来经济腾飞和社会进步，政治发展的现实证明了这一美好愿望恰恰是本末倒置；经济社会的现代化转型需要建立致力于发展经济社会权利的民生型政治权威，过早的政治民主化，将导致政治混乱甚至长期动荡，阻碍经济社会的发展。

一 政治民主化的西方理论阐释

自 20 世纪 50 年代起，为满足国际战略的需要，欧美国家政府大力支

---

① 本文指称的"东亚（或东亚地区）"是指不包括中国大陆、越南、老挝等社会主义国家和缅甸在内的东北亚、东南亚的国家和地区。

持对发展问题的研究,以影响甚至引导包括东亚国家(地区)在内的发展中国家的发展方向。以发展经济学和发展社会学为基础的现代化理论和以比较研究为方法论的政治发展理论,对于发展中国家如何建立西方式民主制度提出了诸多具有广泛影响力的理论观点,不仅被欧美国家政府所采纳,也成为包括东亚在内的许多发展中国家政治民主化的指导理论。直至"冷战"结束,国际格局改变,西方式民主在世界范围内"胜利了"[1],成为不可置疑的"普世价值",西方学界的政治民主化研究完成了其历史使命。

西方学界研究政治民主化的角度和观点主要有:侧重经济条件的现代化理论,侧重政治条件的政治精英理论,侧重文化条件的政治文化理论和侧重外部条件的外部干涉观点等。

现代化理论提出的"经济发展、政治民主"的基本关系,曾经是欧美国家对外政策的理论基石,但是这一观点遭遇到现实政治的质疑。发展中国家在经济现代化过程中抛开了欧美国家扶持的民主体制,普遍建立了威权主义政权。"经济发展、政治民主"的理论观点被政治发展的经验所修正和深化,认为经济发展为民主化提供了中产阶级和公民权利意识的基础,而经济迅速增长或者衰退造成的危机将削弱直至瓦解威权主义政权,民主化即可成功。[2]

政治精英理论认为,政治精英在民主化过程中具有关键性作用,即主要政治派别及其领导人的政治态度和行为,关系着民主化的路径。[3]

政治文化理论关于文化与民主之间关系的主要观点是:政治文化是导致民主化的最重要因素;[4] 政治文化是经济发展与民主化之间关键的联

---

[1] Larry Diamond and Marc F. Plattner, eds., *The Global Resurgence of Democracy*, Johns Hopkins University Press, 1993, p. 32.

[2] [美]塞缪尔·亨廷顿:《第三波——20世纪后期民主化浪潮》,刘军宁译,上海三联书店1998年版,第69、79页。

[3] David Potter, ed., *Democratization*, Polity Press, 1997, p. 15.

[4] [美]塞缪尔·亨廷顿:《第三波——20世纪后期民主化浪潮》,刘军宁译,上海三联书店1998年版,第45—46页。

系环节；① 国民教育水平越高，民主成功的机会就越大；非欧美国家的传统文化与民主化之间存在紧张关系，影响着民主化进程和民主制度的实际运行状况。

对于发展中国家来说，民主化本身就是外源性的，发展中国家的民主化进程受到西方国家主导的国际环境的巨大影响，在某些时候和某些地方，外部因素甚至起到决定性的作用，西方国家一直对发展中国家的民主化采取外部干涉的做法。

上述理论观点不乏真知灼见，不仅是具有世界影响力的理论，也融入了当代世界的政治实践。但这些理论的出发点和目的，是以西方国家利益为中心，限制从民主化政治实践中扩充理论解释力的空间。其不足主要有，现代化理论及其修正后的观点，都将威权主义政权视为民主化的对立物；政治精英是政治活动的主体，但其政治态度和行动有深厚的社会基础，个人的政治偏好和政治技巧在政治进程中可以发挥的作用是微弱和极其短暂的，这是分析政治精英作用应当首先明确界定的；政治文化的生成需长期积淀，而且变化缓慢，因而具有相对稳定性和独立性，但是它的形成和发展，可以找到经济基础和政治结构的根基。事实表明，西方国家对于发展中国家的民主化并非只是单向的推动作用，而是根据本国利益选择是否支持发展中国家的民主化。

二 东亚政治民主化挫折揭示理论误区

东亚的民主化起源于19世纪末的富国强兵追求，在这一愿望和目标激励下，在一个半世纪的时间里，东亚国家（地区）反复出现以民主、自由为旗帜的群众运动和政治军事斗争，却屡次遭遇挫折。直至20世纪末21世纪初，东亚大多数国家（地区）相继实现了少流血或不流血的政党竞选和轮替，以政党竞选为主要内容的民主制度才得以平稳运行。

19世纪后期东亚出现第一轮民主化浪潮，中国、日本和泰国相继实

---

① Larry Diamond, ed., *Political Cultureand Democracyin Developing Countries*, Lynne Rienner, 1994, pp. 1 – 2.21.

施改革。在学习西方的民族自救运动中，日本和泰国成功了，但是两国真正进行实践的西方民主制度非常有限。日本明治维新建立的政治体制，强化了中央集权、国家权力，而尽量控制政治参与和政治权利的扩大；泰国朱拉隆功改革建立的政治体制，强化了王室权力，削弱了贵族权力，建立了现代官僚系统。这两个国家都没有真正实行作为西方民主制度核心的议会制、竞选制和政党制。相反，中国在辛亥革命之后，试图建立完整的西方民主制度，但是屡屡失败，陷入了军阀混战。殊途同归，三个国家都未实现西方式民主，而走向了军人统治。

东亚在第二次世界大战之后的第二轮民主化，是在美国、英国等以军事占领或驻军为后盾的控制和推动之下进行的。获得独立的新兴国家和日本，都建立了西方民主式的政治制度，如宪法、议会、内阁、司法、政党、选举制度等。相似的制度形式，不同的政治结果，西方民主制度给东亚国家（地区）带来的是政治混乱，到20世纪60年代，近20年的政治乱局以和平或非和平的方式被压制性的政治力量所终结。民主化在东亚再次遭遇挫折。

20世纪90年代，许多东亚国家（地区）再次出现"民主化"浪潮，即民主化的"第三波"。同前两次浪潮相似，此次东亚国家（地区）民主化运动高涨的起因各有不同，但是时间和国际环境因素较为接近。与前两次浪潮不同的是运动的结局，这次民主化运动相继在许多国家和地区"成功了"，其标志就是政治权力较之前有所放开，通过竞争性选举实现了不流血或少流血的政党轮替，从限制政治权力的威权统治转型到了开放政治权力的多元体制。例如，菲律宾于1986年，韩国于1993年，中国台湾地区于2000年，印度尼西亚于2000年，在结束威权政治后首次以自由竞选方式实现了执政党更迭。值得注意的是，政党轮替后这些国家和地区普遍发生了对前任领导人的司法审查、审判甚至判刑现象，这类似于东欧原社会主义国家转型后出现的所谓"过渡司法"现象，而这在"成熟"的西方民主国家是不存在的。

相比前两次的失败，第三轮政治民主化成功了，成功的原因引起了广泛的研究兴趣。基于西方民主化理论，许多研究将成功原因归结为三个方面：政治精英视角的观点，如民主斗士顽强地抵抗压制，引入并普及民主观念直至影响了当权者的价值选择；现代化视角的观点，如掌握绝对权力的统治者的腐败激起了无法压制的民怨；外源视角的观点，如西方国家的"民主推销"、价值观渗透和扶植反对派的"民主战略"。

基于一个半世纪的东亚政治民主化的历史，通过纵向和横向的比较可以看出，上述因素都在政治民主化进程中发挥了各自的作用，但它们不是决定政治民主化成功的关键。

民主斗士并非历史的新现象，第二次世界大战后从西方学成回国的各国政治、经济、文化精英都曾一度成功执掌或参与政治权力，并且建立了"标准"的西方民主制度形式，这些民主斗士的个人条件、社会影响和奋斗业绩丝毫不逊于现在活跃的后来人，然而他们不能避免国家走向集中政治权力的"威权"阶段。

掌握了绝对权力的统治者并非都贪腐，没有掌握绝对权力的选举制产生的领导人，也并非就清廉。在政治民主化成功的各国，起因不都是领导人的贪腐问题，更重要的原因是统治集团内部发生分裂。印尼苏哈托的贪腐问题长时间存在，只是当1998年亚洲金融危机爆发时才下台，而且继任者并非反对派人士；中国台湾地区的情况更有代表性，李登辉继蒋经国主动开放党禁、报禁之后，排斥国民党外省籍元老，压制外省籍中生代代表性政治人物，使他们全面退出核心决策圈，之后，将"总统"产生办法改为由台湾选民直接选举产生，并且打击国民党候选人，在这种情况下新生的民进党才得以竞选成功。

西方国家的"民主推销"对于东亚地区的作用，从具体的关键历史事实来看确实显著，有的干预行动甚至在关键时刻发挥了扭转局势的作用，但是从长期历史过程来看，西方国家在东亚地区推广"民主"，不是从20世纪70—80年代才开始的，有的国家从殖民时期就移植了西方的民主制度。对于现代东亚国家和地区，西方国家始终在无孔不入地推销"民主"，而东亚的"民主化"历史是曲折的、结果是独特的，西方的影响具有引导性而没有决定力。

三 东亚政治民主化成功的条件分析

分析东亚国家（地区）政治民主化的进程，"条件"的视角优于

"原因"的视角。政治发展进程是综合力量的复杂组合,对政治民主化成功原因进行科学的研究和解答,目前尚难以完成。相比而言,客观"条件"则是可以观察、比较、分析和归纳的。通过历史的纵向比较和国别的横向比较,东亚国家(地区)历经波折而建立的民主,具备了一些相似的必要条件。

(一) 工业化和城市化基本实现

在"第三波"民主化期间完成政治结构转变的东亚国家(地区),具有与前两拨民主化运动时期截然不同的经济条件,即这些国家(地区)基本实现了工业化和城市化。较早在本国实现西方民主制度顺利运转的日本和新加坡,当时就已经具备了这样的条件。但是,菲律宾和马来西亚两国的政治进程,在工业化、城市化与民主化进程之间没有完全对应关系:菲律宾超前,在工业化、城市化进展不大的条件下就实现了民主化;而快速工业化、城市化,没有改变马来西亚的"一党独大"的政治结构。这些国家的政治进程说明:工业化、城市化是西方民主制度顺利运转的基础条件之一,这个基础条件能够影响民主化的质量,但是并不必然带来民主化的成功。

从历史经验看,民主化质量较高的国家(地区),工业化、城市化程度较高。20 世纪 90 年代初,韩国的产业结构已接近发达工业化国家的水平,城市化率突破了 70%,达到 74.4%。中国台湾地区的工业化进展迅速,70 年代后期工业产值比重就超过了 40%,80 年代后期达到历史最高水平,进入 90 年代已经向后工业化发展;同样,在 80 年代城市化率超过了 70%。印度尼西亚在 1998 年时,工业产值占国民经济比重已经超过 40%;虽然独特的地理条件非常不利于城市化,但是全国城市化率在 1990 年超过了 30%,2000 年则超过了 40%。[①] 日本、新加坡的政治稳定也具有工业化和城市化的基础。日本的工业化在"二战"之前已经实现,由于"十五年长期战争"需要的推动,日本的工业化有了比较大的发展,按照当时的统计标准,1930 年工业产值达到 71.7%;人口城市化比率于

---

① 资料来源:世界银行数据库。

1940年已达37.9%,① 1955年进一步升至56.1%。新加坡建国时就是城市国家,经济结构以工业、交通运输业为主,农业比例极小。

菲律宾是东亚地区较早摆脱威权政治而实现"民主化"的国家,但是早来的"自由"并没有使菲律宾人民早一点或多一点提高生活水平。菲律宾在建国时工业基础在东亚国家(地区)中相对较强,但是1987年民主化成功时,人均国内生产总值比1960年时才翻了一番,工业发展更加缓慢。这表明菲律宾的威权政治质量不高,没有抓住经济全球化的产业转移的历史机遇,没有致力于实现国家的经济快速发展,只是维护自己所倚靠的传统工业部门的利益。受此影响,菲律宾的民主化质量也不高,民主化后的菲律宾历届政府面对多种政治势力纷争造成的政局动荡,无力推动经济发展政策的有效执行,未能改善基础设施建设不足、治安混乱等吸引外资的条件。自1986年至今的25年来,菲律宾经济社会政治秩序仍然处于混乱状态,2010年人均国内生产总值比1987年只增长了两倍;2006年工业产值占国内生产总值的比重比1960年才提高了5个百分点,从28%上升到33%。② 菲律宾政治领域贪污腐败现象普遍,选举舞弊案往往引起政党和社会的严重不满和争议,每次地方选举都充满了血腥与暴力;在经济方面,社会贫富悬殊,国家高额负债,银行业瘫痪,经济长期紊乱。

在工业化、城市化的快速发展进程中,马来西亚的政治结构至今保持稳定,这个现象表明工业化、城市化进程并不必然改变政治结构。自建国以来,马来西亚建立的一党(联盟党)独大的政治权力结构,没有工业基础,而是以农业社会为基础。在40多年的时间里,马来西亚由农业国变成了工业国,工业产值比重超过50%,城市化率超过60%,但是由多个政党结成的执政党国民阵线,自1974年以来一直掌握着国家政权。

(二)在新的多元的经济利益结构基础上,新的多元的政治力量成长

农业国家的经济利益和社会结构相对简单,是以土地这一资源为纽

---

① 万峰:《日本资本主义史研究》,湖南人民出版社1984年版,第223页。
② 资料来源:世界银行数据库。

带建立起来的经济利益和社会结构,即农民—地主—王室贵族(大地主),附加上执行国家职能的官僚和军人集团。

工业国家的经济利益和社会结构要复杂得多。一方面,基于土地资源的经济利益和社会群体仍然存在。即使在达到高度工业化的国家,也仍然保留着非工业化的农业,例如新加坡至今仍然有极小比例的传统农业。相对发达工业化国家,东亚地区的农业比重更高,一般在10%—20%;从事农业的人口比重也较高,有的国家仍然超过40%。因此,农民和地主以及少数国家的王室,仍然保留下来。另一方面,工业和第三产业聚集了越来越多的人口和资本,利用着众多经济资源。基于工业和第三产业形成的社会群体有:工人、第三产业中的体力劳动者、技术人员、管理人员、资本家、自由职业者;因被工业和第三产业吸纳而失去土地资源后出现的城市失业者、老龄群体;因国家社会职能扩大而发展起来的公共服务人员和官僚、军人群体等。另外,工业化形成了区域和行业发展差异,在上述几乎所有社会群体内部也形成了差异性,有的社会群体如资本家群体内部的差异性巨大。相比而言,工业化国家的经济利益和社会结构,远比农业国家复杂。

工业国家的社会群体与农业国家的社会群体的主要区别是,前者参与政治活动的意识和能力得到显著提高。一方面,他们普遍接受了国民教育,知识技术能力较强,参与社会甚至政治活动的意识和行动能力大大提高;另一方面,占人口大多数的群体除了自己的体力和技术外不掌握其他资源,面临着工业化带来的巨大社会风险,如产业和行业的衰落、企业或商品竞争的失利结局、适应不了市场需求变化以及个人老龄、伤残、知识老化等危及个人生存的状况。降低工业化时代社会风险对于个人造成的不利冲击,成为社会群体组织起来,参与社会和政治活动的巨大动力。在既有能力又有动力的条件下,工业国家社会群体的组织化程度不断提高,参与政治过程的程度不断深化。

(三)在工业化时代的社会文化价值观基础上,各政治力量具有根本性的政治共识

在工业化时代,社会文化价值观相应出现了以下变化。

（1）消费主义。工业化时代，产品生产在量的扩张和类的分工方面都发展迅速。工业经济的持续繁荣，要求将所有人都变成工业产品的消费者，在收入和消费之间建立最短距离甚至"负"距离。工业化的进程，改变着农业社会的生活方式和消费观念，培养着符合工业经济发展要求的生活方式和消费行为，塑造着围绕现代工业而存在的"工业社会的人"，从而确立并固化了各社会群体对于工业产品和生产方式的需求依赖性。

（2）大众文化。在工业化时代，教育普及、劳动力离开土地自由迁徙、更换就业岗位、通信传播信息技术的发展等，大大加强了国民之间的交流，形成了共性越来越多的大众文化。现代国家的经济基础不再依靠封建领主或大地主，每个国民都有纳税义务，因此，现代国家至少在名义上必须赋予国民平等的权利，允许国民参政议政。相比而言，在农业时代，地域文化、等级文化之间的异质性较强。

（3）保守意识。工业化带来社会生产能力和财富的极大增长。这种增长是不平衡的，但在现代国家中财富增长带来的生活水平提高是普遍的。贫富分化是资本主义条件下的必然结果，但是资本主义为赢得与社会主义的体制竞争而实施的社会政策，通过政府的社会再分配作用，给国民生活提供了普遍保障，避免了贫富分化的无限恶化。这不仅弱化了贫富分化可能导致的激烈的社会冲突，而且逐步形成了社会的保守意识，各个群体寄望现行体制能够不同程度地满足自身的利益需求。

在工业化时代的社会文化价值观基础上，各政治力量之间的政治共识具有坚实的基础。在工业化初期，无论西方还是东方几乎都曾经出现过关于国家方向的争论甚至激烈斗争。随着工业化的基本实现和资本主义制度的改良，工业社会的社会文化价值观形成，国家既定发展方向获得了社会共识，当初的左、右政治主张之间的分歧极大地缩小了，左右共治、"中间化"的国家政策，在西方国家屡见不鲜。东亚国家（地区）普遍因左翼力量在"冷战"时期遭到残酷镇压而形成了右翼势力占优势的政治格局，左翼政党执政的情况至今较少。在这样的政治格局下，各党派的政治主张之间基本没有原则性的、根本性的冲突，较易结成执政联盟。

（四）符合西方国家的利益和民主价值观

东亚国家（地区）"民主化"的成功，是西方国家多年干预的结果，符合西方国家的利益需要和民主价值观。在西方民主制度只能流于形式甚至被束之高阁的威权政治时期，西方国家基于自身利益支持这样的政局，但这个政治现实的存在，使得西方倡导、推行"民主价值"的可信度大打折扣。

东亚国家（地区）的民主政治，一般是从西方国家扶持的政治强人建立的经济政治秩序中脱胎而出的。所有东亚国家（地区）的"民主化"，都不是一场对于西方经济政治制度和秩序的"革命"，而是建立在作为世界资本主义的一部分的经济基础上，从单一或少数集团不同程度和形式的独揽政权，曲折走向多元政治组织通过选举竞取政权和参与政治的西方民主政治模式。政权向更多政治组织开放，但是这种政权开放受到既有经济基础的制约，经济实力是竞争的基础条件，多元的民主政治是有主导、有底线的，不会损害现有经济利益格局和经济政治体制。

一些东亚国家（地区）仍是西方大国势力范围的一部分，因历史原因，其经济、政治和军事在相当程度上受到西方大国尤其是美国的影响甚至钳制。各主要政党需要获得西方国家的认可和支持，在执政后才可以继续获取西方国家的资金和市场，维持经济发展。持与西方国家利益相冲突主张的政党，即使胜选上台，在西方的压力和在野党、反对派的掣肘下，也很难落实那些主张，如日本民主党的"鸠山派"。

在上述条件下实现的"民主化"，实质上是西方民主生长逻辑和现实结果在东亚地区的重演。东亚人民真正体验了"民主化"后实现的政治权利，真实感受到了"民主化"后的民主政治现实，真切体会到了民主化后其生活的变化。多年的调查表明，他们不愿回到"民主化"之前，但是对于身边的民主却普遍感到不满、无奈和失望。

四　东亚政治民主化挫折的启示

在长达一个半世纪的时间里，东亚国家（地区）在不同时间、经过不同道路完成了从农业社会向工业社会的发展，相应地，传统的政治秩序逐步解体，与工业社会相适应的新的政治秩序逐步成形和成熟。在这个政治重建的历史阶段，西方的民主制度在其强大的经济军事力量映衬和支撑下，始终作为一个要素参与东亚国家（地区）政治重建的过程。西方民主在东亚国家（地区）政治重建之初，就自然而然甚至"理所应当"地成为明确的目标和旗帜；一些东亚国家（地区）最终基本实现了这个目标，赢得了一部分人和一段时间的欢呼和喝彩，然而，其中的曲折历程，才是后人需要耕耘的生发之地。

（一）在经济社会的现代化转型完成之前，后发国家实行西方民主制度将面临政治动荡的巨大风险

马克思主义认为，政治权力结构和政治制度是上层建筑的核心部分，由经济基础决定并需要适应经济基础的要求，不适应经济基础要求的政治权力结构和政治制度将产生阻碍作用，而终将被反映经济基础要求的政治权力结构和政治制度所取代。西方民主制度作为相对于农业社会先进的政治制度，是其产生国经济基础的产物，适应于产生国的经济基础，但是这种先进性并不能从外部嫁接到尚处于农业国向工业国转变过程中的东亚国家（地区）。

从农业国向工业国的跨越，需要经济、社会、政治的协调前进。在东亚国家（地区）的历史上，这个协调关系因内外部的因素往往不能实现。西方国家作为东亚地区的外部因素，出于自身利益，按照自己的模式推动东亚国家（地区）的政治发展，这个外在压力和导向与东亚国家（地区）的客观需要往往是不协调的；在东亚国家（地区）内部，在学习西方的过程中，许多国家（地区）都曾出现一种影响甚广的政治认知，即改革政治制度是解决国家发展的根本和关键之举，或者认为民主是一个无关也无需经济社会基础的单独的"价值追求"。在这样的内外部条件下，一些东亚国家（地区）在某些历史阶段，没有根据本国的实际需要和条件建立、调整、改善政治制度，而是直接采用了西方现成的政治制度，搞政治转型的"单兵突进"，期望以"先进"的政治制度带来经济社会进步。这一认识的历史实践反复证明了民主政治建设不是无本之木，它是具体经济社会的产物,在传统经济和社会结构基础上的民主,其运行的仍然是一种传统的统治秩序,而不可能成为现代政治结构。政治建设必须着眼于而不能无视需要长期努力才能完成的经济社会发展。

开放政治权力的西方民主制度激励政治纷争,给处于政治重建阶段、缺乏政治主导力量的后发国家带来巨大的政治动荡风险。在西方国家,形式上,各政治组织和个人都享有影响或掌握政治权力的机会,而实质上,政治权力开放的程度是有限的、可控的,在稳定的经济结构和社会结构中,掌握着巨大社会资源的群体才有可能真正接近权力,并且不同政治力量之间相对易于达成相互妥协。在包括东亚在内的后发国家和地区,在从农业社会向工业社会发展的过程中,经济、社会和政治都处于重建时期,新的经济和社会结构没有形成,各群体新的经济和社会地位还未确定,因此,各政治力量之间的相互对立和冲突的程度较高。例如,代表旧有的统治者要求维持原有利益,代表新的既得利益者要求保护并扩大现有利益,代表弱势利益者要求改变和形成新的利益结构,代表外部势力者要求对外放开甚至形成依赖关系,等等。在这种条件下实行西方民主制度,各群体为维护和争取"前途未明"的利益,必将进行激烈争斗,从而使国家发展共识难以形成和执行。

(二) 抑制西方民主体制的弊端,实现经济和社会发展

为抑制西方民主制度给本国发展造成的弊端和阻碍,东亚国家(地区)相继建立了政治主导力量或者政治权威,实现了经济社会的快速平稳发展。

过早全面实行西方民主制度,使那些尚未工业化的东亚国家(地区)陷入政治纷争和动荡,无法致力于亟须解决的严重的经济社会问题,这一状况使东亚地区的许多有识之士倍感痛心,普通民众也对当时的政治状况强烈不满。结束政治纷争和动荡局面,抑制西方民主制度造成的过度党争,是东亚国家(地区)谋求经济社会现代化转型的必由之路。

为此,东亚国家(地区)以不同方式形成主导性政治力量或政治权威,程度不同地修改或者搁置西方民主制度。虽然按照西方标准,此阶

段的民主程度"降低"了，但是有些国家的掌权者致力于促进经济社会发展，实施工业化战略，得到了民众的支持，保持了30年以上的政治稳定。韩国自1961年朴正熙当政到1992年金泳三当选总统的31年间，有23年国内生产总值增速超过7%，其中1962—1987年的25年间平均增速超过8%。印度尼西亚自1965年苏哈托掌握政权到他1998年下台的33年间，有15年国内生产总值增速超过7%。泰国在建国初和1974—1976年两次实行自由民主体制时期，经济都出现明显下滑，在政治稳定时期，国内生产总值一般保持7%以上的增速。工业化基础较好的日本、新加坡，在建立"一党独大"的体制后，经济也进入高速平稳增长期，日本自1955年建立"55年体制"到1993年的38年间，有16年国内生产总值增速超过7%，其中有8年超过两位数。新加坡自1959年建立"59年体制"至2007年的48年间，有34年国内生产总值增速超过7%，其中1960—1997年的平均增速超过8.5%。马来西亚在1969年实施"紧急状态"到1982年取消《内部安全法》的13年间，仅有3年国内生产总值增速低于7%，此后至2000年，除受亚洲金融危机等世界经济因素影响的年份之外，国内生产总值年增速均在7%以上。[①]

值得注意的是，威权政治与国家工业化、现代化的成功之间没有必然联系，不能推进国家经济社会发展的威权统治，得不到民众的支持，也无法保持长期的社会稳定。菲律宾的马科斯政权同样实施威权统治，但是他没有致力于实施有利于国家整体经济社会发展的战略，而是维护自己所依赖的个别集团利益，原来工业化发展程度在东亚地区相对较高的菲律宾，经过马科斯的22年统治，反而严重落后了。这样的威权统治遭到民众的反抗，反政府武装力量日益强大，工人罢工次数和人数不断攀升，社会犯罪率持续提高。马科斯自1973年实施10年"宪政独裁"统治之后，在1986年的第一次选举中就被赶下台。

（三）工业化时代的社会结构，是西方民主制度平稳运行的基础

西方民主制度起源于反封建君主的斗争，这一斗争的兴起和成功在

---

① 资料来源：Angus Maddison, "Historical Statistics of the World Economy：1－2008 AD"。

于具备了社会基础——工业革命中壮大起来的工商业资产者。不同于按照血缘关系决定权力归属的君主制，工商业资产者对于国家政权的影响或直接掌握，是一个开放的、不断发展变化的群体的统治，需要新的统治形式，基于这一需要，西方国家建立和发展出来一套民主制度，在掌握经济资源和政治资源的统治群体内部实现动态的平衡。此后，随着资本主义的发展，工人阶级逐步组织起来，具备了利用民主制度进行斗争的能力，某些政治权利才逐步扩大覆盖范围，例如20世纪60—70年代西方国家才普遍实行了普选制。

在农业时代的东方国家和地区，没有形成已经掌握了巨大经济资源的工商业资产者。在殖民的历史条件下，君主和贵族的实力被严重削弱，经济资源的部分甚至大部分被殖民者控制，军队或者军队支持的力量在诸国内政治力量中实力最强，其他各种政治力量除非联合否则都不足以成为主导性力量。在这样的政治格局下，西方民主制度不可能平稳运行，其结果有四种：一是各政治力量陷入政治争斗和冲突，国家无法有效推进经济和社会发展，例如一些东亚国家（地区）在第二次世界大战后全面实行西方民主制度的时期；二是几种政治力量建立稳定的联合关系，成为主导性政治力量，以此降低和弱化西方民主制度的竞争性，有效推进经济和社会发展，例如日本、新加坡和马来西亚；三是军队或者军队支持的力量建立威权政治，修改或者搁置西方民主制度，抑制其弊端和危害，以有效推进经济和社会发展，例如韩国、印度尼西亚、泰国、中国台湾；四是军队或者军队支持的力量建立威权政治，不能有效推进经济和社会发展，重新恢复到第一种情况，例如菲律宾的威权时期，工业化进程没有实质性推进，新的经济和社会结构没有出现，在这种条件下菲律宾再次实施西方民主体制，历史也再次重演，政治纷争、经济紊乱、社会混乱的局面至今困扰着菲律宾。

（四）国外势力对本国政治进程的影响，不以是否民主为首要目标，而是为了获得现实利益

西方国家在殖民地和势力范围地区，一方面积极推行西方民主制度，另一方面要保障自己在该地区的经济利益和政治控制力。从长远看，这两重目标是内在一致、相互配合的，但是在现实政治中，两个目标之间可能发生矛盾。西方国家在东亚的所作所为表明：推广"民主"并非其根本宗旨，而是服务于其现实利益的需求，"民主战略"要服从、让位于现实利益的需要。

西方的外交政策因时因事表现出强烈的矛盾性：一方面以美国为首的西方国家始终"关切"东亚地区的民主事业，支持各类亲西方的反对派，甚至在关键时刻对执政者施加巨大压力，阻止执政者使用镇压手段，成功助力"民主化"完成，最为典型的就是韩国、菲律宾、印度尼西亚和中国台湾；另一方面以美国为首的西方国家在民主和自身利益的选择题面前，从来都选择抛弃民主制度，使用暴力手段维护自身利益，韩国、菲律宾、马来西亚、印度尼西亚等国的威权政治均得到西方国家的支持，而威权政治大多是在武力清除"异己"的基础上建立的。

即使是西方民主制度，也只有符合西方国家的利益时方可实施；当它妨碍了西方国家实现其现实利益，西方国家就将毫不犹豫地抛弃被标榜为公平和平等载体的民主制度。

（本文刊发于《国外社会科学》2011年第5期）

多党制下的政治性腐败

房 宁

不知何种原因，人们形成了这样的认识："民主"可以治疗"腐败"。"民主"与"腐败"究竟是什么关系，这也成为近年来我们所做的东亚政治发展研究中关注的一个重点问题。

在印度尼西亚调研时，一次座谈会上，一位来自一家重要智库的专家说道：过去（指苏哈托统治时期）的贪污是在桌子底下，而现在（即实现民主化的时期）的贪污是把桌子一起"吃"掉了。会场上一片会心的笑声。

经过在韩国、印度尼西亚和泰国的调研，我们逐步对东亚地区政治发展和民主化进程中的腐败问题有了一个比较清晰的认识，并形成了一对概念：行政性腐败和政治性腐败。

威权体制下行政性腐败多发

所谓行政性腐败，是指公务人员利用公共权力和其他公共资源为个人及小集团谋取私利的行为，主要表现为贪污、受贿等。行政性腐败在东亚自20世纪五六十年代至80年代普遍实行的所谓"威权体制"下有较多发生，且在公众中产生深刻印象和强烈反感。一方面，由于威权体制下政府等公共权力机关拥有较多公共资源分配和管理职能，为利用公共权力特别是行政权力谋取私利的腐败行为发生提供了较多客观条件。

这一阶段，东亚各国经济迅速发展，社会财富急剧增加，社会差距迅速加大，掌握公共资源与权力的公务人员中普遍出现了心理失衡现象，这是造成威权体制下行政性腐败现象大量发生的主观原因。另一方面，由于行政性腐败大多发生于公务人员，常见于政府官员与企业和居民打交道的过程中，因此行政性腐败易为社会感知，所以造成的社会印象特别深刻，引发的社会反感亦十分强烈。

20世纪80年代以来，包括东北亚和东南亚在内的整个东亚地区进入政治转型时期，一个个威权体制瓦解，代之以多元政治体制。人们也经常把这一过程称为"民主化"。在多元体制下，在一些国家和地区，如韩国和中国台湾，行政性腐败得到了相对于威权体制下更为有效的约束和治理。这主要得益于政治生活的公开化，社会监督特别是媒体的监督起到了很大的作用。在韩国，十分有效的国会监察与调查制度起到了重要作用。但也有不同的情况，印尼、泰国在向多元体制转型过程中以及多元体制建立的初期，出现了行政性腐败进一步加剧的现象。其中的重要原因是行政性腐败与政治性腐败的纠集，使整个社会进入了腐败严重泛滥的时期。

多元体制下政治性腐败多发

所谓政治性腐败，是指与政治行为特别是与选举相关的政治行为所引发的腐败现象。政治性腐败的主要表现是：因选举等政治需要，政治家、政党等政治精英与经济界结成利益联盟，经济界向政治精英提供资金，政治精英则利用政治权力，通过有偏好的政策、法律回报经济界的政治支持。相对于行政性腐败，政治性腐败主要发生于政商两界之间，其手段大多是通过政策、法律制定，以特许经营以及垄断等形式进行"权钱交易"，因与公众距离较远，不易引起社会关注，是更加隐蔽的腐败。但由于政治性腐败涉及的利益巨大，一旦严重发展并经暴露，又会形成巨大的社会危机，如韩国几任总统的腐败案件调查都引发了社会震荡和冲突对立。

"政治卡特尔"，就是一种在实现多元民主转型后流行于东南亚国家的十分典型的政治性腐败形式,即在政党之间形成的腐败分赃同盟。国际学术界有一种颇为流行的理论,即认为多党制条件下,由于党派之间的竞争而产生的相互监督有利于遏制腐败。但印度尼西亚及泰国等东南亚国家的经验证明,情况正好相反:在多党制条件下,政党之间不仅没有形成相互监督的遏制腐败的机制,反倒是结成了腐败的分赃同盟,因此导致了所谓"政治卡特尔"现象。

以腐败"把桌子一起吃掉"的印度尼西亚来说,印度尼西亚在实现民主化后,出现了众多政党和众多层次的频密的选举。印度尼西亚现在号称"世界上最大的伊斯兰民主国家",举办了世界上种类最多、层次最多和相对人口规模最大的选举。印度尼西亚每年约有 40 万人作为候选人参加各级各类选举。但在中央和地方的各类选举中,任何一个政党都难以获得足够的资源、影响力以及选票,因此倾向于结成政党联盟。在这当中,众多小党的政治目标并非参政、执政,而是通过向大党提供政治支持而获得利益回报。众多小党的主要政治行为是与大党联合组成政党联盟,在选举中提供支持,一旦共同推举的候选人赢得选举后,就必须为它们提供服务。所谓"服务",当然就是利益回报,这就导致了大规模的严重政治腐败现象的发生。"政治卡特尔"的腐败形式,主要是执政党或议会大党通过立法或行政法规向为其提供支持的小党联盟——"政治卡特尔集团"输送利益。

政治性腐败主要是围绕选举产生。选举是有可计量成本的政治行为,因此,成功获得政治权力后的成本支付,就成为政治性腐败发生的体制性原因。作为选举回报的腐败,在东南亚有许多称谓,如"机会型腐败""政策型腐败"等。"机会型腐败"是印度尼西亚智库人员经常提到的一个词。所谓"机会型腐败",是指政治家或其他掌握权力的官员利用制定特惠政策、法律为某些利益集团谋取利益,如授予特许经营和垄断经营权利等。一般来说,"机会型腐败"获取的利益巨大,与以个人行为为主的"行政性腐败"相比规模要大得多。而在泰国,似乎更倾向于把这类腐败称为"政策型腐败"。

政治性腐败在东亚国家实行多元民主转型后成为日益引起社会关注的问题。政治性腐败给多元民主政体造成了越来越多的问题。一方面,多元民主体制下经常发生的政党轮替使政治性腐败行为趋于短期化、严重化。一个政党或政党联盟经选举上台，马上要进行政治回报，否则手中的权力也是"过期作废"。另一方面，政治性腐败因其政治性而更加难以防治。政治性腐败涉及政党乃至执政党的利益，因此，往往会得到政治保护，即相关政党和利益集团为本方成员提供政治庇护。在东南亚，人们经常看到这种现象：相互竞争的政党经常以反腐败为政治斗争武器攻击政治对手，而同时又以政治迫害为由，将腐败问题政治化，抵御对手以反腐败为武器对己方的攻击。最终以反腐败为政治斗争工具的各方又会以政治妥协代替和避免法律制裁，以政治交易结束利用反腐败名义进行的相互伤害。泰国的一位知名政治家告诉我们：在泰国，不会有一个腐败案件会真正得到查处。

（本文刊发于《中国社会科学报》2011年12月20日）

东南亚政治领袖"个人权威"现象研究

——政治权力结构调整的视角

周方冶

近年来,东南亚国家政局动荡加剧。从菲律宾总统杜特尔特、缅甸前国务资政昂山素季、印度尼西亚平民总统佐科、马来西亚前总理马哈蒂尔,到泰国军人总理巴育,再到柬埔寨首相洪森,政治领袖拥有鲜明的"个人权威"的现象显著增加,这引发了对东南亚威权政治回潮的质疑与担忧。[①] 鉴于此,东南亚政治领袖"个人权威"现象的形成原因,其对各国政局将会产生的影响,"一带一路"建设对"个人权威"现象的因应,这些已是当代中国与东南亚关系中无法回避的核心议题。

有关东南亚国家政治领袖的既有研究通常是以研究对象的观念、话语、经历等个人特质为切入点,并以研究对象所处的政治社会环境,特别是意识形态、政党政治、国家体制等为背景加以分析,力求对政治领

---

* 本文为国家社科基金重大项目"印太战略下'东盟中心地位'重构与中国—东盟共建'海上丝绸之路'研究"(项目编号:20&ZD145)的阶段性成果。

① 参见 M. R. Thompson, "Bloodied Democracy: Duterte and the Death of Liberal Reformism in the Philippines", *Journal of Current Southeast Asian Affairs*, Vol. 35, No. 3, 2016, pp. 39 - 68; Abdurrachman Satrio, "Constitutional Retrogression in Indonesia under President Joko Widodo's Government: What Can the Constitutional Court Do?", *Constitutional Review*, Vol. 4, No. 2, December 2018, pp. 272 - 300; C. F. Keyes, *Democracy Thwarted: The Crisis of Political Authority in Thailand*, Singapore: ISEAS, 2015; S. Heder, "Cambodia: Capitalist Transformation by Neither Liberal Democracy nor Dictatorship", *Southeast Asian Affairs*, No. 1, 2012, pp. 103 - 115.

袖形成从微观到宏观的全方位理解与把握。从研究对象个体出发进行研究，虽有较强的针对性与情境性，但很难摆脱个案的局限性，容易产生对研究对象的特例错觉，将历史发展的偶然性与结构调整的必然性相混淆，难以把握政治领袖"个人权威"现象的根源。为此，本文将采用"政治权力集团—政治权力结构"分析框架，对东南亚政治领袖"个人权威"现象进行比较研究。

政治权力集团是指由多元身份认同相似的社会公众组成的、拥有政治自觉意识，并能以可持续方式有组织地参与政治权力博弈，以实现其利益诉求的社会聚合体。[①] 政治权力集团在国家权力的竞争与分配过程中，将会形成分布于"核心—边缘"不同圈层的相对地位与相互关系，并在此基础上产生"同心圆"式的政治权力结构（见图1）。[②]

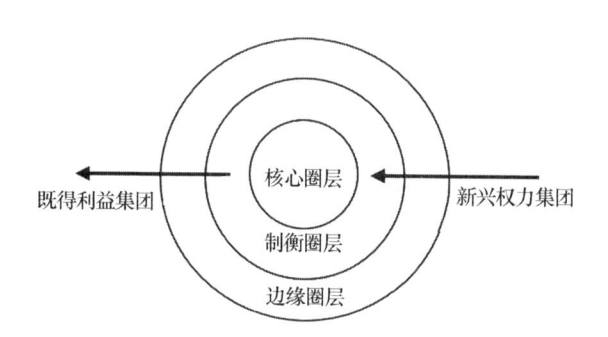

图1　政治权力结构的"同心圆"模型

在"政治权力集团—政治权力结构"分析框架下，政治领袖是代表政治权力集团参与国家政治权力的运作与博弈、旨在巩固和拓展政治权力集团的权力结构地位、争取更多国家资源分配的统合工具（见图2）。对政治权力集团而言，政治领袖作为集团在国家权力博弈中的直观具现，他们的推选和产生至关重要，不仅要最大限度地凝聚政治权力

[①] 有关政治权力集团的概念阐释与案例分析，参见周方冶等《东亚五国政治发展的权力集团研究》，中国社会科学出版社2016年版。

[②] 周方冶：《新旧利益集团的政治博弈——基于权力结构"同心圆"模型的东亚政治转型研究》，《探索》2013年第5期。

集团的利益诉求，并且要尽最大可能发挥政治权力集团的话语、组织和资金三大要件的相对竞争优势，从而保证集团在权力博弈过程中占据有利地位。

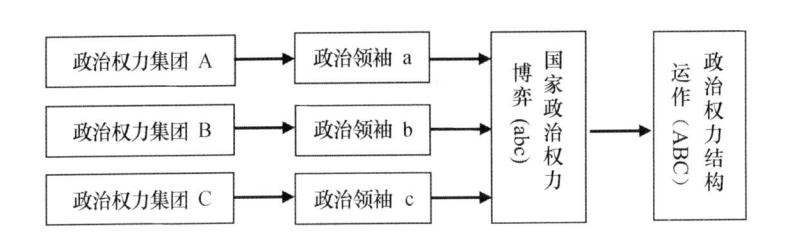

图2　政治领袖的统合作用

值得留意的是，尽管政治领袖通常都会或多或少地拥有"权威"，特别是要对所属的政治权力集团成员具备一定的约束力和强制性，否则很难代表所属的政治权力集团参与国家权力的运作与博弈。不过，当前东南亚出现的政治领袖"个人权威"却高于通常意义上的政治领袖"权威"，最直观的表现就是政治领袖有能力采取突破常规的政治举措。例如，泰国总理巴育曾拥有凌驾于立法与司法权之上的临时宪法44条"临机专断权"；昂山素季在宪法约束下无法出任缅甸总统，却成为"凌驾于总统之上"的国务资政；柬埔寨首相洪森无视国际、国内政治压力，在大选前强制解散救国党；等等。因此，为区别通常意义上的政治领袖"权威"与当前东南亚政治领袖的"个人权威"，本文基于"政治权力集团—政治权力结构"分析框架，将"个人权威"概念界定为政治领袖依托所属政治权力集团的代表权所产生的、具有个人属性的、可以在既定的显规则或潜规则之外采取政治行动、有可能对国家权力运作与博弈产生结构性影响的政治支配能力。

本文以东南亚为例，首先以政治权力集团推选领袖的方式区分东南亚政治领袖的类型与特征；然后基于政治权力结构调整动因，辨析东南亚政治领袖"个人权威"的形成原因；接着根据政治权力结构调整路径，分析"个人权威"存在的不确定性；最后立足于"一带一路"倡议，提出有效应对东南亚政治领袖"个人权威"现象的建议。

一 东南亚政治领袖的类型与特征

基于东南亚国家政治领袖产生过程的政治逻辑与历史经验，本文将政治权力集团推选政治领袖的方式划分为以下三类。

(一)"承继型"

作为特定政治权力集团的政治代表，"承继型"领袖的代表权源于其身份与该政治权力集团具有高度可辨识且密不可分的因果关联。在当前东南亚国家政坛，较具代表性的此类领袖是泰国国王拉玛十世哇集拉隆功。他作为泰国王室—保皇派的政治领袖，其政治地位直接源于曼谷王朝的王位传承。尽管哇集拉隆功国王在社会声望与政治威信方面，都与其父亲拉玛九世普密蓬国王相去甚远，但这不影响其政治领袖的地位。因为，王室—保皇派存在的前提话语要件就是立国三原则"民族、宗教、国王"的忠君原则。这在根本上决定了泰国现任国王成为王室—保皇派政治领袖的唯一性。[①]

除了王位传承，家族血统传承在东南亚国家政坛也是相当重要的身份依据，有助于直接锁定特定政治权力集团的政治领袖地位。印度尼西亚前总统梅加瓦蒂是典型案例。作为印度尼西亚开国领袖苏加诺的长女，梅加瓦蒂很大程度上承载了印度尼西亚民众对苏加诺所倡导的世俗民族主义的政治期望，因此在军人领袖苏哈托执政期间，梅加瓦蒂被世俗民族主义集团推选为印度尼西亚民主党的总主席。1998年苏哈托倒台后，梅加瓦蒂创建了印度尼西亚民主斗争党，并在世俗民族主义集团的支持下，先是在1999年大选中成为国会第一大党，而后在2001年接替瓦希德，成为印度尼西亚有史以来的首位女总统。此外，菲律宾传统家族集团也奉行"承继型"的领袖推选方式。菲律宾的地方政治、经济与社会资源主要为160多个传统家族所把持，从而使国家政治权力运

---

① 周方冶：《泰国立宪君主政治权威兴衰的过程、原因与趋势》，《东南亚研究》2012年第2期。

作长期被传统家族集团的家族继承者所把持。[①] 自 20 世纪初美国治下的"自治时期"以来，菲律宾先后产生 16 位总统，其中至少有 13 位沾亲带故，而且存在马卡帕加尔与阿罗约夫人的"父女总统"，以及阿基诺夫人与阿基诺三世的"母子总统"。

（二）"资历型"

作为特定政治权力集团的政治代表，"资历型"领袖的代表权源于对长期效忠于该政治权力集团并通过筛选逐层晋升的规则共识。在当前东南亚国家政坛，较具代表性的此类领袖是泰国总理巴育。作为军人集团的政治领袖，巴育的政治地位根源于其曾经拥有的陆军司令资历。从 19 世纪末朱拉隆功改革推动现代化军队建设以来，泰国军人集团长期保持着严格的科层体制与晋升规则。尽管由于传统庇护制的关系，军人集团难免存在派系、亲缘、乡党等关照的情况，但破格进行权力传承不可行，因为很容易引起军人集团的抵制。与此相似，缅甸、印尼、菲律宾等国的军人集团也都奉行相似的"资历型"领袖推选方式。

除了军人集团，具有相似科层制特征的技术官僚集团、城市中产阶级、宗教集团、中小企业集团等政治权力集团通常也倾向于"资历型"领袖推选方式，经由协会、团体、互助组织或制度化政党等机制进行公开或半公开的逐层筛选，以保证最具有可信度、最了解利益诉求、最擅长权力博弈的政治领袖脱颖而出，代表该政治权力集团参与国家权力运作与博弈。

（三）"感召型"

作为特定政治权力集团的政治代表，"感召型"领袖的代表权源于其人格魅力与变革愿景引发的广大边缘化社会公众的跨群体政治共鸣。在当前东南亚国家政坛，此类领袖包括缅甸的昂山素季、印尼的佐科、菲

---

① 房宁等：《民主与发展——亚洲工业化时代的民主政治研究》，社会科学文献出版社 2015 年版，第 79 页。

律宾的杜特尔特、泰国的他信与塔纳通、马来西亚的安瓦尔、柬埔寨的桑兰西等。相较于前两类,"感召型"领袖具有以下特征。

其一,"感召型"领袖通常具有"承继型"或"资历型"的前置身份。尽管从表现形式来看,"感召型"领袖最直观的特征是得到了政治权力结构边缘圈层的社会公众的拥护,从而形成自外而内影响核心圈层的政治感召力,因此从结果来看更多地体现为个人色彩。但从过程来看,由于边缘圈层的社会公众通常处于碎片化状态,必须借助外部资源才能进行有效的动员与组织,故而,要成为"感召型"领袖,通常首先要成为特定政治权力集团的"承继型"或"资历型"领袖,再依托所属政治权力集团的政治资源,尤其是资金与渠道,拓展影响力,激发边缘圈层的民意,凝聚"感召型"领袖所需的社会认同与政治威望。

例如,缅甸前国务资政昂山素季拥有"承继型"领袖的前置身份,其父是缅甸国父昂山将军。1988 年,长期旅居海外的昂山素季与前总参谋长兼国防部长丁吴等人共同组建全国民主联盟。昂山素季在踏足政坛之初,就在昂山将军的光环下拥有了"承继型"政治领袖地位,为其积累了民众基础。又如,菲律宾的总统杜特尔特兼具"承继型"与"资历型"双重前置身份。其父曾担任达瑙市市长和达沃省省长,并出任马科斯政府的中央事务秘书长。这使得杜特尔特初涉政坛就能出任达沃市副市长。此后,杜特尔特以其出色的执政能力,先后于 1988—1998 年、2001—2010 年以及 2013—2016 年间担任达沃市市长,并与不少重要的政治家族保持密切联系,成为菲律宾南部势力的代表。再如,印尼总统佐科拥有"资历型"领袖的前置身份。平民出身的佐科 2005 年参选梭罗市市长时受到轻视和质疑,但很快就凭借执政能力赢得各界认同,获得2008 年印尼《时代》杂志的"十大领袖"称号、2011 年印尼内政部的"市长楷模"称号和 2012 年的全球"最佳市长"称号,并逐步成为世俗民族主义集团认可的政治领袖,最终在 2014 年力压"承继型"领袖、党主席梅加瓦蒂,成为总统候选人。①

---

① 许利平等:《从贫民窟到总统府——印尼传奇总统佐科》,社会科学文献出版社 2015 年版,第 64—81、190 页。

三 理论探讨

不过，值得留意的是，随着信息通信技术的发展，特别是20世纪90年代以来，手机短信—互联网博客—移动互联网社交平台这种沟通模式的进化，有效地降低了动员和组织边缘圈层碎片化社会公众的政治门槛，使得潜在的"感召型"领袖不再像过去那样依赖所属的政治权力集团的政治资源，甚至有可能在凝聚民意的过程中弯道超车。菲律宾的杜特尔特、印尼的佐科、柬埔寨的桑兰西等，都普遍受益于信息通信技术的发展。

其二，"感召型"领袖出现的必要条件是兼具人格魅力与变革愿景。对于"感召型"领袖而言，具备有别于其他政客的人格魅力是最基本的前提条件，不仅有助于提升其在边缘圈层社会公众中的辨识度，避免在宣传推广过程中泯然众人，而且有助于提升亲切感与可信度，塑造更为生动鲜明的潜意识印象，引导社会公众自觉不自觉地对其产生认同。例如，昂山素季在与缅甸军政府跨越世纪的政治斗争中，表现出"坚忍"与"牺牲"的人格魅力，高度契合了缅甸传统（佛教）文化对政治领袖的品格要求。杜特尔特长期我行我素，表现出"粗暴"与"豪侠"的人格魅力，充分满足了菲律宾中下层民众对草莽英雄的政治幻想。[①] 再如，塔纳通在2019年大选期间表现出"率性"与"新锐"的人格魅力，有效地赢得了泰国新生代中大量具有叛逆性的"首投族"的认可甚至崇拜。

除了个体性的人格魅力之外，对于"感召型"领袖而言，更重要的是提出能有效引导群体性不满情绪且具有说服力与可行性的变革愿景。在国家资源的政治权力分配中长期被忽视的边缘圈层社会公众始终有普遍且强烈的不满情绪，但要将其激发并加以有序的引导并非易事，不仅要有动员和组织渠道，而且要建构共识愿景，这样才有可能凝聚碎片化的负面情绪，并将其定向转化为拥护"感召型"领袖的积极情绪。于是，从繁杂的不满情绪中提炼出最大公约数，并在此基础上锁定最直观的变革对象、描绘最理想的发展愿景，这也就成为"感召型"领袖凝聚民意的关键环节。

---

① 吴杰伟：《超越裙带政治之路："民粹主义"与杜特尔特的"强人政治"》，《东南亚研究》2018年第5期。

从东南亚"感召型"领袖来看，如果所属的政治权力集团位于核心圈层之外，那么变革的矛头通常直指位于核心圈层的具体既得利益集团。例如，安瓦尔在2018年胜选前曾长期针对马来人官僚资本集团，倡导"烈火莫熄"（马来语"改革运动"），号召瓦解巫统的权力垄断；昂山素季在2015年胜选前曾长期针对缅甸军人集团，号召推翻军政府统治；桑兰西则长期针对柬埔寨军政家族集团，号召瓦解洪森的执政权。与此相对，如果所属政治权力集团跻身核心圈层，那么矛头通常就会转向体制等更务虚的变革对象，以避免在民粹主义影响下引发核心圈层的直接对抗。例如杜特尔特所强调的变革是重建菲律宾的"社会秩序"，[①] 而佐科则强调政治文化突破的"思想革命"。[②]

其三，"感召型"领袖受到政治权力集团的约束，但拥有较大的自主权。作为政治权力集团的统合工具，政治领袖在国家权力运作与博弈过程中势必受到所属政治权力集团的决策约束，其强弱程度通常与政治领袖对所属政治权力集团的政治资源的依赖度正相关。故而，相较于"承继型"或"资历型"领袖，"感召型"领袖在决策甚至是事关政治权力集团重要利益取舍的关键决策中，通常会拥有更多的自主权。例如，2019年佐科成功连任印尼总统，但却招致竞争对手博拉波沃及其支持力量的强烈不满，并引发了20年来最大规模的街头暴动，至少造成8人死亡、700多人受伤。[③] 对此，世俗民族主义集团的"感召型"领袖佐科一方面无视其支持者的质疑，任命博拉波沃为国防部部长，另一方面加大力度严厉打击伊斯兰集团激进派。[④] 佐科此举通过分而治之的策略，瓦解了博拉波沃所代表的传统政商集团与伊斯兰集团激进派的政治联盟，有

[①] 吴杰伟：《超越裙带政治之路："民粹主义"与杜特尔特的"强人政治"》，《东南亚研究》2018年第5期。

[②] 许利平等：《从贫民窟到总统府——印尼传奇总统佐科》，社会科学文献出版社2015年版，第64—81、190页。

[③]《雅加达选后暴动凸显印尼社会分化日益严重》，《联合早报》（新加坡）2019年5月26日（https：//www.zaobao.com.sg/znews/sea/story20190526-959492）。

[④]《佐科新内阁普拉博沃任国防部长》，《联合早报》（新加坡）2019年10月24日（https：//www.zaobao.com/news/sea/story20191024-999530）。

效地平衡了核心圈层的三足鼎立格局。①

二 东南亚政治领袖"个人权威"的形成原因

相较于通常意义上的政治领袖"权威",本文所讨论的"个人权威"的特殊性在于其对体制机制的"破"与"立"拥有更大的自主权,而不必受制于所属政治权力集团的短期利益诉求,甚至有可能改变既有政治权力结构。这就意味着,"个人权威"通常不会在国家权力运作与博弈的常态下出现,是政治权力结构调整时期的特殊现象。

在"同心圆"式的政治权力结构稳定的常态下,不仅各权力圈层之间壁垒森严,旨在遏止外圈层的政治权力集团参与内圈层的国家资源分配,而且核心圈层的各政治权力集团之间也会划分利益边界,旨在通过体制机制安排,有效地降低国家资源分配过程中的不必要冲突与摩擦。这就使得政治领袖很难形成足以突破常规的"个人权威"。② 唯有在权力结构调整的特殊时期,常规状态下稳固的壁垒与边界才有可能松动甚至瓦解,进而为政治领袖"个人权威"的产生创造有利的条件。

从更为直观的角度来看,对政治权力集团而言,政治权力结构的稳定状态就是在既有权力格局所确立的国家资源分配方式之下,各派政治权力集团都能在各自收益曲线的最优区间内保持"成本—收益"组合的动态平衡(见图3)。如果各派政治权力集团的成本、收益或收益曲线发生改变,原有的动态平衡就可能瓦解,引发政治权力结构调整。

在图3坐标轴中,横轴代表成本,纵轴代表收益,斜线 M 代表"成本—收益"持平状态,曲线 A 代表政治权力集团的收益曲线——收益

---

① Eve Warburton and Edward Aspinall, "Explaining Indonesia's Democratic Regression: Structure, Agency and Popular Opinion", *Contemporary Southeast Asia: A Journal of International and Strategic Affairs*, Vol. 41, No. 2, August 2019, pp. 255–285.

② 周方冶等:《东亚五国政治发展的权力集团研究》,中国社会科学出版社2016年版,第36—39页。

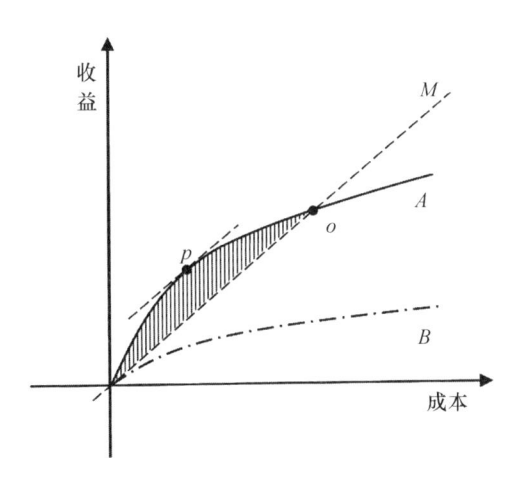

图3 政治权力结构调整的动因示意图

（即通过国家资源分配所获的份额）将会随着投入成本的不断增加而提升，但边际收益率在经过 p 点后将呈下降趋势，从而使"成本—收益"组合在经过 o 点后不再具有吸引力。尽管在理论上，斜线 M 上方、曲线 A 下方的竖线阴影部分所覆盖的"成本—收益"组合都有可能成为政治权力集团的选择，但在收益最大化原则的影响下，唯有位于曲线 A 的 p 点到 o 点之间的最优区间，"成本—收益"组合才会形成稳定状态。其中，p 点是边际收益率拐点，而 o 点是收益率拐点。政治权力集团的"成本—收益"组合偏离最优区间就会引发政治权力结构张力，偏离程度越大，张力越明显，越有可能引发政治权力结构的调整。此外，如果政治权力集团或社会群体的收益曲线如曲线 B 所示，总体上位于斜线 M 的下方，那么，相应的政治权力集团或社会群体将缺乏参与国家权力运作与博弈的"政治化"动力。这是东南亚农民群体长期处于边缘圈层的根本原因——缺乏有效的动员与组织能力使其难以有效地表达政治权力—利益诉求。

（一）政治权力结构调整的三大动因

从东南亚的历史经验来看，引发中小国家政治权力结构调整的动因通常源于以下因素，并分别主要影响成本、收益以及收益曲线等关键变量。

1. 国家意识形态因素影响"成本"变量

对于核心圈层的政治权力集团而言，在构筑权力圈层壁垒以维护政治权力结构稳定状态的可选方式中，最契合"成本—收益"要求的，首推塑造国家意识形态，即将有利于己的国家资源分配规则在观念层面正当化，从而有效地抑制非核心圈层的政治权力集团及非政治化社会公众的"权力—利益"诉求。例如，20世纪中叶印尼独立运动时期，苏加诺提出了"潘查希拉"，即建国五基，并在此基础上树立"有领导的民主"国家观念，从而强化世俗民族主义集团的政治主导地位，并对其他政治权力集团，特别是伊斯兰集团形成有效的压制。苏哈托掌权后，为巩固军人集团的政治主导地位，进一步提出了军队"双重职能"思想，强调军队"不仅要对军事战术负有责任，同时也要对社会生活的各个领域负有责任"[1]。

国家意识形态成型后，将会在核心圈层政治权力集团的推动下，强制性地成为规范和约束社会公众以及各派政治权力集团的行为准则，并通过宣传和教育等渠道持续自我强化，任何与之相异的政治动员与组织都会在话语权上受到"政治正确"观念的压制甚至否定。因此，国家意识形态的改变通常是自上而下推动，更多的是政治权力结构调整的后续结果，而不是前置动因。

不过，对东南亚中小国家而言，在全球化背景下，如果来自外部的国际思潮对社会公众形成了普遍性影响，就有可能自下而上地促使国家意识形态发生改变，并在此基础上改变相应的政治权力集团的话语权与动员力，进而引发政治权力结构的相应调整。例如，20世纪70年代以来的全球伊斯兰复兴运动就对穆斯林人口近90%的印尼产生了重要影响。从20世纪80年代中后期开始，伊斯兰集团在社会、文化与经济领域呈现

---

[1] 于春洋：《印度尼西亚政治整合的实践进程与效绩评析》，《南洋问题研究》2017年第2期。

明显的复兴态势。① 伊斯兰集团在政治上也开始重返核心圈层。1990年，印尼穆斯林中上层精英组建了印尼穆斯林知识分子联合会（ICMI），其核心成员多为政府高官和社会知名人士，并推举备受苏哈托信任的哈比比出任主席。

从作用机制来看，国家意识形态改变的主要是"成本"，也就是相应的政治权力集团有可能依托国际思潮对社会公众的普遍影响，有效地降低其参与权力博弈的"成本"，进而引发政治权力结构的调整。如图4所示，政治权力集团原有的收益曲线 A 在国际思潮影响下，沿着成本的横轴向左平移形成曲线 C，这不仅使政治权力集团的"成本—收益"组合范围从原先的竖线阴影部分进一步拓展到竖线阴影+横线阴影部分，而且使得最优区间也从曲线 A 的 p 点到 o 点之间上移到曲线 C 的 q 点到 k 点之间。由于收益曲线左移，政治权力集团原先的"成本—收益"组合偏离新的最优区间，从而引发政治权力结构的调整。

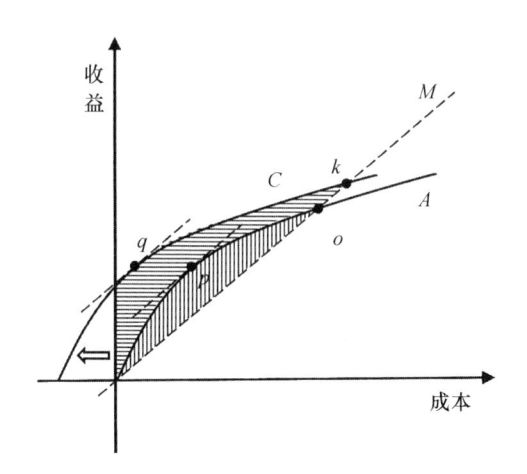

图4　国家意识形态改变引发政治权力机构的调整

2. 国家安全环境因素影响"收益"变量

政治权力结构稳定状态的维持与延续，除了要有相应的国家意识形

---

① Steven Drakeley, *The History of Indonesia*, Westport, Conn.: Greenwood Press, 2005, p. 121.

态和体制机制安排之外，国家安全环境的武力保障也很重要，因为国家安全环境遭遇严重的外部冲击，可能会引发相应的政治权力结构调整。例如，"冷战"期间柬埔寨国家安全环境不断受到大国在中南半岛地缘战略博弈的外部冲击，从而引发政治权力结构的剧烈调整。从 1970 年朗诺在美国支持下发动政变、推翻西哈努克政府、瓦解王室—保皇派在核心圈层的政治主导地位，到 1978 年越南在苏联支持下入侵柬埔寨、推翻民柬政府、扶植柬埔寨人民共和国，外部对国家安全环境的冲击为后来长期占据核心圈层政治主导地位的传统军政集团的形成与发展提供了有利的环境。① 又如，"冷战"初期印尼形成了世俗民族主义集团、左翼共产主义以及右翼军人集团三足鼎立的格局。苏加诺曾依托世俗民族主义集团的核心圈层政治主导权，试图平衡左右两翼势力，但国家安全环境最终在大国地缘战略博弈影响下失衡。随着"9·30"事件的爆发，军人集团在美国支持下夺取了政权。

从作用机制来看，国家安全环境改变的主要是"收益"，即相应的政治权力集团有可能在大国地缘战略影响下，额外增加其参与权力博弈的"收益"，进而引起政治权力结构的调整。如图 5 所示，政治权力集团的原有收益曲线 A 在大国地缘战略影响下，沿着收益的纵轴向上平移形成曲线 D，这不仅使得政治权力集团的"成本—收益"组合范围从原先的竖线阴影部分进一步拓展到竖线阴影＋横线阴影部分，而且使最优区间也从曲线 A 的 p 点到 o 点之间上移到曲线 D 的 s 点到 r 点之间。收益曲线上移使政治权力集团原先的"成本—收益"组合偏离新的最优区间，从而引发政治权力结构的调整。

3. 国家发展道路转型因素影响"收益曲线"变量

从东南亚国家的政治权力结构调整来看，除了前两类外源性动因，还有更普遍的、源于国家发展道路选择分歧的内生性动因，其根源是全球化背景下生产方式的改变。事实上，从生产方式不变的静态视角来看，政治权力结构基本不会产生内生性的调整张力，因为在有利于核心

---

① 于臻：《论西哈努克在当代柬埔寨政治演变中的作用与影响》，《南洋问题研究》2007 年第 2 期。

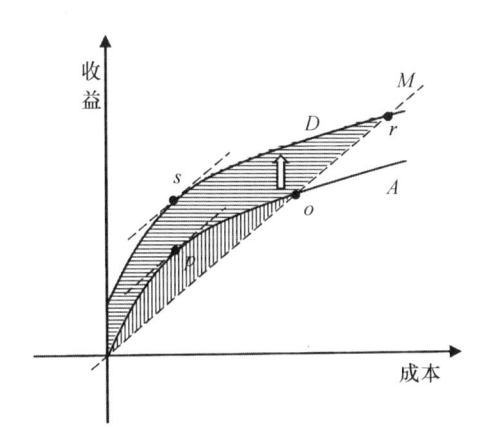

图 5　国家安全环境变化引发政治权力机构的调整

圈层既得利益集团的国家资源分配方式下，势必会出现"强者愈强，弱者愈弱"的发展趋势，而制衡圈层或边缘圈层的政治权力集团既无能力也无动力推动变革。这也是近代以前东南亚传统体制长期延续的根本原因。

20 世纪中后期，东南亚国家在全球化影响下相继开始了"进口替代—出口导向—全面开放"的发展进程，并在国家发展道路的转折关口进行政治权力结构的调整，上演着新兴权力集团在核心圈层取代既得利益集团的政治剧目。究其原因，可以发现在全球化背景下，随着新生产方式的形成与发展，政治权力运作与博弈的对象将不再局限于存量的国家资源，还涉及增量部分。例如，通过对外开放，一国可以更有效地利用国内、国外两个市场的资源配置，依托新模式、新技术获得比以往更多的社会经济收益，但是增量部分的国家资源分配并不完全遵循既有的权力规则。

通常而言，市场化程度越高、全球化适应能力越强的政治权力集团，例如新兴资本集团，将获得更多甚至是大部分红利；其他政治权力集团，例如军人集团或王室—保皇派，则难以分享好处；部分政治权力集团，例如政商集团或地方豪强集团，甚至会面临潜在的利益损失。于是，既得利益集团与新兴权力集团之间普遍存在关于国家发展道路选择的保革分歧,这种分歧进而引发政治权力结构的调整。例如,自 20 世纪中后期泰国一直政变不断,除了军方内部的派系倾轧之外,其他基本都与国家道路选择的保革分歧有关。60 年代"进口替代"时期成长起来的曼谷政商集团与地方豪强集团、70 年代和 80 年代"出口导向"时期成长起来的城市中产阶级以及 90 年代以来"全面开放"时期成长起来的新兴资本集团,都曾作为新兴权力集团推动政治权力结构调整,并试图取代保守阵营,特别是军人集团与王室—保皇派,掌握核心圈层的政治主导地位。[①] 又如,70 年代至 90 年代马来西亚政府主导的外向型"新经济政策"时期,马来人中产阶级得以形成和发展,并成为 21 世纪引发政治权力结构调整、瓦解马来人官僚资本集团在核心圈层的长期政治主导地位的关键力量。[②]

从作用机制来看,全球化背景下生产方式的改变影响的主要是"收益曲线",即国家资源增量部分的不均衡分配使政治权力集团面临新的边际收益率,进而引起政治权力结构的调整。如图 6 所示,由于更适应全球化背景下生产方式的改变,新兴权力集团的原有收益曲线 A 变更为新的收益曲线 E,这不仅使新兴权力集团的"成本—收益"组合范围从原先的竖线阴影部分进一步拓展到竖线阴影+横线阴影部分,而且使得最优区间也从曲线 A 的 p 点到 o 点之间上移到曲线 E 的 w 点到 t 点之间。收益曲线变更使政治权力集团原先的"成本—收益"组合偏离新的最优区间,从而引发政治权力结构的调整。

(二) 东南亚政治领袖"个人权威"的成因分类

当前东南亚各国政治权力结构调整的动因不尽相同,因此政治领袖"个人权威"形成的背景也有所差异。总体来看,各国政治权力结构调整的动因呈现复合形态,国家安全环境变化并未成为明显动因,国家发展道路分歧与国家意识形态变化都在引发政治权力结构调整的过程中发挥

[①] 周方冶:《20 世纪中后期以来泰国发展模式变革的进程、路径与前景》,《东南亚研究》2015 年第 5 期。

[②] 余海秋:《马来西亚政党政治的新格局与中马合作前景》,《当代世界》2018 年第 6 期。

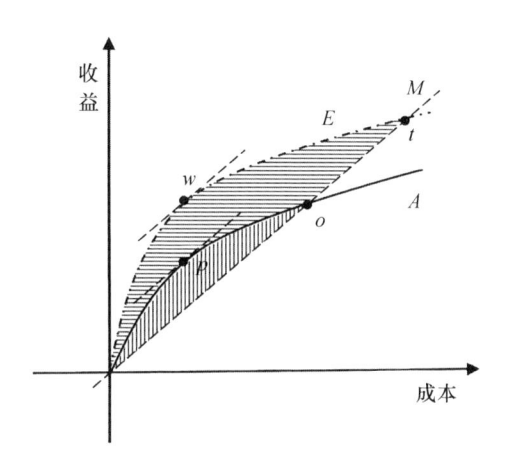

图 6　国家发展道路分歧引发政治权力结构的调整

了重要作用。复合形态动因也存在主次关系，如果以引发政治权力结构调整的主要动因作为划分标准，当前东南亚政治领袖"个人权威"的形成原因可分为两类（见表1）。

表 1　　　　　　　　当前东南亚主要政治领袖的情况

国别	姓名	领袖类型	政治身份	所属政治权力集团	所处圈层	动因
泰国	巴育	资历型	总理、前陆军司令	军人集团	核心圈层	国家发展道路分歧
	他信	感召型	前总理、前泰爱泰党主席	新兴资本集团	制衡圈层	
	塔纳通	感召型	前未来前进党主席	新兴资本集团	制衡圈层	
	拉玛十世	承继型	国王	王室—保皇派	核心圈层	
菲律宾	杜特尔特	感召型	总统	传统家族集团	核心圈层	
印度尼西亚	佐科	感召型	总统	世俗民族主义集团	核心圈层	
	梅加瓦蒂	承继型	前总统、民主斗争党主席	世俗民族主义集团	核心圈层	
	马鲁夫	资历型	副总统、伊斯兰教士联合会前主席	伊斯兰集团	核心圈层	
	博拉波沃	资历型	大印尼运动党主席	传统政商集团	核心圈层	

续表

国别	姓名	领袖类型	政治身份	所属政治权力集团	所处圈层	动因
马来西亚	马哈蒂尔	资历型	前总理、巫统前主席	马来人官僚资本集团	核心圈层	国家意识形态变化
	慕希丁	资历型	总理、巫统前署理主席	马来人官僚资本集团	核心圈层	
	安瓦尔	感召型	人民公正党主席	马来人中产阶级	制衡圈层	
缅甸*	昂山素季	感召型	前国务资政、民盟主席	民盟·民主派	核心圈层	
	敏昂莱	资历型	国防军总司令	军人集团	核心圈层	
柬埔寨	洪森	资历型	首相、人民党主席	军政家族集团	核心圈层	
	桑兰西	感召型	前救国党主席	民主派知识精英	制衡圈层	

注：*缅甸政治权力结构在2021年初政局变动后有所调整，前景尚不明朗，民盟·民主派有可能从核心圈层退守制衡圈层。

资料来源：笔者整理。有关各国政治权力集团的具体分析，参见周方冶《政治环境研究的路径与方法："一带一路"视角下的东南亚国家比较研究》，中国社会科学出版社2018年版。

其中一类主要是国家发展道路分歧引发政治权力结构调整，包括泰国、菲律宾与印度尼西亚等国。在这些国家中，以"发展为导向"的改革诉求是当前社会民意赋予其政治领袖"个人权威"的关键所在。巴育提出了"国家20年发展规划"，佐科以"全面开放"作为总统竞选纲领，杜特尔特更是形象地提出了"大建特建"的倡议。从"个人权威"的形式来看，佐科与杜特尔特依托中下层的民意支持，已经从"资历型"领袖转变为"感召型"领袖，从而一定程度地摆脱了世俗民族主义集团与传统家族集团的保守利益束缚；而巴育在2019年大选中不加入任何政党的政治姿态，以及依托"市民国家"（Pracharat）的民粹主义福利政策争取中下层民意支持的策略手段，都展现了其努力转变为"感召型"领袖的政治意图。①

不过，国际思潮引起的国家意识形态变化在此类国家的政治权力结构调整中并非无足轻重。事实上，泰国2014年政变后，反威权主义的民主观念就在军人集团与王室—保皇派压制下呈现反弹趋势，并促成政治新星塔纳通的应运而生。又如，杜特尔特从上任伊始，就由于"扫毒战

---

① Thorn Pitidol and Weerawat Phattarasukkumjorn, "Pracharat Welfare Depoliticises Thailand's 'Political Peasants'", *New Mandala*, November 29, 2019.

争"等问题，始终面临政治反对派的人权压力。

另一类主要是国家意识形态变化引发政治权力结构调整，包括马来西亚、缅甸与柬埔寨等国。在这些国家中，政治领袖的"个人权威"正从长期占据核心圈层的既得利益集团的"资历型"领袖逐渐转为高举"民主"与"人权"旗号的新兴权力集团的"感召型"领袖。缅甸"民主女神"昂山素季于 2016 年成为凌驾于总统之上的国务资政；马来西亚"烈火莫熄"运动领袖安瓦尔在 2018 年大选后距离总理宝座仅半步之遥；桑兰西于 2017 年赢得柬埔寨地方选举近半议席，如果不是洪森强制解散了救国党，他甚至有可能在 2018 年大选后问鼎首相宝座。[1]

尽管"民生"与"发展"在上述国家同样是关键议题，但在政治权力结构调整过程中，"民主"与"人权"观念引起的国家意识形态变化使既得利益集团始终面临错位博弈，难以用"民生"与"发展"的客观政绩压制新兴权力集团的"民主"与"人权"主观话语，这为后者的"感召型"政治领袖上位提供了重要的契机。

三 东南亚政治领袖"个人权威"的不确定性

政治领袖的"个人权威"是政治权力结构调整的衍生物，发挥着协调不同政治权力集团利益诉求的统合作用，旨在推动政治权力结构的瓦解与重组。不过，政治权力结构调整很少是单线进程，更多地呈现出复线甚至多线进程的相互叠加与嫁接。这就使得东南亚政治转型过程中政治领袖的"个人权威"普遍存在不确定性，很可能随着政治权力结构调整"易手"，甚至"反复易手"。

（一）国家安全环境变化引发的单线进程："个人权威"相对稳定

从东南亚历史来看，国家安全环境变化引发政治权力结构调整的情况并不多见。事实上，尽管东南亚国家的政治权力结构调整过程中存在

---

[1] Vannarith Chheang, "Cambodian Power Shift in 2018?", *Perspective*, Singapore: ISEAS, Yusof Ishak Institute, July 17, 2017, pp. 2–7.

军事因素的案例不少，特别是泰国、柬埔寨与菲律宾等国，但多数情况下军事政变或武装冲突都仅是政治权力博弈手段，而不是引发政治权力结构调整的动因。对各国而言，"二战"后除了"冷战"时期的大国地缘战略博弈，很少有其他外部冲击足以引起各国的国家安全环境变化，特别是东盟的成立与发展进一步降低了外部冲击的负面影响。不过，如果国家安全环境切实发生了改变，那么政治权力结构的调整就难以避免，掌控武装力量的政治权力集团，通常是军人集团，将会动用武力或以武力相威胁的方式，推动政治权力结构以单线进程调整，进而形成对核心圈层的权力垄断（见图7）。与此同时，军人集团的"资历型"政治领袖也将在短期内拥有足以重塑政治权力结构的"个人权威"，但能持续多久则取决于后续的政治权力运作与博弈。例如，苏哈托的执政长达32年，而朗诺掌权则仅有5年。

国家安全环境变化 ┈┈▶ 军人集团资历型领袖 ──▶ 动用武力或以武力相威胁 ──▶ 军人集团政治领袖个人权威 ──▶ 有利于军人集团的政治权力结构

图7 国家安全环境变化引发的政治权力结构调整单线进程

（二）国家意识形态改变引发的复线进程："个人权威"可能易手

国家意识形态在国际思潮的影响下改变虽然会引起政治权力结构的调整，但其释放张力的方式和缓而持久。如果核心圈层的主导集团以妥协立场主动应对，通过协商满足相应的政治权力集团的利益诉求，则有可能避免直接冲突。如果核心圈层的主导集团执意政治打压，则有可能导致结构性张力积聚并集中释放，甚至为相应的政治权力集团的政治领袖提供变革的民意基础，助推其从"承继型"或"资历型"领袖转变为"感召型"领袖。例如，20世纪80年代，菲律宾天主教会集团的政治领袖海梅·辛在马科斯政府对天主教"入世"诉求的持续打压下，逐渐成为"感召型"领袖，甚至引起美国对其是否会成为"菲律宾的霍梅尼"的担忧。与此相似，昂山素季、安瓦尔以及桑兰西等，都是在长期压制下转化为"感召型"领袖。如图 8 所示，国家意识形态变化引发的政治权力结构调整不再是方向明确的单线进程，而是存在或然性的复线进程。

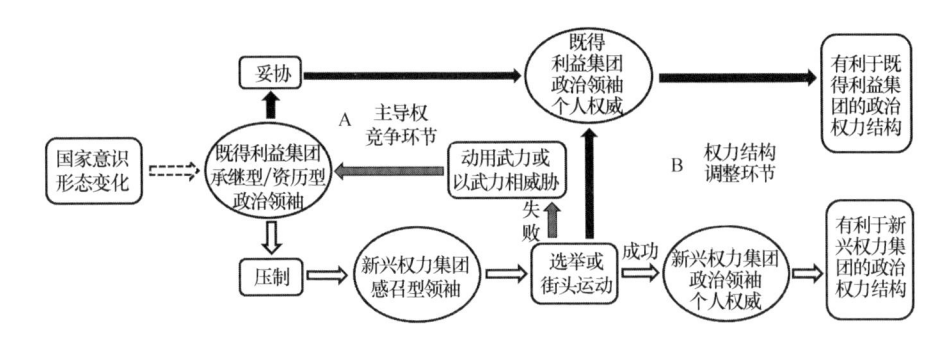

图 8　国家意识形态变化引发的政治权力结构调整复线进程

1. 黑色箭头路线：既得利益集团主导的政治权力结构调整

如果在环节 A，既得利益集团面对国家意识形态变化时选择主动妥协、顺应民意，就有可能直接凝聚或增强既得利益集团政治领袖的"个人权威"，进而掌握权力结构调整环节 B 的主动权，使之朝着有利于既得利益集团的方向重组。例如，20 世纪 80 年代苏哈托与马哈蒂尔在面对伊斯兰复兴运动之际都采取了主动应对策略，从而有效地保持了威权体制的稳定性。近年来，洪森也在采取主动应对策略，试图以此强化"个人权威"，并沿着环节 B 的黑色箭头推动政治权力结构朝着有利于家族军政集团的方向调整。

2. 白色箭头路线：新兴权力集团主导的政治权力结构调整

如果既得利益集团面对国家意识形态变化时选择压制而不是妥协，那就很可能引发新兴权力集团"感召型"领袖的长期抗争，并最终被迫接受现实，通过选举方式决定环节 B 的主动权归属。如果选举成功，那么政治权力结构调整将步入环节 B，既得利益集团与新兴权力集团都可能在"选举"博弈中获取主导权，并形成政治领袖"个人权威"，进而沿着环节 B 的黑色箭头或白色箭头，推动政治权力结构调整朝着有利于己的方向重组。例如，缅甸在 2016 年大选后成功跨越转型节点，民盟、民主派获得主导权,并在昂山素季"个人权威"的领导下,开始沿着环节 B 的白色箭头推动政治权力结构朝着有利于新兴权力集团的方向调整。如果选举"不成功",既得利益集团就有可能通过武力或以武力相威胁的方式,推动进程沿着灰色箭头重返环节 A,开始新一轮博弈。例如,泰国 20 世纪 70 年代初的"三年民主试验"失败,很大程度上就是左右两翼难以达成妥协,未能跨越转型节点,致使军人集团与王室—保皇派的右翼政治联盟发动政变,通过暴力镇压左翼运动方式重返威权体制。[①]

(三) 国家发展道路分歧引发的多线进程:"个人权威"反复易手

前两类外源性动因通常仅对特定的政治权力集团发挥作用,因此政治权力结构调整的方向与政治领袖"个人权威"的归属相对可预期。与此相对,全球化背景下生产方式的改变取决于多元要素的共同影响,并会广泛作用于对象国各派政治权力集团,从而产生复杂的互动关系,所以内生性动因引发的政治权力结构调整通常存在明显的不确定性,甚至有可能出现政治领袖"个人权威"在既得利益集团的"资历型"领袖与新兴权力集团的"感召型"领袖之间反复易手。如图 9 所示,国家发展道路分歧引发的政治权力结构调整呈现复杂的多线进程。其中,黑色箭头代表既得利益集团掌握政治权力结构调整的主导权,白色箭头代表新兴权力集团掌握主导权,灰色箭头代表主导权在双方之间易手。具体来看,主要包括以下进程。

1. 黑色箭头路线:既得利益集团主导的政治权力结构调整

(1) 初始状态是威权体制的进程路线

在威权体制下,如果既得利益集团面对国家发展道路分歧时选择顺应变化,就有可能直接凝聚或增强既得利益集团的政治领袖"个人权威",进而掌握主导权,沿着环节 A—环节 C—环节 E 的顺序,有序地引导政治权力结构朝着有利于既得利益集团的方向重组。例如,20 世纪 80 年代中后期,马来西亚在马哈蒂尔领导下进一步深化开放,放宽外资的

[①] Elinor Bartak, "The Student Movement in Thailand 1970 – 1976", *Working Paper 82*, The Centre of Southeast Asian Studies, Monash University, Australia, 1993, pp. 24 – 30.

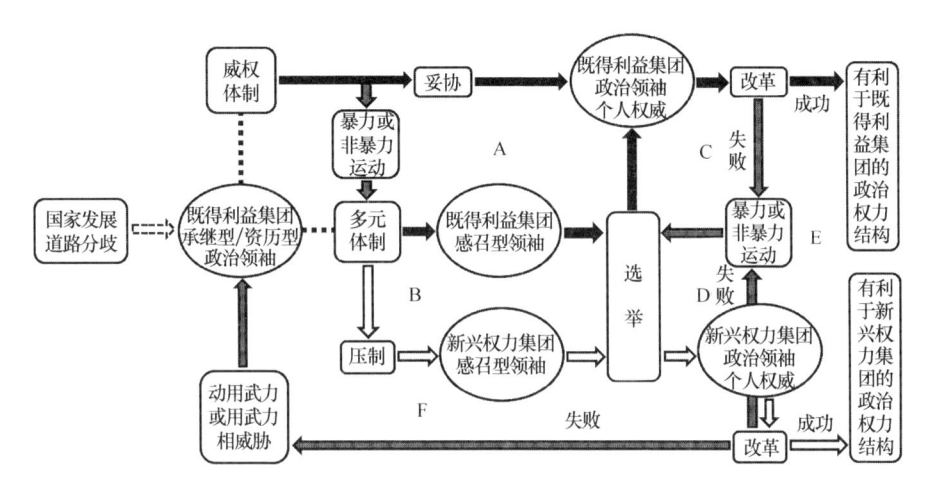

图9 国家发展道路分歧引发的政治权力结构调整多线进程

注：图中"威权体制"与"多元体制"的界定标准是政治权力结构"同心圆"式模型中核心圈层与制衡圈层的政治权力集团分布状态。相关分析参见周方冶《政治环境研究的路径与方法："一带一路"视角下的东南亚国家比较研究》，中国社会科学出版社2018年版。

投资限制，这使得马来西亚在1988—1997年间保持了年均9.7%的高增长态势，赢得"东亚小虎"的美誉。[①] 在此过程中，马哈蒂尔的"个人权威"进一步增强，甚至被尊称为"工业化之父"。马哈蒂尔所属的马来人官僚资本集团作为既得利益集团，也以巫统为载体进一步巩固了核心圈层的权力垄断。[②]

（2）初始状态是多元体制的进程路线

在多元体制下，既得利益集团面对国家发展道路分歧的时候可以选择顺应变化。但与威权体制不同，即使既得利益集团选择主动应对政治权力结构调整，也很难直接凝聚"个人权威"，必须通过"选举"方式进行民意统合。这就意味着，既得利益集团的政治领袖必须完成从"资历型"或"承继型"领袖到"感召型"领袖的政治转型，才能在民意统合

---

① 沈红芳：《马来西亚工业化政策及其发展模式：从比较研究的视角》，《南洋问题研究》2007年第2期。
② ［新加坡］任娜：《马来西亚"新经济政策"下的种族与阶级分野》，《东南学术》2003年第5期。

过程中掌握政治权力结构调整的主导权，并沿着环节 B—环节 C—环节 E 的顺序，推动政治权力结构朝着有利于既得利益集团的方向调整。例如，2016 年"感召型"领袖杜特尔特以压倒性胜利当选菲律宾总统，改变了此前两任总统阿罗约夫人与阿基诺三世均为来自传统家族集团的"承继型"领袖的政治惯性，为国家发展道路的调整创造了有利条件。

2. 白色箭头路线：新兴权力集团主导的政治权力结构调整

在多元体制下，如果既得利益集团面对国家发展道路分歧时选择压制变革，那么很可能引发国家发展道路分歧的结构性张力与社会不满情绪，并在民意助推下催生新兴权力集团的"感召型"领袖。该领袖经由"选举"的民意统合掌握主导权，进而沿着环节 B—环节 D—环节 E 的顺序，推动政治权力结构朝着有利于新兴权力集团的方向调整。例如，"感召型"领袖佐科在 2014 年与 2019 年印度尼西亚总统大选中，连续两次以明显的优势战胜保守阵营的候选人博拉波沃，相当直接地体现了印度尼西亚民意的改革诉求。

3. 灰色箭头路线：政治权力结构调整的主导权易手

无论黑色箭头路线，还是白色箭头路线，都是较为理想状态下的政治权力结构调整，将有利于对象国平稳渡过转型期，步入国家社会经济发展的新阶段。但从东南亚历史来看，多数政治转型都难免有主导权（政治领袖"个人权威"）易手现象，从而使政治权力结构调整反复"回撤"，甚至"重启"。

（1）环节 A 的主导权易手

在威权体制下，如果既得利益集团未能顺应变化，就有可能引发各类暴力或非暴力运动，最终迫使其从环节 A 转入环节 B，接受多元体制。例如，20 世纪 80 年代缅甸军人集团在奈温领导下奉行"缅甸式社会主义"道路，致使国民经济陷入困顿，甚至在 1987 年被迫申请联合国的最不发达国家地位，结果掀起国内反政府运动，导致奈温政府倒台，从而为缅甸从威权体制到多元体制的转型开辟了道路。值得留意的是，如果既得利益集团采取保守策略应对国家发展道路分歧，那就很可能在新兴权力集团推动下，同时激化长期积累的国家意识形态的结构性张力，从而在图 9 环节 A 的基础上叠加图 8 环节 A 的政治变数，形成迫使威权体制转型的双重压力。例如，20世纪90年代末苏哈托倒台，相当重要的原因就是1997年亚洲金融危机的冲击引发了印度尼西亚经济发展与民主意识的双重困境。①

(2) 环节 E 的主导权易手："回撤"与"重启"

由于国家发展道路的选择事关各方的根本利益，因此环节 E 的"改革"难度很大。如果"改革"未能取得预期成效，那就很可能引起各派政治力量的不满，引发非暴力的议会斗争或暴力的街头运动，推动政治权力结构调整进程"回撤"到"选举"的转型节点，再次进行民意统合，以确定主导权（政治领袖"个人权威"）是否进行易手，以及新一轮"改革"是沿着有利于既得利益集团的环节 C—环节 E 转型，还是朝着有利于新兴权力集团的环节 D—环节 E 转型（见图9）。例如，从2007年军人集团"还政于民"、举行大选开始，泰国延续了长达7年的政治动荡，挺他信的"红衫军"与反他信的"黄衫军"展开此起彼伏的街头运动甚至暴力冲突。②泰国政治权力结构的调整反复"回撤"，主导权从"他信派系"的他信密友沙玛总理与他信妹夫颂猜总理转移到保守阵营的阿披实总理，再重归"他信派系"的他信幺妹英拉总理，但始终未能达成国家发展道路的政治妥协。

相较于"回撤"，在东南亚部分国家，尤其是缅甸与泰国，由于军人集团在政治权力结构中长期占据优势，甚至有能力在"改革"损害其根本利益的情况下，动用武力或以武力相威胁的方式"重启"政治权力结构调整进程，使之经由环节 F 重返"起始点"（见图9）。例如，泰国军人领袖巴育于2014年发动政变，从"他信派系"手中接管了国家权力，并在随后的五年军政府时期，重新规划国家发展道路的"改革"路径，颁布了长期性的"国家20年发展规划"，提出泰国4.0战略目标与东部经济走廊规划等。

---

① 韦红：《苏哈托时期印尼的经济发展与民族矛盾》，《当代亚太》2002年第10期。
② 周方冶：《泰国政治持续动荡的结构性原因与发展前景》，《亚非纵横》2014年第1期。

四　结语

近年来，随着"一带一路"倡议稳步推进，我国与东南亚国家的双多边交流与合作得到全面深化发展。东南亚政治领袖"个人权威"现象的形成与发展对"一带一路"的影响利弊兼具。从有利方面来看，政治领袖"个人权威"能在对象国发挥统合作用，有助于"一带一路"与对象国的发展更好结合；从不利方面来看，政治领袖"个人权威"作为政治权力结构调整过程中的特殊现象，存在相当的不确定性风险。对此，除了进一步依托元首外交自上而下地做好对象国的"一带一路"引导工作之外，可以考虑从以下两方面开展工作，以促进对象国积极参与"一带一路"的全面深化发展。

一方面，从观念塑造出发，探索"人类命运共同体"观念适用于对象国的本土化阐释。近年来，受国际政治经济形势影响，反全球化思潮在东南亚甚嚣尘上，并与当地传统的民族主义、民粹意识、地域观念等相互影响，形成与"一带一路"的全球化立场相悖的话语表述，并成为对象国反对派攻讦执政派的重要口实，甚至对政治领袖"个人权威"产生压力。为更好地推进"一带一路"，有必要依托"人类命运共同体"观念正本清源，化解错误思潮的不利影响。此外，随着对象国的政治权力结构调整，各派政治权力集团会在新的权力格局下重构国家意识形态，从而为国家资源的有序分配提供观念层面的规则约束。在此过程中，如果"人类命运共同体"观念得到政治主导集团的参考借鉴，将为"一带一路"在对象国奠定重要的共识基础。

另一方面，从项目推进出发，完善"一带一路"利益分配方案，保证保革双方都能从中获益。在引导对象国参与"一带一路"建设过程中，依托重大项目特别是旗舰项目开展工作是有效的策略举措，但仅以项目进度为工作指针，很可能无法达成预期目标。当前东南亚各国普遍处于政治权力结构调整过程中，虽然"一带一路"重大项目特别是旗舰项目对当地的中长期发展必将产生积极效应，但在短期内难免要付出相应的成本。于是，如何分配相关项目的"成本—收益"必将成为保革双方的争议焦点。事实是，相关项目越重要，越可能改变各方的收益曲线，引发的分歧与争议也越难达成妥协。这是中泰高铁合作、中印尼高铁合作、中马东部沿海铁路合作等重大项目"一波三折"的重要原因。

虽然任何项目都很难兼顾所有方的利益诉求，但至少要保证保革双方都有核心力量能从中获益。受国际经济衰退的影响，东南亚相关国家的政治权力结构调整很可能反复"回撤"，甚至"重启"，难免会出现政治主导权的交替更迭。建构"双支点"甚至"多支点"将有助于降低当前东南亚国家政治领袖"个人权威"不确定性的风险。

（本文刊发于《南洋问题研究》2021年第3期）

本书作者简介

房　宁　中国社会科学院政治学研究所原所长、研究员，上海外国语大学上海全球治理与区域国别研究院特聘教授

郭　静　中国社会科学院政治学研究所比较政治研究室主任、研究员

许利平　中国社会科学院亚太与全球战略研究院社会文化研究室主任、东南亚研究中心主任、研究员

王晓玲　中国社会科学院亚太与全球战略研究院研究员

潘金娥　中国社会科学院马克思主义研究院国际共产主义运动研究部主任、研究员

周方冶　中国社会科学院亚太与全球战略研究院副研究员

欧树军　中国人民大学国际关系学院政治学系副教授

吴冰冰　北京大学国际战略研究院特约研究员，北京大学外国语学院阿拉伯语言文化系副主任、中东研究中心主任、副教授

郑振清　清华大学公共管理学院副教授

冯立冰　云南大学周边外交研究中心、国际关系研究院副研究员

张伯玉　中国社会科学院日本研究所政治研究室主任、研究员

周石丹　中国社会科学院政治学研究所比较政治研究室助理研究员

陈海莹　中国社会科学院政治学研究所马克思主义政治理论研究室助理研究员

周少来　中国社会科学院政治学研究所国家治理研究室研究员

韩　旭　中国社会科学院政治学研究所政治制度研究室主任、副研究员

冯　钺　中国社会科学院政治学研究所当代中国政治研究室副研究员

王　利　中国社会科学院政治学研究所原政治理论研究室副研究员

范艳春　修远基金会"亚洲政治发展比较研究"项目协调员